U0506047

卢　迪／编著

原　生

——媒体融合背景下的 5G 消息新媒体应用

Digital Native:

New Media Application of RCS under the Background of Media Convergence

社会科学文献出版社
SOCIAL SCIENCES ACADEMIC PRESS (CHINA)

前　言

2020 年之后，我国媒体融合迈入加快推进"深度融合"新阶段。5G 作为媒体融合先进技术体系中的核心要素与重要基础，其建设发展进程与媒体融合发展步伐相向而行，同步推进。中央《关于加快推进媒体深度融合发展的意见》明确提出，要以先进技术引领驱动融合发展，加强新技术在新闻传播领域的前瞻性研究和应用。目前，5G 消息——RCS（Rich Communication Suite，融合通信），就是最具有代表性的 5G 前瞻性业务应用之一。

2020 年中国电信、中国移动、中国联通联合发布《5G 消息白皮书》以来，我国 5G 消息业务的发展和应用持续推进并逐步商用。截至目前，在通信行业与新闻传媒、文旅、气象、政务等社会各行各业的协同合作与共同探索下，涌现了一批新的应用、新的形态和服务模式。5G 消息是 5G 时代的"原生"应用，也是下一个"新媒体"可能出现的土壤，是最具有技术"原生"属性的一种新媒体业务，其与生俱来的"原生"属性目前主要体现在个人智能终端的原生入口上。5G 消息极强的原生入口传播优势，使其具有了出现下一个"新媒体"的潜在可能性。

当前，5G 的技术能力与应用创新正融入全媒体传播的各个节点。一方面，5G 的渗透和驱动推动媒体融合的发展，传统"传媒"的边界被逐步打破，媒体深度融合也呈现中央—省—市—县"四级化"特征。另一方面，5G 作为新一代通信技术，必然催生 5G 时代的新型原生业务，而这也是主流媒体需要重点关注的媒体融合重点、难点。从媒体融合角度而言，5G消息也是5G时代出现的移动传播新阵地和舆论新高地，应成为推进媒体深度融合工作的重要内容，也应成为加强全媒体传播体系建设的组成部分。在"移动优先"策略下，5G消息应用可以与移动互联网传播手段形成良性互动互补关系。在此背景下，本书以推进媒体深度融合，建设5G时代的全媒体传播体系为出发点，对当前我国媒体融合领域5G新媒体发展与5G消息应用创新进行全面梳理和理论阐释。

本书聚焦5G技术赋能下的媒体融合传播活动，将视角由传统的传播活动与5G技术的融合发展逐步引向5G时代的原生业务和创新产品形态，并以5G原生业务——5G消息为切入点，寻找5G时代媒体融合向纵深发展的突破口，以期通过厘清媒体融合背景下5G新媒体的发展逻辑，阐明5G技术应用在推进媒体深度融合中的引领性和驱动力。本书在分析5G消息的前沿性和实践价值的基础上，能够让读者更好地认识和理解5G消息，为新闻媒体等信息传播主体应用5G消息业务提供理论支持；同时也为媒体融合事业的快速发展提供新的思路，促进传媒行业与5G消息的融合发展，推动5G消息融媒体应用创新。

本书共分为七章，从顶层设计到技术引领，从产业生态到产品优势，再从四级融媒体应用实践到对场景、需求、运营的反思，是以一种技术融合、传播融合、产业融合的视角展开的对5G消息的审视和思考。本书的开端，首先从顶层设计、技术能力、实践效果等多个维度探讨了媒体融合背景下5G新媒体的概念形成和发展演变。进而把着眼点聚焦作为5G原生业务的5G消息上，从发展环境、应用状况及应用场景与需求等层面逐步展开，逐层递进。通过分析、总结国内外5G消息典型应用案例，从理论和实践两方面系统阐述5G消息的内涵与外延。撰写这本书的初衷和目的是想从多个角度切入，展开全面的分析思考，予以阐明一个新生事物——5G消息的全媒体属性及其在推动媒体深度融合发展中的重要性和必要性，指明并描绘出5G消息在媒体融合中的发展路径与未来图景。

目　录

第一章
5G+媒体融合——顶层设计与技术创新

第一节　5G与媒体融合相向而行同步发展

一　推动5G加快发展，推进5G规模化应用

在2020年3月4日召开的中共中央政治局常务委员会会议上，中共中央总书记习近平主持会议并发表重要讲话。会议强调要加快5G网络、数据中心等新型基础设施建设进度。① 2020年3月，国家发展改革委发布《关于促进消费扩容提质　加快形成强大国内市场的实施意见》，提出要加快新一代信息基础设施建设。加快5G网络等信息基础设施建设和商用步伐。② 2020年两会期间，"加强新一代信息基础设施建设"被写入政府工作报告，中央明确提出要"加强新型基础设施建设，发展新一代信息网络，拓展5G应用"，我国5G发展进入加速阶段。当前，5G已成为国家面向2035年远景目标发展的重要信息基底，5G更是数字社会、数字治理、数字经济的信息化"地基"。

---

① 《中共中央政治局常务委员会召开会议 中共中央总书记习近平主持会议研究当前新冠肺炎疫情防控和稳定经济社会运行重点工作》，人民网，2020年3月5日，http://cpc.people.com.cn/n1/2020/0305/c64094-31617516.html。
② 国家发展改革委：《关于促进消费扩容提质 加快形成强大国内市场的实施意见》，https://www.ndrc.gov.cn/xxgk/zcfb/tz/202003/t20200313_1223046.html，2020年3月13日。

2020 年 3 月 29 日至 4 月 1 日，习近平总书记到浙江考察，就统筹推进新冠肺炎疫情防控和经济社会发展工作进行调研。他指出，要抓住产业数字化、数字产业化赋予的机遇，加快 5G 网络、数据中心等新型基础设施建设，抓紧布局数字经济、生命健康、新材料等战略性新兴产业、未来产业，大力推进科技创新，着力壮大新增长点、形成发展新动能。①

为深入贯彻落实习近平总书记关于推动 5G 网络加快发展的重要讲话精神，工业和信息化部于 2020 年 3 月 24 日发布《工业和信息化部关于推动 5G 加快发展的通知》，要求全力推进 5G 网络建设、应用推广、技术发展和安全保障，充分发挥 5G 新型基础设施的规模效应和带动作用，支持经济高质量发展；强调加快 5G 网络建设部署、丰富 5G 技术应用场景、持续加大 5G 技术研发力度、着力构建 5G 安全保障体系。② 同年 4 月 29 日，中共中央政治局常务委员会召开会议，中共中央总书记习近平主持会议并发表重要讲话。会议强调，要启动一批重大项目，加快传统基础设施和 5G、人工智能等新型基础设施建设。③

创新是我国 5G 发展的要素和关键。2020 年 10 月 26 日，工信部在对卢绍杰委员提出的关于加快 5G 产业建设推动新互联网经济高质量发展的提案的答复中指出，将继续会同相关部门大力推进 5G 创新发展，支持各地区积极开展 5G 应用探索，助力 5G 产业发展，并将从四点发力。一是不断完善顶层设计。一方面，加快制定"十四五"新型基础设施建设规划，统筹推动 5G 网络建设并与新一代信息技术深度融合，创新支持方式，促进 5G 技术研发，推进网络建设；另一方面，发挥龙头企业带动作用，搭建行业共性技术攻关平台，集中力量支持核心关键元器件攻关产业化，带动 5G 领域设

---

① 《习近平在浙江考察时强调 统筹推进疫情防控和经济社会发展工作 奋力实现今年经济社会发展目标任务》，中国网，2020 年 4 月 1 日，http：//news. china. com. cn/2020 – 04/01/content_ 75886796. htm。

② 工业和信息化部：《工业和信息化部关于推动 5G 加快发展的通知》，https：//www. miit. gov. cn/xwdt/gxdt/sjdt/art/2020/art_ 6e86c2e853144eaba382dbb0ae242f6a. html，2020 年 3 月 24 日。

③ 《中共中央政治局常务委员会召开会议 习近平主持》，新华网，2020 年 4 月 29 日，http：//www. xinhuanet. com/politics/leaders/2020–04/29/c_ 1125924520. htm。

计、制造能力持续提升。二是持续优化创新环境。加强 5G 产业创新能力建设，推动 5G 与云计算、大数据、人工智能、区块链等技术协同发展。三是加快融合应用推进。四是加大人才培养和支持力度。①

在广电行业领域，5G 也成为新时代广播电视做强做优的重要内容。2020 年 11 月 5 日，国家广播电视总局印发《国家广播电视总局关于推动新时代广播电视播出机构做强做优的意见》，支持广播电视播出机构研发 5G 高新视频新业态内容产品，支持省级广播电视播出机构探索开办适应 5G 应用场景、满足多终端需求的 5G 频道，为人民群众提供更高端、更优质、更便捷的视听服务。同时指出，要积极融入广电 5G 发展，聚焦广电 5G 应用提供的新场景，深入开发融合产品，强化大屏小屏互动，通过移动化传播、精准投放，在多屏终端积极培育更广泛的收听收视群体，扩大主流舆论影响力版图，让主流价值传得更开、传得更广、传得更深入。②

此外，2022 年 1 月 6 日，国家广播电视总局印发《关于推进智慧广电乡村工程建设的指导意见》，在"主要任务"中提出要"加强乡村舆论阵地建设"和"推动乡村公共服务智慧化发展"。前者包含加快推广高清超高清、沉浸式、互动、VR/AR/MR 等高新视听产品和服务，促进新兴内容产业发展；继续推进全国有线电视网络整合和广电 5G 建设一体化发展，推动农村有线电视网络数字化转型和光纤化、IP 化改造，促进资源向基层下沉、向乡村延伸，提升技术承载和综合服务能力。后者强调主动融入国家文化数字化战略，积极参与文化大数据体系建设；通过直播卫星、有线电视、广电 5G 等方式服务乡村教育，积极开发场景式、体验式、互动式线上教学。③

---

① 工业和信息化部：《关于政协十三届全国委员会第三次会议第 0102 号（工交邮电类 012 号）提案答复的函》，https://www.miit.gov.cn/zwgk/jytafwgk/art/2020/art_0680186859d7461283bc659ff72545af.html，2020 年 9 月 22 日。

② 国家广播电视总局：《国家广播电视总局印发〈国家广播电视总局关于推动新时代广播电视播出机构做强做优的意见〉的通知》，http://www.nrta.gov.cn/art/2020/11/5/art_113_53696.html，2020 年 11 月 5 日。

③ 国家广播电视总局：《国家广播电视总局印发 关于推进智慧广电乡村工程建设的指导意见 的通知》，https://mp.weixin.qq.com/s/RO2BCa90UCv2SDSJGgzctw，2022 年 1 月 11 日。

5G是建设数字中国、数字乡村、发展数字经济的重要基底。2021年12月28日，中央网络安全和信息化委员会印发《"十四五"国家信息化规划》，对我国"十四五"时期信息化发展做出部署。该规划是"十四五"国家规划体系的重要组成部分，"十四五"时期，信息化进入加快数字化发展、建设数字中国的新阶段。规划围绕发展目标，部署了10项重大任务：一是建设泛在智联的数字基础设施体系，二是建立高效利用的数据要素资源体系，三是构建释放数字生产力的创新发展体系，四是培育先进安全的数字产业体系，五是构建产业数字化转型发展体系，六是构筑共建共治共享的数字社会治理体系，七是打造协同高效的数字政府服务体系，八是构建普惠便捷的数字民生保障体系，九是拓展互利共赢的数字领域国际合作体系，十是建立健全规范有序的数字化发展治理体系，并明确了5G创新应用工程等17项重点工程作为落实任务的重要抓手。① 规划提出，要建设泛在智能的网络连接设施。加快5G商用网络规模建设与应用创新，实施5G应用"扬帆"行动计划。其中，5G创新应用工程包括了加快5G网络建设，培育5G技术应用生态和持续推进5G技术创新等多方面内容。②

此外，2022年1月26日，中央网信办等10部门印发《数字乡村发展行动计划（2022－2025年）》，其中指出，到2025年数字乡村发展取得重要进展。乡村4G深化普及、5G创新应用，农业生产经营数字化转型明显加快，智慧农业建设取得初步成效，培育形成一批叫得响、质量优、特色显的农村电商产品品牌，乡村网络文化繁荣发展，乡村数字化治理体系日趋完善。③

2022年3月5日，第十三届全国人民代表大会第五次会议在人民大会堂举行，国务院总理李克强代表国务院向十三届全国人大五次会议做政府工

① 《中央网络安全和信息化委员会印发〈"十四五"国家信息化规划〉》，中国政府网，2021年12月28日，http://www.gov.cn/xinwen/2021－12/28/content_5664872.htm。

② 《"十四五"国家信息化规划》，中国网信网，2021年12月27日，http://www.cac.gov.cn/2021－12/27/c_1642205314518676.htm。

③ 《中央网信办等10部门印发〈数字乡村发展行动计划（2022－2025年）〉》，中国网信网，2022年1月26日，http://www.cac.gov.cn/2022－01/25/c_1644713313939252.htm。

作报告。政府工作报告指出，促进数字经济发展。加强数字中国建设整体布局。建设数字信息基础设施，推进 5G 规模化应用，促进产业数字化转型，发展智慧城市、数字乡村。加快发展工业互联网，培育壮大集成电路、人工智能等数字产业，提升关键软硬件技术创新和供给能力。完善数字经济治理，释放数据要素潜力，更好赋能经济发展、丰富人民生活。[①]

二 加快推进媒体深度融合，建立全媒体传播体系

2020 年 6 月 30 日，中央全面深化改革委员会第十四次会议审议通过的《关于加快推进媒体深度融合发展的指导意见》提出，推动媒体融合向纵深发展，要建立以内容建设为根本、先进技术为支撑、创新管理为保障的全媒体传播体系。会议强调，推动媒体融合向纵深发展，要深化体制机制改革，加大全媒体人才培养力度，打造一批具有强大影响力和竞争力的新型主流媒体，加快构建网上网下一体、内宣外宣联动的主流舆论格局，建立以内容建设为根本、先进技术为支撑、创新管理为保障的全媒体传播体系，牢牢占据舆论引导、思想引领、文化传承、服务人民的传播制高点。[②]

2020 年 9 月，中共中央办公厅、国务院办公厅印发了《关于加快推进媒体深度融合发展的意见》，并发出通知，要求各地各部门结合实际认真贯彻落实。该意见从重要意义、目标任务、工作原则三个方面明确了媒体深度融合发展的总体要求。

该意见明确提出要求，要深刻认识全媒体时代推进这项工作的重要性、紧迫性，坚持正能量是总要求、管得住是硬道理、用得好是真本事，坚持正确方向，坚持一体发展，坚持移动优先，坚持科学布局，坚持改革创新，推动传统媒体和新兴媒体在体制机制、政策措施、流程管理、人才技术等方面加快融合步伐，尽快建成一批具有强大影响力和竞争力的新型主流媒体，逐

---

① 《李克强：加强数字中国建设整体布局》，中国新闻网，2022 年 3 月 5 日，https：//baijiahao. baidu. com/s？id＝1726424711902594268&wfr＝spider&for＝pc。

② 《习近平主持召开中央全面深化改革委员会第十四次会议》，新华网，2020 年 6 月 30 日，http：//www. xinhuanet. com/2020-06/30/c_ 1126179095. htm。

步构建网上网下一体、内宣外宣联动的主流舆论格局，建立以内容建设为根本、先进技术为支撑、创新管理为保障的全媒体传播体系。

要走好全媒体时代群众路线，坚持以人民为中心的工作导向，坚持贴近群众服务群众，创新实践党的群众路线，大兴"开门办报"之风，把党的优良传统和新技术新手段结合起来，强化媒体与受众的连接，以开放平台吸引广大用户参与信息生产传播，生产群众更喜爱的内容，建构群众离不开的渠道。

要以先进技术引领驱动融合发展，用好 5G、大数据、云计算、物联网、区块链、人工智能等信息技术革命成果，加强新技术在新闻传播领域的前瞻性研究和应用，推动关键核心技术自主创新。要推进内容生产供给侧结构性改革，更加注重网络内容建设，始终保持内容定力，专注内容质量，扩大优质内容产能，创新内容表现形式，提升内容传播效果。要深化主流媒体体制机制改革，建立适应全媒体生产传播的一体化组织架构，构建新型采编流程，形成集约高效的内容生产体系和传播链条。要发挥市场机制作用，增强主流媒体的市场竞争意识和能力，探索建立"新闻+政务服务商务"的运营模式，创新媒体投融资政策，增强自我造血机能。

要按照资源集约、结构合理、差异发展、协同高效的原则，完善中央媒体、省级媒体、市级媒体和县级融媒体中心四级融合发展布局。努力打造全媒体对外传播格局，讲好中国故事，传播中华文化。《关于加快推进媒体深度融合发展的意见》还指出，要大力培养全媒体人才，实行更加积极、开放、有效的人才引进政策，提高主流媒体人才吸引力和竞争力。要优化人才队伍结构，把更多熟悉新媒体的中青年优秀人才充实到关键岗位，充分释放人才活力。

该意见还强调，各级党委和政府要强化资金保障，加强政策支持，形成政策保障体系，支持媒体深度融合发展。要强化党的领导，把推进媒体深度融合发展作为本地区、本部门、本单位落实意识形态工作责任制的重要内容。要加强评估考核，加强督促检查，推动媒体深度融合发展各项任务落到实处。①

---

① 《中共中央办公厅 国务院办公厅印发〈关于加快推进媒体深度融合发展的意见〉》，新华网，2020 年 9 月 26 日，http://www.xinhuanet.com/2020-09/26/c_ 1126542716.htm。

2020 年 11 月 5 日，国家广播电视总局印发的《国家广播电视总局关于推动新时代广播电视播出机构做强做优的意见》中，也明确要求加快媒体融合发展，加快广播电视播出机构流程再造，推动制作生产、传播分发、运行管理和体制机制等各环节共融互通，催化融合质变，提高深度融合、一体化发展水平。深度参与各级融媒体中心建设，强化在内容、技术、平台等方面的支持。全面增强优质产品供给能力，加大广播电视对县级融媒体中心的节目供给力度，更好地发挥引导群众、服务群众的作用。①

三　5G 与媒体融合之逻辑关联

5G 与媒体融合发展密切关联，是推动媒体融合深度发展的核心技术。媒体融合是一次以技术创新为引领的媒体变革，② 其根源在于"技术变革所引发的社会信息传播机制之范式转变"③。作为一种产业生态，其实现的技术基础在于 5G、人工智能、工业互联网、物联网等先进技术的协同发展与综合应用。第五代移动通信技术本身就是先进的高效率信息网络，具有与之前任何一个通信代际都不同的创新特质，具备技术融合性、应用灵活性与行业化、场景化等鲜明特征。④ 因此，5G 与生俱来的独有优势，决定了其在媒体融合体系中的重要地位和强大影响力。

当前，媒体融合已迈进"深度融合"阶段。2020 年 9 月，中共中央办公厅、国务院办公厅印发《关于加快推进媒体深度融合发展的意见》，要求"要以先进技术引领驱动融合发展，用好 5G、大数据、云计算、物联网、区块链、人工智能等信息技术革命成果，加强新技术在新闻传播领域的前瞻性研究和应用，推动关键核心技术自主创新"。5G 的发展与应用，关系着媒

---

① 国家广播电视总局：《国家广播电视总局印发〈国家广播电视总局关于推动新时代广播电视播出机构做强做优的意见〉的通知》，http://www.nrta.gov.cn/art/2020/11/5/art_113_53696.html，2020 年 11 月 5 日。

② 徐麟：《加快推进媒体深度融合，需要牢牢把握这 6 个方面》，https://baijiahao.baidu.com/s?id=1683788194341983602&wfr=spider&for=pc，2021 年 12 月 22 日。

③ 方兴东、钟祥铭：《中国媒体融合的本质、使命与道路选择》，《现代出版》2020 年第 4 期。

④ 《中国新兴媒体融合发展报告（2019-2020）》，会议报告，厦门，2020 年 12 月。

体融合实现的深度与广度。2021年7月5日，工业和信息化部、中央网信办、国家发改委等十部门印发《5G应用"扬帆"行动计划（2021－2023年）》，提出了15个5G应用重点领域。其中"5G+融合媒体"位列第一。该行动计划明确指出，在"5G+融合媒体"应用领域要"开展5G背包、超高清摄像机、5G转播车等设备的使用推广，利用5G技术加快传统媒体制作、采访、编辑、播报等各环节智能化升级"。"着力打造一批'5G+'新型消费的新业务、新模式、新业态，开展5G融合应用创新"①。媒体融合已经成为国家战略，而5G则是媒体融合先进技术中的重要基础。

"技术标准的成熟度和应用场景的契合度决定了传媒和传播是5G最先带动的垂直领域"②。当前，5G技术在媒体和传播领域展现其所蕴含的巨大变革势能，5G已经融入全媒体传播各个节点，深刻影响媒体融合发展。5G网络是实现万物互联互通的关键基础设施，能够为大数据、云计算、工业互联网等数字平台建设提供强大网络通道支撑。高速率、低时延、广连接的网络特征会给信息传播提供优质的网络支持，同时泛在网和移动性强的特征会进一步解放信息传播的场景限制，实现真正意义上的"万物皆媒体，一切皆平台"。5G商用以来，我国5G网络和用户规模领跑全球。工业和信息化部数据显示，我国已经建成了全球最大规模的5G网络，截至2021年8月底，我国累计建成5G基站103.7万个，占全球70%以上，已覆盖全国所有地市级城市，95%以上的县城城区和35%的乡镇镇区。③ 强有力的5G基础设施建设，为媒体融合发展保驾护航。

5G融媒体传播与社会各领域的发展息息相关，与各行各业的升级转型紧密相连。④ 5G是媒体融合先进技术的重中之重，有了5G支持，人工智

---

① 工业和信息化部：《十部门关于印发〈5G应用"扬帆"行动计划（2021-2023年）〉的通知》，http://zfxxgk.nea.gov.cn/2021-07/13/c_1310058762.htm，2021年7月。

② 卢迪、邱子欣：《5G时代全球传播新生态：万物皆媒，人机共生》，载高伟、姜飞主编《全球传播生态发展报告（2020）》，社会科学文献出版社，2021。

③ 《深度广度双突破，5G应用扬帆远航——写在2021年中国国际信息通信展召开之际》，电子信息产业网，2021年9月，http://www.cena.com.cn/industrynews/20210924/113281.html。

④ 《中国新兴媒体融合发展报告（2019-2020）》，会议报告，厦门，2020年12月。

能、工业互联网、数据中心才能发挥最大作用。在 5G 网络承载赋能下，这些技术之间的协同发展，才能共同推动媒体深度融合与升级。

四 5G 改变"传媒"的边界与内涵

5G 改变了传统意义上"传媒"的内涵和边界，打破信息传播原有的信息流动规律，建立新的联系，创建新的规则。随着 5G 技术的诞生、发展和应用，传媒行业首先受到最为深刻的影响。对于媒体发展而言，5G 网络布局能加速智慧媒体建设，更好地赋予媒体全方位智能化升级。一方面，5G "全程媒体、全息媒体、全员媒体、全效媒体"的传播现象大量涌现；另一方面，5G "无处不在、无所不及、无人不用"的传播特征也越发凸显。[①] 在这种影响下，5G 融媒体信息传播的内容形态、传播形式以及终端形态等都将发生变革。

5G 在多个方面影响着媒体融合的广度和深度。首先，内容形态方面，视频成为内容传播的主要形态。5G 影响下，移动互联网所有业务都将朝着"视频流"发展演变，视频成为新的信息组织形式。5G 技术极大适用于 2K/4K/8K 超高清、AR/VR 等格式视频的传输应用，让超高清视频的实时传输和虚拟现实视频的沉浸感完美呈现，AR、VR、全息投影与 4K、8K 超高清等共同构成下一代"大视频"产业[②]，2021 年《5G 应用"扬帆"行动计划（2021-2023 年）》中就强调，要开发适配 5G 网络的 AR/VR 沉浸式内容、4K/8K 视频等应用。打造 AR/VR 业务支撑平台和云化内容聚合分发平台，推动与 5G 结合的社交、演播观影、电子竞技、数字艺术等互动内容产业发展。[③]其次，信息传播形式方面，直播成为主流信息传播形式。视频直播的形式越来越多地被应用于媒体宣传、新闻报道和内容传播，永远在线、各种视角的

---

① 《中国新兴媒体融合发展报告（2019-2020）》，会议报告，厦门，2020 年 12 月。

② 卢迪、米文霞、孙明慧：《从 4G 短视频到 5G "大视频"》，《视听界》2020 年第 3 期，第 43~49 页。

③ 工业和信息化部：《十部门关于印发〈5G 应用"扬帆"行动计划（2021-2023 年）〉的通知》，http://zfxxgk.nea.gov.cn/2021-07/13/c_1310058762.htm，2021 年 7 月。

视频直播将成为媒体传播常态，"5G+直播"将成为未来信息传播的大平台和新生态。2021年"5G+直播"更是成为各行业主要传播方式。2021年各大主流卫视春晚纷纷利用5G进行直播，其中河南卫视利用5G+AI完美呈现唐宫晚宴引发如潮好评。2021年两会期间，中央广播电视总台、新华社、人民网等主流媒体综合利用"5G+"多位技术，实现两会新闻报道全场景立体化直播。最后，终端形态方面，5G让任何一个具有联网能力的智能终端设备都成为信息传播链条的重要一环，智能终端种类的丰富和能力提升也将赋能媒体信息生产的各个环节。[①] 从5G+4K/8K+AR超高清直播，到5G+AI智能编辑平台、5G+异地全息影像、5G+卫星多地协同直播等各种不同智能终端间的协同工作，媒体平台多元联动，新闻报道的形式大幅创新。5G推动媒体融合在内容形态、传播形态、终端设备等全方位的升级，进而孵化出具有全行业、社会化特征的大传播格局和媒体新生态。

第二节　5G时代技术协同创新对媒体融合的影响

一　5G时代，新一代信息技术加速融合协同发展

（一）5G关键能力实现突破创新

移动通信已经深刻地改变了人们的生活，为了应对未来爆炸性的移动数据流量增长、海量的设备连接、不断涌现的各类新业务和应用场景，第五代移动通信（5G）系统应运而生。5G将渗透未来社会的各个领域，以用户为中心构建全方位的信息生态系统。5G将拉近万物的距离，通过无缝融合的方式，便捷地实现人与万物的智能互联。5G将使信息突破时空限制，提供极佳的交互体验，为用户带来身临其境的信息盛宴，为用户提供光纤般的接入速率，"零"时延的使用体验，千亿设备的连接能力，超高流量密度、超

[①] 卢迪、邱子欣：《5G时代全球传播新生态：万物皆媒，人机共生》，载高伟、姜飞主编《全球传播生态发展报告（2020）》，社会科学文献出版社，2021。

高连接数密度和超高移动性。同时 5G 还将为网络带来超百倍的能效提升和超百倍的比特成本降低，最终实现"信息随心至，万物触手及"的总体愿景。①

5G 技术创新主要来源于无线技术和网络技术两方面。在无线技术领域，大规模天线阵列、超密集组网、新型多址和全频谱接入等技术已成为业界关注的焦点；在网络技术领域，基于软件定义网络（SDN）和网络功能虚拟化（NFV）的新型网络架构已取得广泛共识。② 其中，创新的"网络切片"技术为 5G 与媒体融合发展在网络层面提供了最大可行性和技术保证。面向多元、差异化的应用场景，5G 技术可以实现定制化按需组网，在共享相同基础设施的同时对网络进行逻辑隔离，也就是"网络切片"。"切片是指将网络资源灵活分配，网络能力按需组合，基于一个 5G 网络虚拟出多个具备不同特性的逻辑子网，并通过端到端切片管理系统进行统一管理"③。5G 网络可针对任何一种业务的特定需求灵活配置网络资源和功能，从而满足不同行业、业务场景对网络的差异化需求，最大限度地扩展了业务应用的范围和场景。网络切片技术使网络运营商可以选择每个"切片"所需的特性，例如更少的延迟，更高的吞吐量、连接密度、频谱效率、流量容量和网络效率，有助于提高创建产品和服务的效率，并改善客户体验。同时，每个网络切片是相对隔离的，并且都包含设备、访问、传输和核心网络等关键环节，从而可以提高网络的可靠性和安全性。就传媒行业和视频类业务而言，"5G 端到端网络切片将是推动超高清视频广泛应用的重要技术"④。

5G 具备比 4G 更高的性能，5G 全面超越 4G 的关键能力是 5G 与媒体融合发展的动能。5G 可以支持 0.1~1Gbps 的用户体验速率，每平方公里一百万的连接数密度，毫秒级的端到端时延，每平方公里数十 Tbps 的流量密度，

① 中国信息通信研究院：《5G 愿景与需求》，http：//www.caict.ac.cn，2014 年 5 月。
② 中国信息通信研究院：《5G 概念白皮书》，http：//www.caict.ac.cn，2015 年 2 月。
③ 《中国联通"5G+8K"技术白皮书》，西班牙巴塞罗那 MWC-2019 世界移动通信大会：中国联合网络通信有限公司网络技术研究院、华为技术有限公司，2019 年 2 月。
④ 中国信息通信研究院：《5G 概念白皮书》，http：//www.caict.ac.cn，2015 年 2 月。

每小时 500km 以上的移动性和数十 Gbps 的峰值速率。其中用户体验速率、连接数密度和时延为 5G 最基本的三个性能指标。同时，5G 还需要大幅提高网络部署和运营的效率，相比 4G，频谱效率提升 5～15 倍，能效和成本效率提升百倍以上。① 性能和效率共同定义了 5G 的关键能力，正是 5G 满足未来多样化业务与场景需求的"赋能"体现。

（二）5G 带动多元技术协同发展

5G 时代的到来，意味着一个完整的新兴信息技术体系之间的相互作用越来越多，5G 带动了新一代信息技术的融合发展与应用落地。仅仅依靠 5G 移动通信技术，不能独立实现对经济社会和各行各业的强大影响，必须将 5G 和包括 4K、AR、VR、智能制造、车联网、智慧医疗等相关的垂直技术进行深度融合，才能真正对各行各业赋能。② 5G 与云计算、大数据、人工智能、虚拟增强现实等技术的深度融合，将连接人和万物，成为各行各业数字化转型的关键基础设施，是经济社会数字化转型的关键使能器。③

1.5G 与云计算：相互促进相互支撑

当前，云计算进入产业发展成熟阶段。2018 年中国云计算总体市场规模 962.8 亿元，增速达到 39%，特别是公有云的增长率更是达到了 60% 以上。④ 在这种市场规模下，政务云、金融云、交通云、电信云等产业细分市场越来越稳定，成长也越来越快。

5G 与云计算是相互促进的密切关系。一方面，随着 5G 时代网络传输速度飞速提升，万物互联进入智能新时代，5G 和物联网所产生的大量数据势必需要强大的计算和存储能力，毫无疑问将进一步促进云计算的发展。例如，在智能手机和可穿戴设备等 C 端消费领域，目前依托终端的计算将进一步向云端迁移，以降低终端硬件成本、提升响应效率、提高用户

---

① 中国信息通信研究院：《5G 愿景与需求》，http：//www.caict.ac.cn，2014 年 5 月。
② 《IMT-2020（5G）推进组 5G 应用工作组中国联通网络技术研究院 5G 新媒体中心总监张沛：发布白皮书〈5G 新媒体行业白皮书〉》，http：//www.caict.ac.cn/pphd/zb/imt5g/2019/18/201907/t20190718_203421.htm，2019 年 7 月 18 日。
③ 中国信息通信研究院：《5G 经济社会影响白皮书》，http：//www.caict.ac.cn，2017 年 6 月。
④ 中国信息通信研究院：《云计算发展白皮书 2019》，http：//www.caict.ac.cn，2019 年。

体验。

另一方面，云计算也对 5G 网络有优化作用。5G 跟 4G 相比发生了很大变化，5G 本身就是通信与云计算融合的网络。传统的移动通信网络以小区为中心，而 5G 以用户为中心。网络资源的优化配置需要有云计算能力的支撑，按照用户行为、偏好、终端、网络状态及能力，网络提供最好的用户体验，实现用户中心网。① 云计算是智能经济信息基础设施的重要构成部分，能推动各行各业的智能化转型，对于 5G 来说，云计算技术也是必不可少的智能化手段。移动网络的未来发展需要 "持续推动技术创新，加速 5G、未来网络与云计算、大数据、人工智能等 ICT（信息与通信技术）前沿技术的深度融合，推动网络智能化发展"②。

2. 5G 与边缘计算："云边协同"提升算力效率

移动边缘计算（Mobile Edge Computing，简称 "MEC"）的概念由欧洲电信标准协会（ETSI）在 2014 年提出，指在移动网络边缘提供 IT 服务环境和计算能力，强调靠近移动用户，以减少网络操作和服务交付的时延，提高用户体验。

边缘计算不是云计算的对立面，其与云计算是相辅相成、协同发展的关系。边缘计算是 5G 时代云计算自然发展和演化的一个方向，其本身就是云计算向终端和用户侧延伸形成的新解决方案。5G 时代边缘计算的发展源于业务的需要，为适应车联网、视频业务与 VR/AR 等对低时延的要求，节约骨干网带宽，需将存储和内容分发下沉到接入网，移动边缘计算就可以实现基站与互联网业务的深度融合。③ 在面向物联网、大流量等场景下，为了满足更广连接、更低时延、更好控制等需求，云计算在向一种更加全局化的分布式节点组合形态进阶，边缘计算是其向边缘侧分布式拓展的新触角。④

---

① 邬贺铨：《从 5G 看网络技术的创新》，南京·GNTC 全球网络技术大会，2018 年 11 月 14 日。
② 陈立东：5G 和未来网络战略研讨会，北京，2018 年 7 月 17 日。
③ 邬贺铨：《从 5G 看网络技术的创新》，南京·GNTC 全球网络技术大会，2018 年 11 月 14 日。
④ 中国信息通信研究院：《云计算与边缘计算协同九大应用场景（2019 年）》，http://www.caict.ac.cn，2019 年 7 月。

边缘计算技术具有"实时或更快速地数据处理和分析、节省网络流量、可离线运行并支持断点续传、本地数据更高安全保护"[①] 等特点。云计算与边缘计算各有所长、优势互补。5G时代，云计算和边缘计算需要通过紧密协同才能更好地满足各种需求场景的匹配，从而最大化体现云计算与边缘计算的应用价值。

"云边协同"是5G时代在计算领域最大的特征，也将发展成为5G时代的主流模式。当前，"云边协同"的九大应用场景包括：CDN（内容分发网络）、工业互联网、能源、智能家庭、智慧交通、安防监控、农业生产、医疗保健、云游戏等[②]。例如，在智能家庭应用场景中，边缘计算节点以多样化的家庭终端为载体，可以将家用电器、照明控制、多媒体终端、计算机等家用终端连接起来组成家庭局域网，再通过5G移动网络与广域网相连，进而与云端进行数据交互，从而实现电器遥控、安全保护、视频监控、定时控制、环境监测、可视对讲等丰富的上层应用。此外，在增强现实AR领域，由于前景的图像要随着用户视角背景的变化而做出实时调整，对网络传输和数据处理的时延要求较高。边缘计算技术能够通过将部分计算任务下沉到边缘服务器或移动端上解决这个问题，将前景的交互放在云端，背景的交互则交给移动端，从而降低数据处理的平均时延，提高用户体验。

此外，边缘计算也与人工智能有着密切的关系，边缘计算技术将助力人工智能驶入"快车道"。传统的计算方式将大量数据交付云端处理，边缘计算则恰好与这种中心化思维相反，其主要计算节点以及应用分布在靠近终端的数据中心，利用靠近物或数据源的边缘位置来完成数据运算。边缘计算的这一特点有力地推动了人工智能及物联网设备的大发展。未来，智能终端产品种类将极大丰富，数据量也会爆炸式增长，如果仅依靠云计算，数据处理

---

① 中国信息通信研究院：《云计算与边缘计算协同九大应用场景（2019年）》，http://www.caict.ac.cn，2019年7月。

② 中国信息通信研究院：《云计算与边缘计算协同九大应用场景（2019年）》，http://www.caict.ac.cn，2019年7月。

过程冗长且过度依赖网络环境状况，不能满足某些需要超低延时的场景。[①] 边缘计算技术能就近提供智能服务，数据处理过程接近零延迟，网络负载大大降低，各个连接设备也更加弹性，从而增强了 AI（人工智能）应用的性能和可靠性。[②]

3.5G 与大数据：新的数据来源与采集途径

大数据是信息化发展的新阶段，也是数字经济的重要基础。近年来，随着信息技术的不断成熟、互联网和移动互联网快速普及，全球数据呈现爆发增长、海量集聚的特点，对经济发展、社会治理、国家管理、人民生活都产生了重大影响[③]。我国的大数据在政策、技术、产业、应用等方面均获得了长足发展。党的十九大提出"推动互联网、大数据、人工智能和实体经济深度融合"，进一步巩固和强调了大数据技术对于传统行业、实体经济的重要性。

大数据是一个技术体系，也是一种"工具"。大数据技术要想发挥更大的效能和价值，就需要更快、能够处理更大体量数据的传输技术与之相匹配，5G 的出现和发展就解决了这个问题，实现真正的实时、在线的海量数据采集、处理和分析。与此同时，5G 作为新一代移动通信技术，也将进一步丰富数据采集的途径和来源。随着传感器、5G 及 NB-IoT（窄带物联网）的发展，数据采集及传输途径也将得以扩充。来自社交媒体、物体、机器人等的新数据通道将为数据治理和数据管理带来机遇和挑战。这些新兴渠道的数据，其规模、数量、速度和变化等特征与主数据管理和数据治理的传统领域的特征显著不同。[④] 由于数据采集层面的一系列变化，进一步要求发展出与之相适应的方法来管理数据质量和标准，以满足业务对于灵活性的要求。

---

① 卢迪、邱子欣、孟祥东：《终端入口抢占先机，布局 5G 家庭视听应用新生态》，《电视研究》2019 年 4 月。
② 王熙：《5G 铺路，边缘计算助力人工智能提升整体可靠性》，《通信世界》2018 年第 13 期，第 20 页。
③ 中国信息通信研究院：《大数据白皮书（2018 年）》，http：//www.caict.ac.cn，2018 年 4 月。
④ 中国信息通信研究院：《大数据白皮书（2018 年）》，http：//www.caict.ac.cn，2018 年 4 月。

4.5G与物联网："万物互联"是5G主要应用场景

物联网是传统行业数字化转型的基础设施，也是全面构筑经济社会数字化转型的关键基础设施。物联网和5G、下一代互联网、广播电视网等一样，都是信息社会发展的网络支撑能力。我国将紧抓物联网发展新机遇，加快推进物联网基础设施升级，推动传统行业数字化转型，拓展经济发展新空间，充分发挥物联网对经济发展、社会治理和民生服务的关键支撑作用。[1]

当前，5G带动物联网进入了发展新阶段。5G、低功耗广域网等基础设施加速构建，数以万亿计的新设备将接入网络并产生海量数据，人工智能、边缘计算、区块链等新技术加速与物联网结合，应用热点迭起，物联网迎来跨界融合、集成创新和规模化发展的新阶段。[2] 面向供给侧的生产性物联网是下一个热点。物联网与传媒、旅游、教育等传统行业的深度融合形成行业物联网，成为行业转型升级所需的基础设施和关键要素。

与此同时，物联网也是5G最主要的应用领域。不同于4G时代移动互联网主要建立的是人与人之间的"连接"，5G技术未来则将主要应用于物和物之间的通信。在博鳌亚洲论坛2019年年会上，工业和信息化部部长苗圩提出，5G应用将呈现"二八分"特征，即"20%用于人和人之间的通讯，80%用于物和物之间的通讯"[3]。从这个角度而言，5G时代的信息传播不再仅局限于人与人、人与内容之间的传播，人际传播和大众传媒不再是唯一的信息传播模式。反而可能更多地存在于人与物、物与物之间的传播和信息交互，这些都将是5G新媒体所涵盖的范畴。[4]

物联网带动传媒跨入"海量链接，万物皆媒"的新时代。我们将进入"全媒体"的信息传播环境中，全连接、深融合、高智能，物理空间、数字空间、人类群体、各种设备组成一个大的连接，万物互联、万物皆媒。海量

---

[1] 《用密码创新应用带动核心技术突破》，人民网，2019年1月24日，http://www.people.com.cn/。

[2] 中国信息通信研究院：《物联网白皮书（2018年）》，http://www.caict.ac.cn，2018年12月。

[3] 《苗圩：5G技术未来将主要应用于移动物联网》，新华网，2019年3月28日，http://www.xinhuanet.com/fortune/2019-03/28/c_1124297752.htm。

[4] 卢迪、邱子欣：《5G新媒体三大应用场景的入口构建与特征》，《现代传播》2019年第7期。

连接依赖于 5G 每平方公里数十 Tbps 的流量密度与 1Gbps 的用户体验速率，任何物体都可植入芯片和传感器，进而成为海量连接中的一环，采集、分析并传输数据和信息；所有的终端都具有信息传播能力，都可以被称为"媒体"。在物联网的赋能下，媒体采集信息的结构和能力发生变化，媒体的定义被广泛延伸，由传统的"互联"变为了"物联"。[①]

5. 5G 与车联网：满足汽车交通对通信的需求

车联网是一个复杂而融合的技术体系，也是一种新兴业态。车联网的发展目标是借助新一代信息和通信技术，实现车内、车与车、车与路、车与人、车与服务平台的全方位网络连接，提升汽车智能化水平和自动驾驶能力，构建汽车和交通服务新业态。车联网是一个综合的、融合的产业生态，涉及汽车、电子、信息通信、交通等多个行业，正处于加速发展的关键阶段。

5G 是车联网技术体系的重要组成部分。车联网是一个技术体系，其关键技术涉及"端—管—云"三个方面。其中在"管"的层面，车联网关键技术包括 5G 车载蜂窝通信技术、LTE-V2X 和 802.11p 直连无线通信技术等。车联网总体技术路线向着智能化、网联化方向演进，两条路线同步推进并走向融合。当前，汽车行业已经将联网功能作为汽车产品的重要技术特性，但仍然以 2G/3G/4G 蜂窝通信技术为主。[②] 随着 5G 通信技术迅速进展，其在汽车和交通行业的应用也越来越多，对车联网的智能化和网联化形成了有力支撑。

车联网是 5G 重要的应用场景。5G 应用方面最广泛的就是移动状态的物联网，最大的市场可能就是车联网。"人和车，车和车，车和路之间的通讯，数据传输量比人和人之间的传输量要大很多。所以，以无人驾驶汽车为代表的 5G 应用，可能是最早实现的应用"[③]。ITU（国际电信联盟）定义的

① 赵子忠：《5G 时代传媒业态展望》，《甘肃日报》2019 年 7 月 20 日。
② 中国信息通信研究院：《车联网白皮书（2017 年）》，http://www.caict.ac.cn，2017 年 9 月。
③ 《【聚焦 2019 博鳌亚洲论坛】5G 带来历史机遇，汽车、手机等产业迎变革》，央广网，2019 年 3 月 29 日，http://news.cnr.cn/native/gd/20190329/t20190329_524560849.shtml。

5G 三大应用场景中，低时延高可靠场景就"主要面向车联网、工业控制等垂直行业的特殊应用需求，这类应用对时延和可靠性具有极高的指标要求，需要为用户提供毫秒级的端到端时延和接近 100% 的业务可靠性保证"①。5G 通信技术充分考虑到汽车、交通产业未来发展的趋势和特征，车联网行业需求在 5G 技术研发过程起到了重要的推进作用。ITU 确定的 5G 的三大应用场景和我国 IMT-2020（5G）推进组提出的"2×2"场景，都将"低时延高可靠"作为核心场景，以满足汽车和交通应用中对通信的需求②。

车联网也意味着一种新兴的服务业态。网络连接、汽车智能化、服务新业态是车联网的三个核心③。狭义的车联网应用通常指车载信息服务类应用，即通过车辆把车主与各种服务资源整合在一起；广义的车联网应用还包括面向交通的安全效率类应用以及以自动驾驶为基础的协同服务类应用④。根据技术发展程度和服务能力水平，当前车联网服务处于发展的第二阶段。其中，第一阶段是以基础性的联网信息服务为主要业务形态，主要通过 4G 及之前的蜂窝通信技术实现，打通汽车内外信息流，实现定位导航、车载娱乐、紧急救援等基本功能。5G 的发展推动着车联网服务生态逐步升级，进入了以实现安全预警、高带宽业务和部分自动驾驶服务为目标的第二个发展阶段。在当前车联网服务发展的第二阶段，通信技术和智能化的汽车电子系统广泛应用，安全预警和汽车环境感知能力大幅增强。同时，随着智能化、网联化程度提升，"汽车"作为一个新型的网联终端，也将逐步具有"新媒体"平台的属性，即从传统意义上的代步工具向信息平台、娱乐平台转化。车联网业务形态也将随之更加丰富，形成一定规模的共享类、安全类、高带宽需求业务和部分自动驾驶业务⑤。当前，车联网技术发展和服务能力不断提升催生了大量新的产品应用，包括"以用户体验为核心的信息服务类应

---

① 中国信息通信研究院：《5G 概念白皮书》，http：//www.caict.ac.cn，2015 年 2 月。
② 中国信息通信研究院：《车联网白皮书（2017 年）》，http：//www.caict.ac.cn，2017 年 9 月。
③ 中国信息通信研究院：《车联网白皮书（2017 年）》，http：//www.caict.ac.cn，2017 年 9 月。
④ 中国信息通信研究院：《车联网白皮书（2017 年）》，http：//www.caict.ac.cn，2017 年 9 月。
⑤ 中国信息通信研究院：《车联网白皮书（2017 年）》，http：//www.caict.ac.cn，2017 年 9 月。

用、以车辆驾驶为核心的汽车智能化类应用和以协同为核心的智慧交通类应用"①。

6.5G 与人工智能：优势互补，相得益彰

人工智能是一种将引发诸多领域产生颠覆性变革的前沿技术。② 人工智能与 5G 具有同样重要的地位，是一种基础性的信息技术。当前，人工智能得益于算法、数据和算力三方面共同的进展，以机器学习特别是深度学习为核心，在视觉、语音、自然语言等应用领域迅速发展③，正处于发展高潮期。一方面，以深度学习为代表的算法研究突破，使算法模型得以持续优化，提升了人工智能应用的准确性，如语音识别和图像识别等；另一方面，互联网和移动互联的普及，使网络数据量急剧增加，海量数据的积累为人工智能提供了良好的"土壤"。此外，在算力方面，大数据、云计算等信息技术近几年的快速发展和人工智能计算芯片的研发应用，都极大地提升了机器处理海量视频、图像的计算能力。

5G 和人工智能技术关系紧密，5G 和人工智能技术双轮驱动，才能推动社会各领域、各行业的转型升级，才能为媒体融合提供动力和支撑。一方面，5G 是人工智能的基础设施，也是智能媒体发展的重大机遇。5G 促进了人工智能大规模场景应用落地。如果说 4G 网络还不足以支撑起人工智能在多种场景下的应用，5G 网络则因其具有超低时延、超高速率和超大带宽的特征，可为人工智能提供更加稳定的环境，保障了人工智能技术在不同场景下的应用，如智慧交通离不开自动驾驶，而自动驾驶需要的超低时延正是 5G 的特点与优势；智慧城市离不开海量终端的大连接，5G 三大应用场景之一的大连接物联网（mMTC）可为智慧城市提供支持；智慧家庭所需要的超

① 中国信息通信研究院：《车联网白皮书（2018 年）》，http：//www.caict.ac.cn，2018 年 12 月。

② 中国信息通信研究院：《人工智能发展白皮书—产业应用篇（2018 年）》，http：//www.caict.ac.cn，2018 年 12 月。

③ 中国信息通信研究院：《人工智能发展白皮书—产业应用篇（2018 年）》，http：//www.caict.ac.cn，2018 年 12 月。

大带宽也是5G可提供的。①

与此同时，人工智能也是5G的助推剂，为5G探索了更多业务场景。人工智能虽然不是实体网络，但它已渗透在各个领域、各种场景之中，成为越来越重要的基础设施，是无处不在的"神经网络"。同时，人工智能也是一个云端大脑，拥有自主学习和演进的特点，人工智能运用于5G网络，将使网络更加智能化和自动化，提升网络的运营和维护能力。可以认为，有了人工智能，5G网络才能发挥出更大价值，人工智能使5G网络效率更高，灵活度也更高。人工智能带来的多种技术产品，将为5G探索出更多、更新的业务场景和模式。人工智能与5G相互渗透、相互融合的时代正在快速逼近，两者的结合将使传统行业焕发新的生机，整个互联网产业将迎来大变革②。

二 5G时代，技术创新对媒体融合的六个影响

5G带来划时代的变革，相对于4G而言是质的飞跃，正如2G是个人终端从模拟时代进入数字化时代的里程碑一样，5G的划时代意义在于，我们即将处于一个世间万物皆可成为媒介载体、皆可实现相互间信息传播的新时代。从2G到5G，每一个代际都实现了移动通信网络和基础设施的升级、终端设备的升级换代，进而推动了操作系统、应用和软件的不断发展。5G技术的先进性使其比4G具有更高的用户体验速率和峰值速率，更大的连接数密度和流量密度，以及更低的端到端时延和更好的移动性。完全不同于第四代移动通信技术，5G并非在4G基础上的演进，而是完全的革新和换代。5G采用了新的技术和新的标准，那么信息传播的网络、终端、信息组织形式、内容形态都将适应这些新技术和新标准③。

5G技术创新对媒体融合的影响机制根源于5G将改变信息传播链条上

① 卢迪、邱子欣、孟祥东：《终端入口抢占先机，布局5G家庭视听应用新生态》，《电视研究》2019（4月刊）。

② 卢迪、邱子欣、孟祥东：《终端入口抢占先机，布局5G家庭视听应用新生态》，《电视研究》2019（4月刊）。

③ 卢迪、张玮玮：《5G背景下移动媒体行业发展的问题与思考》，《电视研究》2019（2月刊）。

的每一个环节，包括移动的网络、终端、信息组织形态和用户。5G 网络传输能力大幅度提升，超高速、大容量、低时延、大流量密度、移动性更强的 5G 网络使传播不再受时间空间的场景限制，"无时无刻"且"无所不传"。5G 还将导致终端设备的"改朝换代"，从芯片到操作系统，从智能手机到传感器，一个庞大的、海量的、全新的 5G 设备"帝国"将形成替代之势。媒介终端的变化还将进一步带来信息组织形式和内容形态的变革。就像 4G 移动互联网时代，智能终端芯片和开放操作系统"创造"了 App 和微信公众号两大媒体形态，所有的信息和内容都依托于独立 App 应用和微信公众号进行传播一样，5G 也会形成符合其终端特性和网络特征的独特的信息组织形式，例如不间断的、实时在线的视频流。在媒介传播的最后一个环节，5G 时代的"用户"不仅仅是信息传播的终点，更多地成为信息的源头。并且，用户个人参与信息传播的深度和普及程度、频次和时长都将获得更大程度的提高。

　　新媒体行业快速发展的同时，对通信技术提出了新的需求。媒体行业激增的数据量对网络传输能力提出了前所未有的挑战。5G 技术能够使媒体行业实时高清渲染和大幅降低设备对本地计算能力的需求得以落地，可以使大量数据被实时传输，降低网络时延，不仅可满足超高清视频直播，还能让 AR/VR 对画质和时延要求较高的应用获得长足发展①。新媒体行业借助大视频的迅猛发展，将是 5G 到来之后最先被改变的一个行业②。媒体行业作为 5G 到来后最先受益的行业，与 5G 的结合应用将带动整个 5G 产业链的发展并为全行业赋能。5G 与新媒体的紧密结合不仅大幅增强媒体的传播范围和影响力，利用 5G 的技术能力，还能够更好地汇聚新媒体资源形成产业发展合力，创新媒体内容的制作及传播方式，促进更大范围、更深层次的产业发展③。

---

① 中国信息通信研究院：《5G 新媒体行业白皮书》，http：//www. caict. ac. cn，2019 年 7 月。
② 《IMT-2020（5G）推进组 5G 应用工作组中国联通网络技术研究院 5G 新媒体中心总监张沛：发布白皮书〈5G 新媒体行业白皮书〉》，http：//www. caict. ac. cn/pphd/zb/imt5g/2019/18/201907/t20190718_ 203421. htm，2019 年 7 月 18 日。
③ 《工信部乔跃山：新媒体与 5G 结合将带动 5G 产业发展》，齐鲁壹点，2019 年 4 月 26 日，https：//baijiahao. baidu. com/s？id=1631871109897076844&wfr=spider&for=pc。

（一）传输网络：高速、安全、泛在的新基建

5G将构建起高速、移动、安全、泛在的新一代信息基础设施。新一代信息基础设施首先意味着形成一张新的信息传播网络，这对于传媒行业来说是最大的改变也是最好的机会。

第一，不同于以往任何一个移动通信时代，2019年广电机构成为5G网络运营者的一员，在整个5G生态链中处于核心环节。2019年6月6日，工业和信息化部向中国电信、中国移动、中国联通、中国广电发放5G商用牌照。中国广电成为除三大基础电信运营商外，又一个获得5G商用牌照的企业[①]。以发放牌照为标志，我国正式迎来5G商用元年。对于广电行业参与5G网络运营，中国广播电视网络有限公司副总经理曾庆军曾表示，"我国广电行业将利用这次契机建设一个高起点的现代传播网络。中国广电的5G网络将发展成为汇集广播电视、现代通信和物联网服务的一个高起点、高技术的5G网络，目标是使广大用户享受到现代超高清电视和现代物联网带来的智慧广电服务甚至是社会化的智慧城市服务，能够使中国的技术、产业、服务助推5G发展，形成全面引领的态势"[②]。

第二，不同于以往的移动通信时代，5G网络更加灵活、更加适配媒体融合业务需要。5G核心网通过网络切片技术拥有向业务场景适配的能力，可以针对不同业务场景提供符合业务特性的、恰到好处的网络控制功能和性能保证，实现"按需组网"，并能够基于SDN/NFV（软件定义网络/网络功能虚拟化）为不同的"网络切片"提供相应的QoS[③]保障服务[④]。QoS保障对于网络传输来说十分重要，特别是对时延比较敏感的流媒体和多媒体应

---

① 《我国正式发放5G商用牌照》，新华网，2019年6月6日，http://www.xinhuanet.com/fortune/2019-06/06/c_1124590839.htm。

② 《工信部颁发"5G牌照"：全球5G进入商用部署的关键期》，央视网，2019年6月7日，http://news.cctv.com/2019/06/07/ARTIc6SyUlOoBBHDOfWIKKdZ190607.shtml。

③ 参见百度词条《QoS》（Quality of Service，服务质量）指一个网络能够利用各种基础技术，为指定的网络通信提供更好的服务能力，是网络的一种安全机制，是用来解决网络延迟和阻塞等问题的一种技术。

④ 中国信息通信研究院：《5G新媒体行业白皮书》，http://www.caict.ac.cn，2019年7月。

用，例如 VoIP 和 IPTV 等。5G 时代媒体融合业务将朝着 AR、VR、MR、全息等方向发展，应用场景的多样化对于传输网络提出了不同的性能和功能要求。5G 的核心技术"网络切片"和 QoS 保障技术就可以实现更加灵活、更可定制，满足传媒行业媒体融合业务的特定要求，为大带宽、低时延、高密度、大流量等提供信息安全和网络传输保障。

第三，随着商用推进，5G 将形成一张比 4G 时代更加广泛的无线通信网络。在"移动性"性能层面 5G 网络远远超越了 4G 时代，5G 技术可以满足"每小时 500km 以上的移动性"，完美地弥补了 4G 及之前移动通信网络在高速行驶状态下信息不好的缺憾。5G 较高的"移动性"将为包括巴士、地铁、高铁、出租车、私家车等在内的高速行驶状态下的交通类媒体，提供一张全新的、高性能的信息传播网络，进而带动交通新媒体产业的全面发展和交通媒体的数字化、网联化、智能化转型。另外，在推进"物物通信"层面，5G 网络的能力也在"人联网"的基础上，增加了一张更加广泛、更大规模的"物联网"。从这个角度来说，5G 也比其他信息传播网络更泛在，信息传播的触角和外延才能够得以充分扩展和延伸。

（二）承载终端：媒介载体多样化发展，创新活跃

在当前 5G 商用初期阶段，最多、最活跃的创新将来自终端设备产品。终端设备为 5G 商业化和市场化提供了更多的方向和可能，也是构成近阶段 5G 经济产出的主要组成部分。据中国信息通信研究院预测，到 2030 年，5G 带动的直接产出和间接产出将分别达到 6.3 万亿元和 10.6 万亿元。从产业结构来看，在 5G 商用初期，网络设备投资带来的设备制造商收入将成为 5G 直接经济产出的主要来源。可见 5G 的商业化和产业化之路，终端的发展发挥着至关重要的作用。[①]

第一，5G 时代终端的"多样化"特征将愈发突出和明显。5G 终端不能完全等同于 5G 手机，丰富的应用场景使 5G 终端的形态更加多元，不仅局限于智能手机，任何物体都可能出现在 5G 的信息传输过程中，成为 5G 终端设

---

① 中国信息通信研究院：《5G 经济社会影响白皮书》，http：//www.caict.ac.cn，2017 年 6 月。

备体系的组成部分。由于5G三大应用场景的特征和差异，5G终端设备产品形态也将呈现多样化趋势。其中，eMBB（Enhanced Mobile Broadband，增强移动宽带）场景下的5G终端类型包括CPE（Customer Premise Equipment，无线终端接入设备）、手机、AR/VR设备、笔记本电脑、平板、无人机等；uRLLC（Ultra-reliable and Low Latency Communications，低时延高可靠）场景下的5G终端主要应用于垂直行业，类型包括智能监控设备、车载终端、机器人、医疗设备、工业制造及检测设备等；mMTC（Massive Machine Type Communications，大规模机器通信）场景下的5G终端更多的是物联网设备，包括水电气表终端、物流跟踪器、家居智能电器、智能可穿戴设备等。每一种设备都在5G的商业化发展中发挥着重要的作用。特别是在5G手机还未全面普及之前，CPE是主要的用户终端形态。CPE可以把运营商网络信号变成Wi-Fi信号，当5G终端还不够普和丰富的时候，可以解决多种多样的设备通过Wi-Fi接入5G网络的问题，其价值在于促进了5G业务快速落地，为5G进入家庭和商业化铺设了"最后一公里"。目前，运营商、设备商都在5G网络接入终端的研发和落地方面大力投入①。2018年12月6日，中国移动发布的5G Smarthub"先行者一号"可以供20个设备同时无线接入，为个人、家庭和垂直行业提供了5G的接入方案；2019年1月，华为面向全球发布了华为首款5G终端——华为5G CPE Pro，3秒钟可以缓存一部超清电影的文件，与当前4G网络相比速度提升高达21倍。②

第二，摄像头作为终端的重要组成部分，在5G时代也会被推上"风口浪尖"，发挥重要的作用，甚至有可能成为5G终端的一个独立品类。当前，摄像头是边缘计算技术最主要的物理载体，也是视频监控最重要的信息采集来源。5G时代，摄像头不再仅仅是手机终端的一个"零件"，而会越来越多地出现在各种各样的媒介终端上，成为必备功能。可以说摄像头就是5G

---

① 卢迪、邱子欣、孟祥东：《终端入口抢占先机，布局5G家庭视听应用新生态》，《电视研究》2019（4月刊）。

② 《华为新一代5G终端问世，一部高清电影3秒下载完》，中国经济网，2019年1月24日，http：//www.ce.cn/cysc/tech/gd2012/201901/24/t20190124_31350194.shtml。

终端的"眼睛"，必不可少，没有眼睛就无法感知信息，更无从实现人工智能。并且，它不仅具备信息采集的功能，5G+边缘计算技术让摄像头还可以独立承担计算和信息传输的任务。也就是说，5G摄像头拥有从信息采集、分析、计算到传输全链条的能力，是典型的5G新兴智能终端。

第三，屏幕和显示载体作为媒体传播的物理介质，在5G时代也必定会发生巨大变革，获得突飞猛进的发展。"网络技术的升级，往往是通过手机反映出来的，而手机的升级又往往是通过屏幕的变化反映。"[①] 目前，折叠屏幕、柔性屏幕已经被应用于5G个人移动终端上；双面屏、透明屏、全息膜技术也被越来越多地应用于户外媒体、展览展示和新零售的场景中。在媒体信息传播的接收端，介质载体的物理形态在不断地发展、变化、创新，进而为内容的展现提供了更多的可能和发挥空间。

在各种形态的屏显设备中，超高清显示终端是当前最为重要的一种形态，特别是在家庭应用场景中，超高清显示屏成为实现5G家庭视听市场规模化应用的先导环节。家庭视听情境因具有沉浸感强、用户黏性高的特点，极具入口的战略价值，产业链各方都在以超高清终端作为当前家庭视听应用生态的切入点，为进一步面向用户提供超高清视频体验积极布局。[②] 在5G超高清产业链的硬件领域，京东方推出了"8425"战略——推广8K应用、普及4K应用、代替2K应用、用好5G资源；夏普也于2017年11月对外宣布力推8K显示和5G无线通信的生态布局，目标是搭建开放生态，"8K绝对不只是一台电视，而是整个生态的起始点"[③]。5G终端的形态会因所服务的业务拓展和场景需要而不断创新，并通过与人工智能、边缘计算、虚拟现实等新媒体信息技术相结合，催生出更多智能化、新型的终端设备。

---

① 《5G终端在显示屏等三个方面会发生很大变化》，《人民邮电报》，2018年5月7日。
② 卢迪、邱子欣、孟祥东：《终端入口抢占先机，布局5G家庭视听应用新生态》，《电视研究》2019（4月刊）。
③ 《8K加5G面向未来生活，做开放平台找生态合作伙伴》，每经网，2017年11月17日，http://www.nbd.com.cn/articles/2017-11-17/1162290.html。

（三）内容形态：朝着"视频流"和"超视频"方向发展

在过去几年里，互联网和移动互联网应用大规模普及，视频已然发展成为当前最为主流的内容形态和媒体传播形式。随着新媒体技术不断发展成熟和5G技术对新媒体技术的支撑，媒体传播内容形态的视频分辨率由高清向超高清发展，观看方式向增强现实、虚拟现实、全景、全息、裸眼3D的方向发展。

5G将带动传媒内容形态的全面"视频流"化和"超视频"化，未来很有可能"会推动视频应用再有一个'现象级'的突破"[①]。"视频流"化指的是视频的实时性和低时延性更强；"超视频"化则意味着内容的表现力和沉浸性更高。4G时代移动互联网短视频和直播应用的发展导致了UGC（用户生成内容）获得了前所未有的大规模增长，视频内容的来源增多甚至社会化。5G释放了充足的流量空间，视频在5G生态中将扮演十分重要的角色，越来越多的网络信息都将以视频的方式呈现。在此基础上，5G将进一步影响所有的移动互联网应用业务都朝着"视频流"化的趋势发展，以及包括虚拟现实等类型的"超视频化"方向发展。[②]

同时，5G对传媒内容最直接的影响是超高清视频的普及，这是5G高带宽、高连接密度、低时延技术优势的直接体现。更高分辨率和更有效率的传输、实现、即摄即传是视频技术演进的主要路径。无论是点播、直播，还是行业应用的视频业务，5G时代的视频图像分辨率都将演进到4K/8K的分辨率。从增长和规模来看，到2022年超高清占视频直播IP流量的百分比将高达35%。[③] 4G网络能力已能够基本满足高清视频的传输和一般网络直播的需求，5G则能够实现超高清视频的传输和更高质量的视频直播。按照国际电信联盟发布的超高清视频标准（UHD、UHD2），5G可有效满足4K/8K超高清视频传输的上下行带宽需求，让超高清视频的普及成为可能。[④] 在

---

① 赵子忠、崔卓宇：《5G传媒的空间在哪里》，《新闻论坛》2019年2月。

② 赵子忠：《5G对传播的影响》，《新闻论坛》2018年4月。

③ 中国信息通信研究院：《5G新媒体行业白皮书》，http://www.caict.ac.cn，2019年7月。

④ 赵子忠、李明毫：《5G环境下广电的融合创新》，《电视研究》2019年4月。

5G+4K 超高清直播方面，"到得了、拍得着、传得回"概括了 5G 新媒体在新闻领域应用最明显的特点，[①] 也是 5G 网络技术在新闻传媒领域的能力体现。

随之而来的就是 5G 时代视频应用场景大规模、多角度拓展，视频将不再局限于传统的电视、电脑、平板、手机等，包括无人机航拍、车载娱乐系统、视频监控素材采集、智能家电媒体及户外公共视听载体在内的场景，都是未来视频应用的新领域。一些新场景今天已初见端倪。[②] 2018 年 8 月，邬贺铨院士就曾在 BIRTV2018 主题报告会上提出 5G 时代广播型移动多媒体的三大应用场景，[③] 充分体现出 5G 视频应用场景的丰富性和多元化。其中，第一类是媒体与娱乐服务。包括混合（直播、点播、移动社交媒体和用户自制内容等）电视广播，高清、3D 和多视角视频，AR/VR/MR 广播，广播电视节目实时制作等。第二类是应急广播服务。第三类是车联网与物联网服务，包括道路安全与交通导航、自动驾驶服务、车联网中的信息娱乐服务，以及面向物联网终端的大规模文件传输、物联网软硬件批量升级、通用控制指令下发等服务。

（四）运营经营：业务流程重构，商业模式重建

5G 对媒体业务的核心影响首先在于"数据"是业务的基础和信息传播的起点。数据将成为继"内容"和"渠道"之后的传媒核心资源，也是传媒业务开展的重要基础。增强型移动宽带和大规模机器通信这两大 5G 最主要的应用场景就是网络传播的核心资源从信息内容本身转变为数据的必然原因。移动互联网在 4G 时代积累了大量的数据资源，有了数据，算法才有用武之地，才有可能实现传播的人工智能。

5G 技术和应用将数据量推到一个新的高度，特别是物联网数据的采集

---

① 《新媒体将最先被 5G 改变》，北青网，2019 年 7 月 23 日，http://news.ynet.com/2019/07/23/.html。

② 赵子忠、李明毫：《5G 环境下广电的融合创新》，《电视研究》2019 年 4 月。

③ 邬贺铨：《5G 时代的移动多媒体——在 BIRTV2018 主题报告会上的演讲》，《现代电视技术》2018 年 9 月。

和传递将带来数据的大爆发。广覆盖的物联网、多样化的传感器共同为数据的采集、传输提供了更为便捷的实现途径,[1] 进一步使"数据"的体量呈几何级增长。数据的爆发式增长对计算能力有了新要求,对数据处理能力也有了新的要求。[2] 从数据格式、规则的设定到数据清洗、算法公式和数据模型,再到数据可视化开发和对数据平台的创新,都将面临一系列新的变化。

5G对于传媒业务的第二个重要影响是带来"信息采集"环节的变革和地位重塑。信息采集是5G时代信息传播的一个重要环节,一个新兴的现象和类型就是传感器信息。从目前来看,传感器采集的信息在总体信息中所占比重会越来越大。[3] 5G、物联网、传感器等技术、手段可以让信息采集实现自动化和智能化,进而提高传媒素材采集环节的效率。物联网的海量链接扩大了信息采集的空间范围,提高了精细度和准确度,人工智能技术也大大促进采集环节的智能化。[4]

第三个对传媒业务的影响是业务流程和开展方式层面。5G网络能力使大流量业务的全环节"云化"成为可能。也就是说,所有的业务流程都将交付云端,视频内容的上传、转码、加速、存储和分发都可以在云端完成。视频采集设备,如手机、摄像机等将在5G的支持下具备云存储和云编辑功能,既为专业内容生产者提供高效的生产工具,也为更多其他机构和个人参与视频内容制作传播提供坚实的技术支撑。视频制作、传播的灵活性将进一步提高,未来集中式和分布式的视频内容生产边界将日益模糊。[5]

最后一个最重要的问题就是业务模式和商业模式。我们需要认识到,5G前期的技术研发和架构设计不是专门为传媒服务的,而是一个广义的信息服务,传媒行业都需要重新定位5G的空间在哪里。传媒从原来的"专用

① 赵子忠:《5G对传播的影响》,《新闻论坛》2018年4月。
② 赵子忠:《5G哲学与创新方向》,《青年记者》2019年7月。
③ 赵子忠:《5G哲学与创新方向》,《青年记者》2019年7月。
④ 赵子忠:《5G时代传媒业态展望》,《甘肃日报》2019年7月20日(003)。
⑤ 赵子忠、李明毫:《5G环境下广电的融合创新》,《电视研究》2019年4月。

跑道"上，转到一个开放的"公共跑道"上来比赛，需要有一个新的理念认识，特别是新的竞争理念认识。① 5G 对传媒不仅是赋能，更是新命题、新挑战。挑战在于，媒体业务并非在 4G 应用的基础上进行优化就可以了，而是需要在 5G 生态下产生全新的应用形态和商业模式。②

（五）传播平台：形成新的开放平台和用户入口

2019 年 8 月 1 日，国务院办公厅印发《关于促进平台经济规范健康发展的指导意见》。为促进平台经济规范健康发展，该意见提出了五个方面的政策措施，其中包括"在实体经济中大力推广应用物联网、大数据，促进数字经济和数字产业发展""加强网络支撑能力建设，加快 5G 等新一代信息基础设施建设"等具体政策措施。

首先，在面向 C 端用户层面，5G 将激发一批新的"超级入口"平台出现。4G 移动互联网时代，智能终端芯片和开放操作系统"创造"了 App 的媒体形态，进而造就了以微信为代表的"超级入口"、超级平台。移动互联网时代的平台和入口形态是与 4G 的网络和终端技术特征相适应且密不可分的，5G 也会形成符合其终端特性和网络特征的独特信息组织形式，例如不间断的、实时在线的视频流，同样也会出现新的巨无霸"超级入口"。③

其次，在面向 B 端或者说产业端的层面，5G 时代将形成一批以技术为核心和基础的"开放平台"，平台向整个生态开放其基础能力，促进基于底层平台的上层应用开发和行业实践创新，其中最具有代表性的就是人工智能开放平台。

人工智能开放平台之于人工智能产业，就如同 Android 系统之于移动互联网。开放平台具有带动硬件配置、终端场景与云端服务协同发展的核心作用，占据了承上启下的关键地位，④ 是企业完善人工智能生态链的基础。对

---

① 赵子忠、崔卓宇：《5G 传媒的空间在哪里》，《新闻论坛》2019。
② 赵子忠：《5G 时代传媒业态展望》，《甘肃日报》2019 年 7 月 20 日（003）。
③ 赵子忠：《5G 对传播的影响》，《新闻论坛》2018 年 4 月。
④ 中国信息通信研究院：《人工智能发展白皮书产业应用篇（2018 年）》，http：//www. caict. ac. c，2018 年 12 月。

于媒体而言，人工智能开放平台也是构建智能媒体生态的核心环节，借助开放平台，人工智能技术将更高效地应用于传媒行业，促进传统媒体的智能化转型。① 在智能化内容生产方面，MGC（机器生成内容）新闻使用到了传感器技术、图像识别技术、语音合成技术等人工智能技术；在智能化内容分发方面，运用了多种推荐算法，如协同推荐、基于内容的推荐等。比如今日头条作为一款推荐引擎产品，就需要运用到数据挖掘、机器学习等技术。但对于传统媒体而言，问题就在于媒体机构虽然在内容上占据优势，却没有核心的技术优势和技术开发能力。因此，传统媒体的智能化升级和媒体融合发展就需要借助先进的信息技术开放平台。例如，科大讯飞为行业提供以语音识别技术为核心的开放平台；百度的深度学习平台 PaddlePaddle（飞桨）提供自然语言理解、搜索引擎排序等功能。随着人工智能技术在传媒领域的不断应用与发展普及，媒体融合人工智能集成平台、智能协作平台以及智能视频生产平台，可以针对传媒行业的业务需要和场景需求，实现内容自动摘要、自动筛稿、自动生成专题、智能写作以及自动视频生成等。②

再次，5G 时代对"平台"的影响还在于，云平台应用将更加广泛。5G 商用推进后，由于终端上的软件、硬件支持变少，业务更加依赖于通过 5G 连接到云端的服务，业务体验的需要和网络能力的保障，使 5G 云平台应用或将大规模增长、爆发。基于云端驱动的视频存储和处理平台，可以支持媒体间的技术转换，同时满足媒介内容快速扩展的需求，且无须构建昂贵的储存空间，为实时视频流媒体编辑、生产和传输提供了解决方案。当前，在新兴媒体融合业务领域，已经出现服务于内容集成、内容编辑的云平台。例如，实时视频平台，采用专有的视频处理、视频传输技术，可以实现高清晰、高流畅的视频传输，把现场视频以最快捷、最安全的方式传向终端；虚拟现实（VR）云平台，信息采集、内容制作、渲染处理、网络传输、感知交互等环节全面与新一代信息技术相互融合，5G 云平台使 VR 业务的传输

---

① 卢迪、赵晨歌：《5G 背景下智能媒体的场景与应用》，《视听界》2019 年 3 月。
② 赵子忠：《5G 时代传媒业态展望》，《甘肃日报》2019 年 7 月 20 日（003）。

速率从 25Mbps 逐步提高到 3.5Gbps，时延从 30ms 降低到 5ms 以下。①

此外，应对 5G 时代暴增的数据量和物联网、传感器等全新的、不同于以往的信息采集手段，大型的信息处理平台会是一个创新机会，而且会占据一个重要的行业位置。② 5G 之前，"我们在处理传感器信息和用户接受之间的经验是非常少的"③，传统的互联网和移动互联网信息处理都是面向"人"以及"人与人"之间产生的数据的，而 5G 时代物联网的数据量将成千上万倍于互联网和移动互联网的信息。根据 IDC 的预测，到 2025 年，将有 416 亿台物联网设备，产生 79.4ZB（Zettabytes，泽字节）的数据。④ 信息数据从量变到质变，就要求与之相匹配的算力，能够实时处理海量大规模数据的信息处理平台将应运而生。

（六）应用场景：横向延伸、纵深拓展，融合传播无处不在

随着 5G 终端形态的多元化发展，新兴媒体传播的场景也得到了前所未有的横向延伸和纵深拓展。4G 时代，移动互联网实现的是围绕"个人"场景的新媒体生态，而 5G 则让家庭、车载、户外等场景下的信息传播得以真正进入"网联化""无线化""数据化""交互化"的新媒体新时代。

5G 强大的技术影响力将延伸至家庭、车载等更多的信息传播环境中，改变当前传媒行业格局，构建 5G 新兴媒体生态，创新和丰富着信息分发的场景。例如家庭场景，电视媒体能够通过智能网关搭载更多形式的服务，包括家庭影院、全景视频、VR 体验、实时直播、超高清视频、电话会议等；个人移动媒体，"瘦终端、宽管道、云应用"是 5G 时代的典型业务模式，用户向运营商和内容提供商购买云资源、云服务、管道宽带及时延保障的新模式；再例如车载媒体，车载媒体终端的信息处理能力在云平台大数据的助力下全面"苏醒"，车载媒体会成为一个庞大的信息处理和传输平台。⑤

---

① 赵子忠：《5G 时代传媒业态展望》，《甘肃日报》2019 年 7 月 20 日（003）。
② 赵子忠：《5G 哲学与创新方向》，《青年记者》2019 年 7 月。
③ 赵子忠：《5G 哲学与创新方向》，《青年记者》2019 年 7 月。
④ 国际数据公司：《全球物联网设备数据报告》，2019 年 6 月。
⑤ 赵子忠：《5G 时代传媒业态展望》，《甘肃日报》2019 年 7 月 20 日（003）。

家庭以足够体量的市场规模、足够丰富的信息服务需求而成为 5G 与 4G 相比的重要新增长点。家庭环境是三大应用场景中 5G 终端类型多元化特征的集中体现，围绕着家庭需求，网络接入设备、个人通信设备、智能监控设备、智能电器、VR 设备以及可穿戴设备等都将有"用武之地"。当前，运营商、设备商、技术提供商和内容提供商等都对 5G 家庭市场投入了更多关注，纷纷从终端设备、技术平台、内容服务等角度积极融入其中。[1] 在 2017 年中国移动全球合作伙伴大会上，中国移动发布了"139"合作计划，其中三大产业联盟中的"数字家庭联盟"将依托亿级宽带用户市场与合作伙伴共建数字家庭生态新体系。中国联通也面向家庭宽带用户提供"智慧到家"家庭组网服务，推出 eSIM 新型家庭终端设备，并联合百度打造"智能家控"语音入口。当前，运营商已成为家庭视听市场的主力军，通过对终端入口的控制，获取用户流量，增强用户黏性，从而实现未来 5G 家庭视听服务快速发展。[2]

在 5G 的助推下，车载新媒体也将迈出智能化的关键一步，实现车载智能新媒体从无到有的颠覆性创新。5G 是车联网的基础，当车联网成为现实，汽车空间的传播生态将发生巨大变化。4G 时代移动互联网的发展未对车载广播形成较大影响，目前车内场景下，用户主要的音频收听方式仍是传统调频广播。在 5G 与 AI 相融合的时代，车载广播媒体作为目前最为主要的广播收听形式，也将面临车联网带来的数字化、互联网化和智能化挑战。5G 具有的泛在网、低时延等特点，可为车内空间提供良好而稳定的网络环境，车载广播媒体进而扩展、延伸为多样化的音频信息服务。不仅包括直播与点播、UGC 音频，更重要的改变和创新则在于可以通过大数据技术和智能算法，基于时间、位置、用户特性等多个维度推送个性化的音频信息服务，如周边景点、天气、餐饮等。在 5G 和车联网的带动下，海量信息来源得以进

---

① 卢迪、邱子欣、孟祥东：《终端入口抢占先机，布局 5G 家庭视听应用新生态》，《电视研究》2019（4 月刊）。

② 卢迪、邱子欣、孟祥东：《终端入口抢占先机，布局 5G 家庭视听应用新生态》，《电视研究》2019（4 月刊）。

入车内，智能化的推送服务不断培养用户在车载场景中的音频信息消费习惯。[①]

除了音频信息服务的智能化发展，车载媒介终端也将在5G的带动下实现智能化。车载触摸屏作为车内最主要的多媒体屏幕，将成为除了PC、平板、智能手机以外的"第四块屏幕"。此外，在人工智能技术的语音识别、声纹识别、问答系统越来越成熟和普及的基础上，智能语音交互系统势必成为车载多媒体终端的未来发展趋势。驾驶员和乘客通过语音指令、问答等方式与车载多媒体终端进行互动，快速满足用户听音乐、听新闻、打电话、导航、娱乐消遣等不同功能性需求。

基于5G网络的无误差、无时延智能导航，将是未来自动驾驶得以实现的一个重要前提。自动驾驶的实现将真正使车载场景也可以实现与家庭媒体、个人媒体同样丰富、多样的媒介消费。"驾驶"的概念逐渐淡化，取而代之的是"出行"过程中的移动信息服务和娱乐生活体验。届时，超高清视频、虚拟现实、在线游戏等娱乐业务将被广泛而深入地应用于车载新媒体。[②]

---

① 卢迪、赵晨歌：《5G背景下智能媒体的场景与应用》，《视听界》2019年5月。
② 卢迪、赵晨歌：《5G背景下智能媒体的场景与应用》，《视听界》2019年5月。

第二章

5G 推进四级媒体融合全面发展

　　媒体融合时代背景下，传媒技术环境、应用形态、传播方式、产业生态都将发生深刻变革。5G 因其网络、终端、业务三大体系的创新，成为媒体融合先进技术的重要组成部分，与人工智能、大数据、物联网等行业有着密切联系，是支撑媒体融合深度发展的关键性技术。5G 商用以来，各级媒体充分利用 5G 技术积极探索媒体融合新模式。在各种主要模式的应用与发展中，5G 也深刻影响着全媒体传播的应用升级和智能化演进，全方位呈现 5G 时代全媒体传播的特征与创新之处。

　　当前媒体融合已迈入"深度融合"阶段，5G 作为媒体融合先进技术中的重要基础，关系着媒体融合实现的深度与广度。通过 5G 网络切片技术、5G 终端设备以及 5G 消息业务的发展，5G 技术能力与应用创新将朝"超、多、新"三个方向演进，并融入全媒体传播的各个环节，呈现媒体深度融合"四级化"特征。在 5G 应用创新技术的渗透和驱动下，媒体融合不仅能够实现在内容形态、传播模式、终端载体等层面的升级，还能够支撑包括传媒机构、传播流程、用户体验、应用场景在内的全媒体传播生态的构建。

第一节　先进技术引领驱动媒体融合纵深发展

　　2021 年是国家"十四五"规划开局之年，也是媒体融合作为我国国家战略的第八年，5G 商业应用的第三年。历经顶层设计、改革转型、平台转换、新旧融合、市场更替，媒体融合发展已经成为治国理政的应有之义和无处不在的生活日常。① 2021 年也是媒体融合全面发力、构建体系、提质增效的决胜之年。媒体融合发展进入全面发力、深化改革、构建体系的新阶段，推进媒体深度融合处于战略机遇期和关键窗口期。

2020~2021 年，我国媒体融合在举国上下积极科学应对新冠肺炎疫情挑战和经济稳健走向复苏中坚毅前行，智能化程度不断加深。在内容方面，各媒体聚焦建党 100 周年，关注抗疫故事，凝聚民心。在形式方面，多种形式的融合发展提供更加多元的公共服务。在技术方面，5G、人工智能、区块链等先进技术在传媒领域的融合应用更加深入广泛，从内容生产到视音频制播，先进技术渗透整个全媒体业务流程，驱动媒体转型升级。在体制机制方面，各媒体积极探索深一步的结构整合，"报台合并"快速发展。在经营方面，各媒体积极开拓多种营销模式，进行数字化、智能化、一体化发展。② 在四级媒体方面，中央级媒体在融合传播中发挥中流砥柱作用，重大主题报道不缺席，主旋律更加响亮强劲；省级媒体的步态逐渐从容，活力逐渐迸发；县级融媒体中心踏雪留痕，条件建设接近全面完成。③ 总体上，各类媒体在信息内容、技术应用、平台终端、管理手段的共融互通上下功夫，深化体制机制改革，加快自我迭代升级，打造有影响力和竞争力的新型主流媒体，为群众提供高质量内容和综合服务，取得了一系列新进展。媒体融合已由增量扩张变为内涵拓展，进入智能融合、生态融合、柔性融合的新阶段。④

一　顶层设计：媒体融合纵深发展的重要推动力

2020~2021 年，有关媒体融合的政策文件接连发布，媒体融合的制度创

① 《2021 年传媒业有这 20 个预判》，《中国新闻出版广电报》，2021 年 1 月 12 日，http：//media. people. com. cn/n1/2021/0112/c40606-31997445. html。

② 《中国新兴媒体融合发展报告（2020-2021）》，新华社，2021 年 12 月 30 日。

③ 《中国媒体融合发展报告："视频化+社交化"正站在行业风口》，《中国青年报》，2021 年 10 月 15 日，https：//baijiahao. baidu. com/s? id=1713664698471868448&wfr=spider&for=pc。

④ 《我国媒体融合有哪些鲜明特征？这份最新报告揭示了》，北青网，2021 年 10 月 14 日，https：//t. ynet. cn/baijia/31569369. html。

新持续推进。2020年11月3日,《中共中央关于制定国民经济和社会发展第十四个五年规划和二○三五年远景目标的建议》发布,明确提出"推进媒体深度融合,实施全媒体传播工程,做强新型主流媒体,建强用好县级融媒体中心"。在中央层面的不断推动下,我国媒体融合发展进入了新阶段,媒体深度融合写入"十四五"规划。

与2015年"十三五"规划建议中"推动传统媒体和新兴媒体融合发展"的表述不同,中共中央发布的"十四五"规划和2035年远景目标的建议提出,推进媒体深度融合由"推动"到"推进",从"融合发展"到"深度融合",国家政策成为媒体融合发展的重要推动力,在顶层设计不断推动下,传媒业正在从早期的物理形式的媒介融合向化学裂变的机构融合转变。

2021年3月12日,《中华人民共和国国民经济和社会发展第十四个五年规划和2035年远景目标纲要》全文发布,明确提出加大优秀文化作品创作生产传播,也就是媒体的供给侧改革,成为改革的重点。另外,加大媒体数字化、网络化和智能化转型升级,也就是媒体融合要加快、深度发展,构建全媒体传播体系,做强新型主流媒体。[1] 2021年10月20日,国家广播电视总局发布《广播电视和网络视听"十四五"科技发展规划》,提出新一轮信息技术革命给广播电视和网络视听转型升级带来新机遇,广播电视和网络视听应紧跟信息化发展趋势,坚持创新驱动高质量发展,以科技创新催生新发展动能,以技术更新业态,以技术丰富表现,以技术促进融合,不断打造传播新优势、开拓辐射新版图[2]。

工信部通信科技委常务副主任、中国电信科技委主任韦乐平曾提出,5G真正的大规模商用是在2021～2027年[3],集中在各市、县建设数百万个宏观台站和数万个小型基站,这将飞速促进数字经济发展。由此可见,2021

---

[1] 胡正荣:《从"十四五"规划纲要看媒体发展四大趋势》,《中国地市报人》2021年第5期,第1～2页。

[2] 国家广播电视总局:《广播电视和网络视听"十四五"科技发展规划》,http://www.nrta.gov.cn/art/2021/10/20/art_ 113_ 58228.html,2021年10月20日。

[3] 《中国电信韦乐平表示5G真正大规模商用将是在2021-2027年》,中国电子网,2020年5月27日,https://www.21ic.com/article/754882.html。

年开始的"十四五"期间，是以新型主流媒体建设为中心，以体制机制改革和全媒体人才培养为抓手，以构建国家治理体系与治理能力现代化中的全媒体传播体系为根本任务的建设时期。

目前，全国多个省区已经发布了各自的"十四五"规划建议和2035年远景目标，均将"媒体深度融合"纳入未来发展规划。2021年，作为各级媒体规划"十四五"发展的关键之年，不论是中央级媒体、省市级媒体、县级融媒体还是新兴商业平台，明确定位、系统谋划发展都是顶层设计中的重中之重。

二　技术创新：媒体融合纵深发展的关键驱动力

2021年，媒体融合的技术驱动已经从早期的辅助创新表达发展为现在的嵌入融合体系，各级各类媒体机构都在利用5G、大数据、人工智能、区块链等进行内容形式的创新表达。大数据、云计算、人工智能等尖端技术从互联网扩散到主流媒体，创新应用层出不穷，"媒体大脑"风起云涌，各级各类媒体在智能技术开发或落地方面争先恐后，部分媒体实现了数据驱动和智能驱动。数字经济成为构建新发展格局重要推动力，数字治理持续推动社会治理变革。

虽然2020年媒体的智能化步伐加快，各级媒体先后推出5G+4K/8K超高清呈现、"智能云剪辑"、"5G+AI"报道、AI直播拆条、3D"新小微"、AI合成主播、区块链新闻编辑部等新模式，但大部分的媒体智能化转型仍然依赖技术外包、购买服务，提高媒体关键核心技术的自主研发水平仍然是媒体的短板。[①] 2021年，主流媒体自主创新，进一步将内容优势与人工智能和算法等整合创新，在信息内容方面升级技术生态。

2021年1月1日，新华社"两报两端"改版升级，打造新型"网上通讯社"，这一举措正是其由传统主流媒体向新型主流媒体迈进的关键举措。《新华每日电讯》的2021新年改版就增加了原创内容，进行融媒传

---

① 黄楚新：《十大关键词！解读2021年媒体融合发展新趋势！》，https：//weibo.com/ttarticle/p/show？id=2309046676316501770401，2021年8月31日。

播，这也是在当今媒体融合背景下如何使报道更立体化、使传播更具效果的生动实践。① 新华社和北京移动联手，凭借"5G+8K+新立方演播室"技术推出"沉浸式"两会听会报道，让部分受邀观众"身临其境"参与全国两会。《人民日报》推出集5G智能采访、AI辅助创作、新闻追踪多重本领于一身的人民日报"智能创作机器人"。中央广播电视总台也推出我国首部全流程8K纪录片《美丽中国说》，该片在8K技术应用上取得的跨越性突破，奠定了总台在超高清视频制作的引领地位。②

媒体融合发展的中轴是技术，媒体融合本身是由技术创新引发的内容形式变革，技术和内容是媒体发展的重要动力。2021年，5G、大数据、云计算、物联网、人工智能等新兴技术不断被应用在新闻传播领域的各个方面，新技术进一步触发媒体生态的改变。内容生产是媒体的根本属性，各级媒体更加注重内容和技术的二元驱动。技术辅助内容逐步转向技术内容治理，媒体发展走向智能化转型，从技术依靠、技术合作向自主研发转变，从而在技术应用方面逐步呈现中央级媒体持续引领、省市级媒体广泛发力、县级融媒体积极突围的趋势。

三 视频直播：媒体融合纵深发展的具体表现

2021年，工业化、精品化、定制化的视频产业之路越走越宽。视频是媒体融合的基础性工具和产业发展重心，"视频化+社交化"正站在行业的风口，"无视频，不传播"成为媒体融合的一大特征。从内容到平台渠道的汇流，所有的媒体，都能生产文图音视频，都能让内容具有可听性和可视性。视频不一定能完全取代图文，但已经成为互联网底层的主要形式之一。③

---

① 黄楚新、许可：《2021传媒业：破局突围 智慧发展》，《中国报业》2021年第9期，第50~51页。

② 《全球首次实现8K电视直播和5G传输播出 中央广播电视总台8K超高清频道试验开播》，中国日报网，2021年2月1日，https://baijiahao.baidu.com/s? id = 1690483220575038 629&wfr = spider&for = pc。

③ 《媒体融合蓝皮书发布：智能化正在催生新"四全"媒体、塑造媒体新"四力"》，北青网，2021年10月14日，https://t.ynet.cn/baijia/31569369.html。

在移动互联网与 5G 技术辅助的背景下，媒体的内容表达将在短视频、直播等渠道继续拓展。媒体凭借独家内容优势，不断创新视频化的表达方式，特别是防控新冠肺炎疫情更激发了媒体短视频业态与多元化直播形式。2021 年在当下及未来一段时间的常态化疫情防控下，短视频和直播进一步创新用户体验场景，连接社会资源，从"野蛮生长"转向"精耕细作"，从经济效益突破转向更加注重社会效益。

一方面是传媒的视频化转向，短视频将更多地嵌入媒体的新闻表达和用户互动。根据 CNNIC 数据，截至 2021 年 6 月，我国网民规模为 10.11 亿，网络视频（含短视频）用户规模达 9.44 亿，占网民整体的 93.4%。[①] 短视频、直播正在成为全民新的娱乐方式。中视频将成为头部平台转型升级的发力点，腾讯、西瓜视频等均宣布进军中视频领域。长视频将满足传统视听媒体的渠道拓展。未来将在纪实节目、深度报道、网络综艺等方面实现网络视听更加深入的融合。

另一方面是直播的泛在化。根据 CNNIC 数据，截至 2021 年 6 月，我国网络直播用户规模达 6.38 亿，占网民整体的 63.1%。[②] 直播作为当下用户表达和内容消费的重要形式，依旧是媒体融合时代主要信息传播方式之一。从商业平台直播带货到媒体机构直播助农，"直播+"聚合了公益、教育、旅游等多元要素。而在 5G 网络环境和技术背景下，视频直播将被广泛应用在医疗、教育、农业、体育、工业等各个领域，为舆论宣传、文化建设、市场营销、客户服务、公共关系、教育培训、商务沟通等需求提供高带宽、大流量、低时延的网络传播环境。2021 年直播转向泛在化、场景化，以媒介形式更加多元地嵌入百姓生活与社会发展。[③]

---

① 中共中央网络安全和信息化委员会办公室：《CNNIC 发布第 48 次〈中国互联网络发展状况统计报告〉》，http://www.dvbcn.com/p/125984.html，2021 年 8 月 30 日。
② 中国互联网信息中心：2021 年第 48 次《中国互联网络发展状况统计报告》，2021 年 8 月 27 日。
③ 黄楚新：《十大关键词！解读 2021 年媒体融合发展新趋势！》，https://weibo.com/ttarticle/p/show? id=2309046676316501770401，2021 年 8 月 31 日。

四 四级布局：全媒体传播体系是媒体融合纵深发展成果

在国家战略部署下，2021年我国媒体融合已在各级各类媒体中全面打通，取得了初步成效。中央级媒体利用技术和资源优势，在融合进程中处于领先地位，特别是随着5G技术的发展，媒体智能化转型成果突出。县级融媒体中心建设是媒体融合的"最后一公里"，目前在媒体融合领域我国已经自上而下构建了从中央到地方、覆盖全国各省市县的全媒体传播矩阵。

2020年9月26日，中共中央办公厅、国务院办公厅印发《关于加快推进媒体深度融合发展的意见》明确了中央—省级—市级—县级融媒体中心的四级传播格局。2021年"十四五"规划建议提出"建强用好县级融媒体中心"，更说明了县级融媒体中心的重要性。随着2020年底县级融媒体中心建设陆续验收，2021年县级融媒体中心建设逐步实现全覆盖的目标任务，中央、省、市、县四级融合发展布局初步实现，四级媒体传播体系新格局初步形成。县级融媒体中心也进入迭代升级的发展阶段，机构调整更加集约，多中心协同融合，助力基层社会治理趋势将更加深化。在实践中，中央媒体承担"外宣旗舰媒体""新型媒体集团"的角色；省级媒体、市级媒体逐步涌现出"一批新型主流媒体"；县级融媒体中心凸显"新闻+政务服务商务"的综合服务发展模式。四级融媒体共同夯实我国全媒体传播体系的基础。2021年各级媒体参与社会治理势头继续不减，与各地的文明实践中心渐成互动互通之势。在地方网络问政、数据治理、网格化管理等方法手段建设，以及抗疫防疫、扶贫攻坚、乡村振兴等关键任务方面，扮演重要角色。此外，在国际传播方面，各级媒体不同程度参与国际传播，从大国传播、城市传播、企业传播、全民传播等不同角度贡献力量。①

2021年县级融媒体中心逐渐实现全覆盖的目标任务，进一步从架构搭建的初级阶段向迭代升级阶段过渡。机构调整更加集约，多中心协同融合，

---

① 钟新：《以媒体深度融合新格局提升国际传播效能》，《网络传播》2021年第6期。

深入助力乡村振兴，智慧城市建设，以及基层社会治理。但不论如何创新发展，县级融媒体中心自身的盈利模式探索都是难以回避的问题，实现从"输血"到"造血"将是一个长期探索的过程。① 同时，在中央完善四级融合发展布局的政策推动下，市级媒体融合在 2021 年进入快车道，广电、报业等媒体机构进行体制机制改革与组织结构调整，资源集约、结构合理、差异发展、协同高效的指导原则将进一步发挥作用。②

第二节　5G 融入社会支撑数字化转型发展

一　融入千行百业，5G 扬帆加速发展重点领域

自 2019 年发布了《"5G+工业互联网"512 工程推进方案》以来，我国"5G+工业互联网"在建项目已超过 1500 个，覆盖 20 余个国民经济重要行业，在实体经济数字化、网络化、智能化转型升级进程中发挥了重要作用。在此背景下，2021 年 5 月 31 日，工信部再度发布《"5G+工业互联网"十个典型应用场景和五个重点行业实践》，具体介绍 10 个典型场景及 5 个重点行业"5G+工业互联网"的实际应用情况。③ 2021 年 7 月，工业和信息化部、中央网信办、国家发展改革委等十部门印发《5G 应用"扬帆"行动计划（2021-2023 年）》，面向信息消费、实体经济、民生服务三大领域，重点推进 5G 在工业互联网、车联网、智慧港口、智慧采矿、智慧教育、智慧医疗等 15 个行业的 5G 应用，通过三年时间初步形成 5G 创新应用体系。根据《5G 应用"扬帆"行动计划（2021-2023 年）》，到 2023 年，5G 应用关键指标大幅提升，5G 个人用户普及率超过 40%，用户数超过 5.6 亿户。

---

① 黄楚新：《十大关键词！解读 2021 年媒体融合发展新趋势！》，https：//weibo. com/ttarticle/
　 p/show？id=2309404676316501770401，2021 年 8 月 31 日。
② 黄楚新：《十大关键词！解读 2021 年媒体融合发展新趋势！》，https：//weibo. com/ttarticle/
　 p/show？id=2309404676316501770401，2021 年 8 月 31 日。
③ 《关于发布"5G+工业互联网"十个典型应用场景和五个重点行业实践情况的通知》，中国政
　 府网，2021 年 5 月 31 日，http：//www. gov. cn/xinwen/2021-05/31/content_ 5614474. htm。

5G网络接入流量占比超50%，5G网络使用效率明显提高。5G物联网终端用户数年均增长率超200%。同时重点领域5G应用成效凸显，大型工业企业的5G应用渗透率超过35%。《5G应用"扬帆"行动计划（2021—2023年）》明确实施5G网络能力强基行动，提升面向公众的5G网络覆盖水平。加快5G独立组网建设，扩大5G网络城乡覆盖，持续打造5G高质量网络，推动"双千兆"网络协同发展。新建5G网络全面支持IPv6，着力提升5G网络IPv6流量。强化室内场景、地下空间、重点交通枢纽及干线沿线5G网络覆盖，推动5G公网上高铁，提升典型场景网络服务质量。同时，推广利用中低频段拓展农村及偏远地区5G网络覆盖。①

《5G应用"扬帆"行动计划（2021-2023年）》指出，到2030年重点领域5G应用成效凸显。在个人消费领域，打造一批"5G+"新型消费的新业务、新模式、新业态，用户获得感显著提升。垂直行业领域，大型工业企业的5G应用渗透率超过35%，电力、采矿等领域5G应用实现规模化复制推广，"5G+车联网"试点范围进一步扩大，促进农业水利等传统行业数字化转型升级。社会民生领域，打造一批"5G+智慧教育""5G+智慧医疗""5G+文化旅游"样板项目，"5G+智慧城市"建设水平进一步提升。每个重点行业打造100个以上5G应用标杆。

二 构建数字社会，5G助力数字经济建设数字中国

2021年是"十四五"的开局之年，也是开启全面建设社会主义现代化国家新征程的起点，加快数字化发展，建设数字中国已成为我国在新发展阶段推动构建新发展格局、建设现代化经济体系的重点。② 在2021世界5G大会上，国家发展改革委副主任林念修表示，"十四五"是我国数字经济发展的关键时期，国家发展改革委将着力推动5G实现跨越式发展，驱动全社会

---

① 《十部门印发〈5G应用"扬帆"行动计划（2021-2023年）〉》，新华社客户端，2021年7月14日，https://baijiahao.baidu.com/s? id = 1705240574396350203&wfr = spider&for = pc。

② 《数字经济向融通、规范、普惠、绿色方向迈进》，http://www.xinhuanet.com/tech/20210810/7ce7d1fff0184f68b0c91c4255ab6f0e/c.html，2021年8月10日。

加快数字化转型。[①] 截至 2021 年 11 月，我国已建成 5G 基站超过 115 万个，占全球 70%以上，是全球规模最大、技术最先进的 5G 独立组网网络。全国所有地级市城区、超过 97%的县城城区和 40%的乡镇镇区实现 5G 网络覆盖；5G 终端用户达到 4.5 亿户，占全球 80%以上。[②]

为深入落实党中央、国务院决策部署，国家发展改革委将会同有关方面组织实施好有关"十四五"规划，着力从四方面推动 5G 实现跨越式发展，驱动全社会加快数字化转型。一是推动 5G 建设更多造福人民大众，促进实现共同富裕。组织实施新型基础设施建设工程，加快市政、能源、交通、物流等领域的 5G 融合基础设施建设，在教育、医疗、养老等民生领域进一步推广 5G 应用，探索农业农村 5G 应用新模式，助力乡村振兴、城乡融合发展。二是推动 5G 应用更深融入实体经济，促进实现高质量发展。启动有关专项计划，着力拓展重点行业的 5G 应用，赋能传统产业，催生新兴产业，驱动生产方式、生活方式和社会治理方式实现数字化变革。三是推动 5G 产业链更趋稳定，富有韧性，促进实践开放包容创新。持续推进核心技术攻关，促进国际创新合作，加强产业链、供应链协同创新，鼓励 5G 领域的创新创业，营造更加开放包容的产业生态。四是推动 5G 技术更好体现生态环保理念，促进实现双碳目标。深入落实国家关于"碳达峰""碳中和"的战略部署，加大力度推进节能环保技术在 5G 网络中的应用，积极推广实施低碳、零碳方案，打造低碳标杆示范网络。[③]

作为我国大型国有通信企业，中国电信全力支撑经济社会数字化转型，积极推进 5G 建设，打造新基建的核心设施；率先提出并大力推进云网融合，提升新要素配置效率；建立行业 BG（Business Group，事业群），催生新合作跨界混营；发展"云终端"，引领新分享无处不在；强化科技创新，

[①] 《国家发改委：即将发布 5G 专项规划，驱动全社会数字化转型》，https://baijiahao. baidu. com/s？id＝1709848090446864149&wfr＝spider&for＝pc，2021 年 9 月 3 日。

[②] 《我国已建成 5G 基站超 115 万个，全球规模最大，用户最多》，https://www. 163. com/dy/ article/GOU4VUSD051492T3. html，2021 年 11 月 16 日。

[③] 《林念修：推动全球经济增长 5G 助力数字化转型》，中国发展网，2021 年 9 月 2 日，https://baijiahao. baidu. com/s？id＝1709772866762752916&wfr＝spider&for＝pc。

助推新动能发展壮大；纵贯端网云，构建新安全坚固底座。"十四五"时期，中国电信将继续坚定不移贯彻新发展理念，加大科技创新投入，加快科技体制改革，着力在5G/6G、云网融合、网信安全、量子通信等关键核心技术研发上继续取得新突破，赋能统一云管和PaaS平台（Platform-as-a-Service，平台即服务）、边缘服务平台、云网融合运营平台等关键核心平台，形成安全防护及运营、数字化关键使能、数字化业务创新等核心能力，支撑数字社会运转。[①]

三 赋能行业转型，5G提升产业数字化水平

"十四五"是我国5G规模化应用的关键期。5G推动数字产业化发展的同时，将有力提升我国产业数字化水平，发展潜力巨大。预计到2025年，5G将带动约1.2万亿元的网络建设投资，拉动8万亿元的信息消费，直接带动经济增加值2.93万亿元。[②] 国家工业信息安全发展研究中心2021年1月发布的《2021年数字经济半年形势分析》研判报告显示，"5G+远程会诊"已在19个省份的60多家医院上线使用，"5G+自动驾驶""5G+远程教育"等新模式新业态在上海、广东等地落地。截至2021年5月，全国"5G+工业互联网"项目已超过1500个，覆盖了22个国民经济重要行业。与此同时，工业互联网赋能数字化转型成效逐步显现，电力、石化、钢铁等行业已通过工业互联网平台实现生产过程的精益化管控、安全生产和节能减排；而工业互联网也从单点应用到多场景协调逐步深化，设备资产的管理应用覆盖率超过75%。[③]

工业和信息化部副部长刘烈宏认为，持续增强我国5G系统领先优势，要加强规划引领，系统化推进5G应用发展；夯实产业基础，提升网络供给

---

① 《中国电信总经理李正茂：云改数转 全力支撑经济社会数字化转型》，央广网，2020年11月9日，https://baijiahao.baidu.com/s? id=1682875423474803075&wfr=spider&for=pc。

② 《5G赋能有多能？——从世界电信和信息社会日大会看5G赋能产业数字化转型》，新华网，2021年5月18日，http://www.xinhuanet.com/expo/2021-05/18/c_1211160148.htm。

③ 《数字经济向融通、规范、普惠、绿色方向迈进》，《人民邮电报》，2021年8月10日，http://www.xinhuanet.com/tech/20210810/7ce7d1fff0184f68b0c91c4255ab6f0e/c.html。

能力、产业创新水平和安全保障能力；丰富融合应用，拓展重点行业应用，提炼典型应用场景；优化生态环境，加强相关部门、地方政府的统筹协调，增强市场能动性，打好"团体赛"；加强国际合作，打造 5G 高水平开放体系，培育全球化开放合作新生态。①

作为我国 5G 网络运营商之一，中国电信率先垂范，注重发挥"5G+云网融合"优势，为传统产业赋能注智。2020 天翼智能生态博览会上，中国电信总经理李正茂表示，中国电信将致力于"云改数转"，打造数字化平台，构建云网融合的基础设施，为垂直行业赋能注智，通过"自研+合作"模式，构建丰富的应用生态，承载客户信息化需求，支撑客户转型升级。②

四　提高幸福指数，5G 服务人民生活更多领域

2021 年 11 月 16 日，在工业和信息化部召开的"十四五"信息通信行业发展规划新闻发布会上，工信部信息通信发展司司长谢存表示，我国 5G 终端用户达到 4.5 亿户，占全球 80% 以上③。工信部发布的《"十四五"信息通信行业发展规划》提出，"'十四五'时期力争建成全球规模最大的 5G 独立组网网络，力争每万人拥有 5G 基站数达到 26 个"。作为通信系统的重大变革，5G 与此前的 3G、4G 类似，预计需要大约 10 年的发展期，目前 5G 的发展阶段仍处于市场启动期，更多的是面向工业互联，因为工业互联场景需求相对而言更明晰。随着 5G 的发展，越来越多的消费侧应用会逐渐部署④。

在生活场景的教育、医疗、信息消费等领域，5G 应用正在加速发展。在教育领域，全国多所高校进行积极探索，涌现出一批 5G 空中课堂、5G

---

① 《从世界电信和信息社会日大会看 5G 赋能产业数字化转型》，光明网，2021 年 5 月 18 日，https://m.gmw.cn/baijia/2021-05/18/1302301133.html。

② 《坚持 5G 云网数一体化，中国电信深化云改数转战略，筑力网络强国》，《通信信息报》，2021 年 2 月 2 日，https://www.hubpd.com/c/2021-02-02/987760.shtml。

③ 《工信部：我国已建成 5G 基站超过 115 万个，占全球 70% 以上》，《证券时报》，2021 年 11 月 16 日，https://baijiahao.baidu.com/s?id=1716580186485539354&wfr=spider&for=pc。

④ 《中国 5G 终端用户超 4 亿户，5G 应用创新案例超 1 万个——5G 这张网改变了什么？》，新华网，2021 年 11 月 30 日，https://baijiahao.baidu.com/s?id=1717807613902751658&wfr=spider&for=pc。

虚拟实验室、5G 云考场、5G 智慧校园等典型应用和标杆项目，为开展 5G 在智慧教育中的试点应用积累了经验；在医疗领域，全国已有超过 600 个三甲医院开展 5G+急诊急救、远程诊断、健康管理等应用；在信息消费领域，AR 导游、4K/8K 直播、沉浸式教学等 5G 应用，在游戏娱乐、赛事直播、居住服务等领域大幅提升消费体验。[①] 未来，5G 将在更多领域服务于人民生活，围绕这些领域将刺激新的产业蓬勃发展，提升人民生活的便捷度、幸福感。

2021 年，5G 全媒体传播在各垂直领域的应用与创新不断涌现。随着 5G、人工智能以及互联网的深入普及，传播方式不断智能化、移动化、数据化，不仅实现人与人之间的互联，更让机器、物体和终端之间互联互控，实现万物皆媒、万物互联。传播不再只是媒体的事，而是泛在化、智能化、全面化的，5G 技术让传播更加深入地渗透多个行业、场景中。

5G 技术助力构建数字社会，推动行业数字化进程，进而给社会生产和人民生活带来潜移默化的影响。5G 全媒体传播是数字社会催生的全新传播模式，所有数字化的行业和领域都将参与到全媒体传播中来。适应新时代潮流，传统媒体与新媒体的融合迫在眉睫，5G 全媒体传播是必然的发展趋势。

第三节　5G 技术能力与应用创新的三个方向

一　超链接——5G 网络切片实现场景个性化需求

5G 最强的能力创新体现在其全新的网络结构和性能，毫秒级的端到端时延以及大流量密度能力，最直观的体验就是迅捷的传输效率和大密度的连接能力。相比 4G，5G 网络频谱效率提升 5~15 倍，能效和成本效率提升百倍以上，5G 可以支持 0.1~1Gbps 的用户体验速率、每平方公里 100 万的连

---

① 《中国 5G 终端用户超 4 亿户，5G 应用创新案例超 1 万个——5G 这张网改变了什么?》，新华网，2021 年 11 月 30 日，https：//baijiahao. baidu. com/s? id = 1717807613902751658&wfr = spider&for = pc。

接数密度、毫秒级的端到端时延①。5G 独立组网则是 5G 网络最突出的功能。独立组网是完全独立建设的 5G 网络，能构建企业专属的广域局域网，充分发挥 5G 技术优势。

2020 年 3 月 24 日，工信部发布《关于推动 5G 加快发展的通知》，要求"加快 5G 网络建设部署，支持基础电信企业以 5G 独立组网（SA）为目标，丰富 5G 技术应用场景，持续加大 5G 技术研发力度，着力构建 5G 安全保障体系"②。截至 2021 年 8 月底，我国已经建成全球规模最大的 5G 独立组网网络，累计建成 5G 基站达到 103.7 万个，已覆盖全国所有的地市级城市③。目前中国电信、中国移动、中国联通三大运营商均已实现 5G 独立组网（SA）规模部署。从 2021 年 5 月 17 日起，新进网 5G 终端默认开启 5G 独立组网功能④，推进 5G 独立组网规模化应用，这标志着 5G 进入一个新的发展阶段。

网络切片是"构成一个端到端的逻辑网络，按切片需求方的需求灵活地提供一种或多种网络服务"⑤ 的技术。因此网络切片技术能够基于相同的基础设施结合不同场景的具体业务需求提供独立的专有网络。当 5G 与云计算、物联网等技术不断深入融合之后，信息通信的场景将实现前所未有的大规模发展，物与物之间的信息传播将呈指数式迅猛增长。"切片可以充分发挥云网融合优势，基于网络切片，可以提供安全隔离、多样化、差异化和定制化网络服务。"⑥

---

① IMT-2020（5G）推进组：《〈5G 网络架构设计〉白皮书》，http：//www.caict.ac.cn/kxyj/qwfb/bps/201804/t20180426_158310.htm，2016 年 6 月。

② 工业和信息化部：《工业和信息化部关于推动 5G 加快发展的通知》，https：//www.miit.gov.cn/jgsj/txs/wjfb/art/2020/art_72744a8f6ad146b6b6336c0e25c029c6.html，2020 年 3 月。

③ 《工信部：加快推进 5G 独立组网规模化应用》，新华网，2021 年 5 月，https：//baijiahao.baidu.com/s? id=1700058559573365442&wfr=spider&for=pc。

④ 《工信部：加快推进 5G 独立组网规模化应用》，新华网，2021 年 5 月，https：//baijiahao.baidu.com/s? id=1700058559573365442&wfr=spider&for=pc。

⑤ IMT-2020（5G）推进组：《〈5G 网络架构设计〉白皮书》，http：//www.caict.ac.cn/kxyj/qwfb/bps/201804/t20180426_158310.htm，2016 年 6 月。

⑥ 《中国电信王庆扬：切片是实现 5G 定制网的基础》，通信世界，2021 年 3 月，http：//www.cww.net.cn/article? from=timeline&id=483503&isappinstalled=0。

三大运营商从 2018 年开始布局网络切片，2019 年起围绕不同领域的 5G SA 切片网络展开测试。2020 年成为 5G 网络切片商用元年，2021 年 5G 网络切片开始快速落地应用。2021 年 2 月 24 日，中国电信在 2021 世界移动通信大会发布全球首个基于 5G 网络切片在车路协同领域的典型应用，实现了 5G 定制网业务和公网业务的隔离，赋能智慧交通。2021 年 2 月 26 日第五届 5G 切片产业峰会上，华为、中国联通、中国移动、中国电信等 5G 切片产业联盟成员单位宣布成立 5G 切片产业联盟轩辕实验室，这是产业界首个 5G 切片开放创新实验室，旨在聚合切片产业力量，打通切片产业的技术断点①。2021 年 5 月 24 日，华为联合广东移动完成 5G 公网切片首次商用验证。验证表明，基于切片技术低时延、高可靠的业务差异化性能可以很好做到公网面向行业用户（To B）和面向个人用户（To C）业务之间的隔离和差异化保障②，从而拉开了 5G 切片在公网网络的规模商用序幕。2021 年 9 月，中国移动 5G 终端先行者产业联盟在全球范围内率先完成了基于 "5G 终端切片中间件" 的 5G 终端动态多切片技术验证。该方案提供了终端多切片能力的通用解决方案，打通了 5G 网络切片商用的关键环节③，标志着 5G 网络切片技术已全面具备商用能力。

5G 生态下，网络切片定制化成为网络设计常态。从 4G 到 5G，不仅是通信代际的升级，"5G 时代客户服务的市场将由单纯 To C 向 CHBN 四个市场转变"④。其中的 C 代表着个人用户市场；H 代表着家庭用户市场；B 代表的是政府、企业等行业用户市场；N 则意味着新兴市场。凭借 5G 独立组网的独有优势，通信运营商可以向不同商业市场的客户提供 "网络切片"

---

① 《华为与移动、联通、电信等联合成立首个 5G 切片开放创新实验室》，界面新闻，2021 年 2 月，https：//baijiahao.baidu.com/s？id=1692733865095593972&wfr=spider&for=pc。

② 《广东移动联合华为完成公网切片首次商用验证》，《人民邮电报》，2021 年 6 月，http：//www.cnii.com.cn/rmydb/202106/t20210601_282552.html。

③ 《中国移动全球率先完成 5G 终端动态多切片技术端到端功能验证》，前沿科技论，2021 年 9 月，https：//www.163.com/dy/article/GKT7I7NF0531FZAY.html。

④ 《5G 融入百业，移动引领创新》，光明网，2019 年 12 月，http：//tech.gmw.cn/2019-12/02/content_33367662.htm。

服务。毫无疑问，"网络切片"将为 5G 网络的应用与发展带来更大的可行性和技术保障。目前三大运营商均推出面向专网的定制化切片服务。中国移动为客户提供按需定制优享、专享、尊享三类组网模式，满足客户各类切片需求。未来还将不断推动 5G SA 网络切片、上行增强等技术发展成熟，为行业客户打造覆盖广、性能优、成本低、运维强和能力全的 5G 行业专网服务①。中国电信根据典型应用场景划分有"致远、比邻、如翼"三类服务模式。致远模式以广域接入、云网一体为亮点；比邻模式则侧重本地处理、云边协同；如翼模式则致力于打造区域专属安全可信的定制网络。针对不同场景应用模式，提供给用户多样化、差异化和定制化的网络服务。中国联通则将 5G 专网分为虚拟专网、混合专网、独立专网三种部署方式，构建集约化、智能化的切片平台，提供以 5G 为核心技术的综合型专网，融合切片、MEC（Mobile Edge Computing，移动边缘计算）等技术，为行业用户提供具有定制化资源和服务质量保障、业务隔离的精品安全网络②。在三大运营商面向行业的 To B 服务方面，定制化 5G 切片服务成为三大运营商为各类行业伙伴提供专网服务的重要基础技术。

二　多终端——5G 终端种类与形态多元化发展

5G 商用以来，终端设备领域的发展依然引领 5G 应用的创新方向。5G 继续推动移动终端向泛在化、多样化、智能化的方向发展，改变当下视频与用户的连接方式。类型多样、形态丰富、应用场景多元是 5G 时代终端设备的重要特征。由于与物联网的融合以及 5G 本身广阔的应用场景，终端设备的种类和范围远远超越 4G 时代，打破 4G 时代手机终端"一枝独秀"的局面。

针对不同的用户市场，5G 终端具有不同的产品形态。中国移动提出 5G 时代客户服务的市场将由单纯面向个人用户（To C）向 CHBN 四个市

---

① 《5G 切片推出面向专网的定制化切片服务》，通信世界，2021 年 3 月，http：//bc. tech-ex. com/qukua ilian/2021/0318/100017212. html。

② 《5G 切片推出面向专网的定制化切片服务》，通信世界，2021 年 3 月，http：//bc. tech-ex. com/qukua ilian/2021/0318/100017212. html。

场转变，面向个人用户（To C）、面向家庭用户（To H）、面向行业用户（To B）、面向新兴市场（To N）的5G终端类型。其中，To C的终端将主要为数据类终端，To B的终端则集中在车联网、电力、工业互联网及直播四大行业①。以应用场景划分，5G终端的形态根据三大应用场景不同也呈现多样化特征。eMBB场景下的5G终端类型包括CPE（Customer Premise Equipment，客户终端设备）、手机、笔记本电脑、平板、无人机等；uRLLC场景下包括车载终端、机器人、医疗设备、工业制造及检测设备等；mMTC场景下则包括水电气表终端、物流跟踪器、家居智能电器、智能可穿戴设备等。

5G手机是终端厂商布局的重点，5G终端体系目前已经形成了以手机为主的多品类、多形式、多品牌特征与生产能力。2021年8月中国信通院发布的《2021年7月国内手机市场运行分析报告》数据显示，2021年5G手机7月份出货量占同期手机出货量的79.6%。截至2021年7月底，国内市场5G手机出货量累计达到3.27亿部②。5G手机已成为新机型市场的标配，依旧占据5G终端半壁江山。除了智能手机，5G终端还包括室内外CPE、5G模块、5G热点、5G物联网路由器、5G适配器、5G机器人、5G电视机、5G笔记本、5G USB终端等各种终端形态，5G终端生态百花齐放格局进一步加强。

当前，三大通信运营商依旧把终端设备作为5G商用的重点工作与重要方向。根据三大运营商公布的2021年8月运营数据，我国5G套餐用户总数达到了5.79亿户。中国移动5G套餐用户数为2.5亿户，渗透率达26.5%；中国电信5G套餐用户数为1.3亿户，渗透率达36.2%；中国联通5G套餐用户数为1.13亿户，渗透率达37%③。个人5G用户整体占比约为三分之一，在终端方面，5G商用的空间依旧很大。中国移动认为国内5G终端产

① 2019年世界移动大会全球终端峰会：《中国移动5G终端策略》，http：//www.cww.net.cn/article? id=454296，2019年6月。

② 中国信通院：《7月5G手机出货量2283.4万部 占比近八成创新高》，https：//t.ynet.cn/baijia/31264160.html，2021年8月。

③ 《运营商8月运营数据：5G套餐用户接近6亿户 中国移动占据半壁江山》，C114通信网，2021年9月，https：//baijiahao.baidu.com/s? id=1711929296346957343&wfr=spider&for=pc。

业发展呈现了三个"升级"特征：第一是智能升级，从云端智能向云边端智能演进；第二是产品升级，从消费互联网走向产业互联网；第三是产业升级，数智化带动了终端产业链全面升级，产业价值进一步扩大①。在未来5G 终端发展方向上，中国移动将在网络基础建设、业务拉动、投资赋能、产业推进四方面发力。中国联通则以技术牵引应用为本，通过面向规划、生产、研发、商用这"四个面向"全面构建终端生态。中国电信继 2020 年在天翼智能生态博览会上发布首款 5G 云手机后，再次推出新一代 5G 全网通云手机——天翼 1 号 2021，从而推进云网端协同，构建云终端生态。

三　新业务——5G 消息是原生创新的强传播属性业务

在推动 5G 融媒体发展中，5G 消息是一个重要支点，是 5G 时代新基建的一个重要应用场景，也是驱动媒体融合深度发展的关键应用。当前，面向C 端的新型信息消费与面向 B 端的行业信息服务，共同构成了 5G 的业务与服务体系。2020 年 4 月 8 日，三大通信运营商推出 5G 消息，2021 年 5G 消息全面走向商用，中国移动、中国联通、中国电信相继展现 5G 消息生态级宏大战略，合力打造标准、开放、共赢的 5G 消息生态系统，5G 消息业务及其整个产业链进入蓬勃发展阶段。中国移动在扩大终端规模，丰富业务能力和完善通信体验三方面着力推进 5G 消息建设发展，并推出相关 5G 消息技术标准，逐步完善 5G 消息产品的功能。中国联通在丰富 5G 消息体验服务，以 C 端赋能 B 端的特色业务上重点发力。目前中国联通已基本完成全国商用规划两大区的建设，涉及面覆盖全国。中国电信 5G 消息业务平台建设基本完成，并推进多款终端 5G 消息业务功能测试。

随着国家持续支持 5G 基础设施建设，5G 业务应用也获得了推进和发展。2020 年 4 月 8 日，中国电信、中国移动、中国联通联合举行线上发布会，共同发布《5G 消息白皮书》（以下简称《白皮书》）。《白皮书》阐述

---

① 新 5G 消息：《中国移动终端公司副总汪恒江：5G 消息等创新业务已接近普及爆发临界点》，https://www.163.com/dy/article/GKCDINRF0531M8UK.html，2021 年 9 月。

了5G消息的核心理念，明确了相关业务功能及技术需求，提出了对5G消息生态建设的若干构想。5G消息业务将是终端原生基础短消息服务的全新升级。同时，全球移动通信系统协会GSMA已计划将5G消息纳入5G终端必选功能。①

根据《白皮书》定义，5G消息是基于GSMA RCS UP标准构建，实现消息的多媒体化、轻量化，通过引入MaaP技术实现行业消息的交互化。②相比传统短信业务服务，5G消息提供全新的人机交互模式——用户无须下载各种类型App，在终端原生的消息窗口内就能完成服务搜索、发现、交互、支付等一站式的业务体验。因此，5G消息业务是传统短信业务的革命性升级。在5G网络支持下，原生终端的消息业务将构建全新的信息渠道入口，利用其优越的渠道优势，5G消息将成为5G时代最富代表性的媒体型新业务。作为"深融"阶段发展创新的有力抓手，5G消息带来的基础消息技术与业务的跃变将带动媒体融合层次质的飞跃。

中国移动、中国联通、中国电信三大运营商作为5G消息领域的行业引领者，已在多行业多场景进行5G消息的相关合作和应用试水。2021年8月5日，三大运营商与中兴通讯、华为等在5G消息工作组联合下，成立5G消息联合实验室，为5G消息产品进一步划定行业标准。2021年全国两会期间，北京移动联手新华网开发了"新华网两会5G消息模拟体验"产品，这是5G消息首次应用于全国两会媒体报道。2021年欧洲杯和奥运会期间，中国移动手机报相继推出5G融媒手机报《新闻早晚报—5G欧洲杯》特刊、《5G消息欧洲杯》特刊和《新闻早晚报—奥运特刊》，结合视频、音频、图文资讯，以视频彩信和5G消息形态面向用户传播欧洲杯和奥运会精彩赛事，实现全媒体传播，使各类型、各终端的用户都能够接收到最全面的资讯

---

① 《三大运营商联合发布〈5G消息白皮书〉》，新华网，2020年4月8日，http：//www.xinhuanet.com/info/2020-04/08/c_138957049.htm。

② 中国电信、中国移动、中国联通：《5G消息白皮书》，https：//docs.qq.com/pdf/DTmxqTVh4YW1McGFN，2020年4月。

内容①。四川移动也联合四川日报社发布 5G 消息版 "川观新闻"，基于 5G 消息技术拓展新闻媒体服务；联合四川报纸全媒体推出新一代手机报产品 "华西手机报 5G 消息版"，为用户奉上 "睛彩奥运" 的视觉盛宴。② 此外，三大运营商还通过举办 5G 消息大赛，联动社会各界，激发全国行业 5G 消息创新活力。2021 年 3 月，中国联通、中国电信联合举办 Chatbot 创新开发大赛，探求 5G 消息重点应用领域中的新需求、新形态、新模式。2021 年 7 月，中国移动启动 "2021 中国移动创客马拉松大赛 5G 消息专题赛"，聚焦 5G+AICDE 新技术、新产品、新模式，开展 "人工智能、互联网" 等 12 项专题赛道活动，为创客们提供学习交流空间和能力开放共享合作平台③。

第四节 5G 在媒体深度融合中的 "四级化" 特征

一 中央主流媒体综合运用5G+多种先进技术，实现立体化传播

媒体融合的 "先进技术" 并不是特指一种新技术，而是 5G、物联网、大数据、人工智能等共同协作、相互作用的新一代信息技术群。2020 年 9 月 26 日，中共中央办公厅、国务院办公厅印发《关于加快推进媒体深度融合发展的意见》指出，"要以先进技术引领驱动融合发展，用好 5G、大数据、云计算、物联网、区块链、人工智能等信息技术革命成果，加强新技术在新闻传播领域的前瞻性研究和应用，推动关键核心技术自主创新"④。对于媒体融合而言，"先进技术" 成为其深度发展的底层技术基础和动力来

---

① 《5G 赋能欧洲杯赛事消息传播新范式 咪咕助力融媒体发展》，光明网，2021 年 7 月，https://m.gmw.cn/baijia/2021-07/14/34993752.html。

② 《5G 消息强势来袭开辟 5G 时代运营商 "新出口"》，中国工信产业网，2021 年 8 月，http://www.cnii.com.cn/gxxww/rmydb/202108/t20210819_302531.html。

③ 5G 消息：《2021 中国移动创客马拉松大赛 5G 消息专题赛即将启动！》，https://xie.infoq.cn/article/ff7a9e229bd37d9771b608734，2021 年 7 月。

④ 《中共中央办公厅 国务院办公厅印发〈关于加快推进媒体深度融合发展的意见〉》，中国政府网，2020 年 9 月，http://www.gov.cn/zhengce/2020-09/26/content_5547310.htm。

源，引领驱动媒体融合发展。其中，5G作为"先进技术"里的核心输出，为数据传输提供强有力网络通道，解除人工智能、物联网、云计算网络限制，极大释放信息渠道潜能。因此，在传播领域，"5G+先进技术"的综合应用成为媒体传播信息的主要方式，中央和地区主流媒体相继实行各类应用模式。

中央广播电视总台大力实施"5G+4K/8K+AI"超高清战略。2021年2月1日，中央广播电视总台8K超高清电视频道试验开播，标志着全球首次实现8K超高清电视直播和5G网络下的8K电视播出。同时现场播放了我国首部全流程8K纪录片《美丽中国说》，该片在8K技术应用上取得的跨越性突破，奠定了总台在超高清视频制作的引领地位。① 2021年3月26日，中央广播电视总台启动国家重点研发计划重点专项《基于广播网与5G移动网融合的超高清全媒体内容协同分发关键技术研究》，探索利用5G技术创新全媒体传播模式，为总台从传统技术布局向"5G+4K/8K+AI"战略格局转变提供强大科技支撑力量。② 2021年7月1日，在庆祝中国共产党成立100周年大会的现场直播中，中央广播电视总台首次使用5G网络代替传统微波技术进行移动4K高清视频直播，为屏幕前的观众带来了极具沉浸式和临场感的视觉体验。③ 2021年7月至9月东京奥运会期间，中央广播电视总台利用"5G+4K/8K+AI"技术助力奥运转播报道，场外观众不仅可以在电视屏幕上享受到细致超清的画质，甚至还可以通过AR和VR任意切换视角。④此外，在北京冬奥会期间，央视总台也将"5G+4K/8K+AI"等先进科技成果转化到冬奥音视频内容生产过程中。

① 《全球首次实现8K电视直播和5G传输播出 中央广播电视总台8K超高清频道试验开播》，中国日报网，2021年2月，https：//baijiahao.baidu.com/s？id＝1690483220575038629&wfr＝spider&for＝pc。
② 《国家重点研发计划助力总台构建"5G+4K/8K+AI"战略格局》，央视网，2021年3月，http：//m.news.cctv.com/2021/03/26/ARTIvdnmnEgyKbL1Hdz4NJM1210326.shtml。
③ 中国IDC圈：《表现优异！5G切片技术首次应用于国家重大政治活动媒体直播》，http：//5g.idcquan.com/5Gzixun/187596.shtml，2021年7月。
④ 《中央广播电视总台：5G+4K/8K+AI助力奥运转播报道》，传媒头条，2021年7月，http：//www.cm3721.com/toutiao/20739.html。

新华社在"5G+全息跨屏"访谈上重点发力。2021 年两会前夕，新华社推出全球首个 5G 沉浸式多地跨屏访谈。通过 5G、CAVE（基于投影的虚拟现实）技术、MR（混合现实）技术、LED 屏幕多角度三维缝合技术等，将现场场景在演播室做等比例还原，实现了两个真实空间的虚拟交错。① 此外，新华社还和北京移动联手，凭借"5G+8K+新立方演播室"技术推出"沉浸式"两会听会报道，让部分受邀观众身临其境参与全国两会。《人民日报》强力发展"5G+AI"智能采编发新媒体产品。2021 年两会前夕，人民日报社技术部和阿里云、中国移动共同发布人民日报社 AI 智能编辑部2.0，AI 通过对新闻素材加强语义理解和归纳总结，为使用人员提供智能文本搜索、图片搜索、视频搜索、多语言搜索、语义搜索等业务场景，快速提升编辑记者新闻生产效率。② 两会期间《人民日报》还推出集 5G 智能采访、AI 辅助创作、新闻追踪多重本领于一身的人民日报"智能创作机器人"。该机器人没有实体形象，却能为新闻的策、采、编、发提供全程智能支持。此外，全新一代 MR 眼镜 Rokid Vision 2 也作为该"智能创作机器人"的一部分在两会期间推出，为现场信息的策、采、编、发全程提供智能支持。该MR 眼镜在带领用户第一视角近距离看两会的同时，解放了采访者的双手。③ "5G+AI"的共同加持，让前方记者成为单枪匹马却"多栖作战"的全能型媒体人，第一现场的新闻报道实现了全流程升级。④

中央媒体对于 5G 网络的应用，充分体现出 5G 技术对媒体信息采、编、播全流程的优化，以及 5G 技术对各行业、各领域的赋能。央级媒体在 5G 应用方面的实践，是推动智能视听领域与全程媒体、全员媒体、全息媒体、

① 《全球首个 5G 沉浸式多地跨屏访谈实现"空间穿越"》，中国新闻网，2021 年 3 月，https：//www.chinanews.com/gn/2021/03-06/9425759.shtml。

② 中国报业协会：《人民日报社 AI 智能编辑部 2.0 上线，智能和悟性升级》，https：//www.sohu.com/a/453983183_120091539，2021 年 3 月。

③ Rokid 若琪：《AR+5G！人民日报"智能采访"助手 Rokid Vision 2 亮相两会》，https：//baijiahao.baidu.com/s？id=1693567763309245992&wfr=spider&for=pc，2021 年 3 月。

④ 《AI+5G！人民日报"智能创作机器人"亮相两会》，《人民日报》，2021 年 3 月，https：//baijiahao.baidu.com/s？id=1693491196599043273&wfr=spider&for=pc。

全效媒体发展的全新探索。5G与人工智能等技术的结合，大幅度提升了新闻生产、分发效率；重构协同化、一体化、集约化的生产流程，实现由"平面媒体"到"立体媒体""沉浸式媒体"的升级。

二 省级主流媒体搭建5G技术平台，积极探索多场景应用

2021年，省级主流媒体积极促进和发展5G等先进技术在文娱领域中的引领、驱动作用。湖南卫视2020~2021跨年演唱会通过5G互动直播间、5G云包厢、5G云观众、多屏同看、多路视角、专宠机位等技术应用，给观众带来了更具观赏性、沉浸式的全场景互动体验。2021年重庆春晚也首次采用5G"环绕+"自由视角。舞台现场部署了120度扇区、54台高清摄像机，采用3D环绕特效的拍摄手法，全方位无死角定格晚会的精彩瞬间，为广大观众带来身临其境般的观感体验。河南卫视坚持"文化立台"方向，聚焦用5G技术拓展传统文化展现形态，古今结合，让优秀文化焕发新活力。2021年河南春晚中的舞蹈《唐宫夜宴》运用了"5G+AI"技术，让虚拟场景和现实舞台结合，将歌舞放进了博物馆场景，制造出"博物馆奇妙夜"的感觉，让观众更加真实地感受大唐盛世的繁华，在社会各界和广大网民中引起了积极、强烈的反响。

省级主流媒体也积极拓展5G在其他领域的应用。2021年1月江苏两会期间，新华报业联合江苏移动推出"5G消息两会通"，通过一条短信，用户即可查看两会资讯；8月，新华报业传媒集团和江苏移动还联合打造了"5G消息抗疫通"，收录江苏省疫情防控的相关政策，滚动更新每日疫情最新数据，汇集呈现抗疫一线的点滴动向，[①] 带给用户全新的5G新闻应用场景体验。除了江苏省以外，山东、四川、重庆、江西等省都开拓了5G消息业务，探索5G技术应用新场景。其中江西省属重点媒体、手机版党报——江西手机报在2021年7月推出"5G江西手机报"，以党建和党史学习教育

---

① 《订阅5G消息get抗疫知识"5G消息抗疫通"上线啦!》，新华报业交汇点客户端，2021年8月，https://baijiahao.baidu.com/s?id=1707216251064297591&wfr=spider&for=pc。

为侧重点，开设了"学党史""看江西""新视界"等专题页面，通过 5G
消息技术为用户提供可随时随地开始的个性化党史学习平台。① 2021 年 3
月，湖南广播电视台使用 5G 智慧电台、智能音箱新技术，传播两会报道内
容。其间，《甘肃日报》也上线运营媒体融合的创新成果——"新甘肃 5G
智慧电台"。该智慧电台利用 AI 智能技术，通过智能抓取、智能编排、智
能播报、云端分发，实现全天候新闻、资讯、天气、路况等内容播报②，从
而用领先的互联网技术为传统广播助力赋能，以"技术+系统+内容"的模
式，突破了传统广播节目编排、主播播报的固有形式。2021 年全国两会召
开期间，广东台通过 5G、AI、云服务等技术应用，在北京、广州两地实现
了前方拍摄、后方收录、编辑制作的同步，全面贯通，"后台编辑实时监看
系统"打破了空间限制，做到北京和广东台两个团队隔空指令、同步落实
的高效协同。2021 年 4 月，为庆祝建党 100 周年，福建 IPTV 分平台打造福
建 IPTV"智慧党建"云平台——堡垒先锋。该平台将党建资源与 5G 双千
兆、VR 技术以及"互联网+"技术相结合，实现基层党建工作线上线下融
合，通过创新组织工作手段，整合信息化资源，打造集党建宣传、党员教
育、党务管理等于一体的综合服务平台。③ 2021 年 5 月，四川党建期刊《看
四川》杂志社推出高质量 5G+8K"云采茶"活动，通过四川电信 5G+8K 超
高清直播，带领广大网友走进川茶主产区，对雅安名山茶叶的采摘、炒制等
工艺进行直播展示，多角度解读雅安茶业发展和演进历程，实现了超高清视
频传播模式下，数字文创与消费场景的深度融合，促进"文化 IP+应用场
景+消费体验"一体化发展。④ 2021 年 6 月初，川网传媒联合四川移动推出

---

① 《"5G 江西手机报"正式上线 助力"党建+党史学习教育"》，江西手机报，2021 年 7 月，
　　https：//sjb. jxnews. com. cn/system/2021/07/01/019325094. shtml。
② 《这里是秦安综合广播 FM96.5 全省首家县域 5G 智慧电台上线运行》，每日甘肃网，2020
　　年 3 月，https：//baijiahao. baidu. com/s? id=1695071569213742396&wfr=spider&for=pc。
③ 福建省广播电视局：《福建 IPTV 打造"智慧党建"云平台〈堡垒先锋〉》，http：//
　　gdj. fujian. gov. cn/xw/sjgz/202104/t20210420_ 5578779. htm，2021 年 4 月。
④ 中广互联：《四川电信联合看四川杂志社打造高质量 5G+8K 内容——"云采茶"》，
　　https：//www. tvoao. com/a/207140. aspx，2021 年 5 月。

了 5G 手机报——5G 彩屏。基于融合通信技术的 5G 消息，5G 彩屏可实现文字、图片、音频、视频、位置等信息的有效融合[①]，全面有效拓展手机报业务。在直播购物方面，浙江广电集团旗下好易购电视购物频道借助 5G 网络开展了 4K、VR 高新视频在内外场以及高速运动等节目场景下的 5G 商用直播探索，技术成果已运用于浙江省 5G+行动发布会、浙江卫视跨年晚会、乌镇互联网大会广电融媒直播等 5G+4K 直播以及好易购九阳中秋购物节 5G+VR+4K 直播等重要 5G 直播任务，其中好易购九阳中秋购物节 5G+VR+4K 购物直播销售额超 500 万元。[②]

省级主流媒体在 5G 融媒体应用方面积极推进 5G 技术落地、促进 5G 等先进技术的融合应用，拓展 5G 技术条件下融媒体融合发展新领域。一方面，充分发挥 5G 在广播电视节目中的技术优势，赋能文娱产业，利用 5G 技术为多元化的内容生产提供支持，使内容制作走向智能化，创新文娱内容表现形态。另一方面，积极搭建各类 5G 技术平台，为 5G 应用提供高效率、高质量的平台支撑，盘活各类应用场景，让 5G 应用融入各行各业，赋能地区经济发展。

三 市级主流媒体整合多方资源，推动5G 融媒体传播服务社会

市级主流媒体重点打造 5G 多平台生态圈，联动各级机构和企业，让 5G 融媒体融入社会生活，造福广大市民。2021 年 5 月 20 日，长春广播电视台与中国移动长春分公司签署"5G+智慧广电战略合作"框架协议。未来双方将在"5G+智慧广电"框架下深度合作，打造 AR 虚拟直播间、AI 大数据应用、5G 高速网络传输等应用，构建长春广电传媒的"生态优势圈"。[③] 2021

---

① 新 5G 消息：《5G 彩屏：四川彩屏 5G 消息升级版》，https：//my.oschina.net/u/4677418/blog/5125646，2021 年 7 月。

② 《5G+4K+VR 高新视频生产的技术实现》，浙江广播电视集团，2021 年 7 月，https://new.qq.com/rain/a/20210703A01JRS00。

③ 《长春广播电视台与中国移动通信集团吉林有限公司长春分公司将签署"5G+智慧广电战略合作"框架协议》，长春广播电视台，2021 年 5 月，https://new.qq.com/rain/a/20210519A0DX3F00。

年济南市两会期间，济南日报报业集团联动央媒、省际联播平台、区县融媒，首次引入"5G+MGC+大直播+四级融媒"大型全媒体进行两会报道。①通过 5G+4K 高清直播、MGC 全景式短视频、VR 全景视角 5G+4K、MGC 让受众如临其境，创新市级两会报道形式。同时，在 2021 年 4 月，济南日报报业集团还上线了平台型新媒体——新黄河客户端，打造"新闻+政务服务商务"的智慧媒体平台，为用户提供各类信息服务。推出四个月，新黄河客户端累计下载量 1673 万次，全媒体矩阵粉丝数 3200 万，总发稿量722020 条，总点击量 10.7 亿次，全国影响力初步显现。② 在中国传媒大学新媒体研究院、中国联通等多方联合研发努力下，济南日报报业集团舜网于2021 年 9 月发出了济南市第一条 5G 消息，引领媒体融合创新的 5G 新风潮。

　　在全国省会城市媒体行业中最早推出 5G 消息的是《长沙晚报》，2021年 1 月 16 日，《长沙晚报》联合长沙移动推出 5G 消息新应用，用户在微信上操作的大部分功能都可以在 5G 消息中实现，既能像短信一样点开浏览新闻，还可以在消息窗口实现搜索、交互、分享和支付等一站式业务体验。5G 消息业务逐渐深入市级融媒体应用场景，获得了进一步发展。2021 年 2月，温州市两会期间，温州广电传媒集团"移动 5G 融媒体+应用实验室"推出 5G 全景记者、5G 全景述政、5G 全景直播等新应用，在"5G 未来城""快点温州"新闻客户端、"温州移动"微信公众号等平台开展 720 度全景沉浸式报道，利用"5G+XR"技术解读政府"账本"③，切实为用户提供有效服务。而在洛阳市两会期间，洛阳洛报集团与中国移动洛阳分公司深度合作，首次运用 5G 技术，充分发挥全媒体传播优势。④

---

① 《5G+4K+MGC+大直播+四级融媒！济南报业创新市两会报道模式》，济南日报"爱济南"客户端，2021 年 1 月，https：//baijiahao．baidu．com/s？id＝1688483481047888255&wfr＝spider&for＝pc。

② 《大数据绘出新黄河百日照：全网 10.7 亿点击量，多报道获全国影响力》，新黄河客户端，2021 年 8 月，https：//baijiahao．baidu．com/s？id＝1707489496346725602&wfr＝spider&for＝pc。

③ 《"移动 5G 融媒体+应用实验室"助力"两会"新闻宣传融合创新》，温州宣传网，2021 年2 月，http：//www．wzxc．gov．cn/system/2021/02/09/013983445．shtml。

④ 《5G 赋能，洛报集团开启"两会"融媒报道新模式》，《洛阳日报》，2021 年 2 月，http：//lyrb．lyd．com．cn/html2/2021-02/06/content_258908．htm。

2021年5月8日，安徽省安庆市新闻传媒中心打造的"遇见美好安庆·城市线上客厅"全省首个5G户外直播间落地开播，通过网络直播、视频直播、互动展示等形式，为上线平台提供超级体验空间，打造"安庆城市商业IP"。① 2021年8月31日，江苏省常州日报社与中国移动江苏公司常州分公司共创共建的常州市首个"移动5G融媒体+应用实验室"正式亮相。常州日报社作为市级主流媒体，与中国移动江苏公司常州分公司携手进行5G技术在平台融通、采编融合、技能融化等媒体应用上的研究，制定了包括5G书香党建、5G消息、5G+VR高新视频、5G即时传播系统四个场景应用和一个5G融媒体新平台支撑的设计蓝图，搭建融媒体试验场景。②

市级媒体上承省级媒体下继县级媒体，担负着平台枢纽的信息汇聚和分发任务，因此在5G发展方面市级媒体充分整合地方资源，联动省媒和区县融媒，形成全媒体生态圈，把5G技术"联通万物""上启下沉"的作用属性更好地落实到社会基层。

四 县级主流媒体因地制宜，发展5G特色应用模式

县级主流媒体因地制宜，根据自身情况发展5G应用特色模式。2021年，甘肃省秦安县、河北省饶阳县、江西省玉山县等陆续开播"5G智慧电台"，新上线的5G智慧电台为县级广大听众带来全新体验，助力主流媒体打通信息服务的"最后一公里"。其中甘肃省秦安综合广播FM96.5的5G智慧电台在2021年3月上线试运行，突破了广播节目传统的编排方式及主播播报形式。5G智慧电台利用AI智能技术，通过智能抓取、智能编排、智能播报、云端分发，实现了新闻、资讯、天气、路况等内容的全天候播报。③ 河北

---

① 《安徽首个5G户外直播间在安庆开播》，中安在线，2021年5月，http://ah.anhuinews.com/aq/news/shh/202105/t20210508_5265983.html。
② 《常州市首个"移动5G融媒体+应用实验室"正式亮相》，中国江苏网，2021年9月，https://www.163.com/dy/article/GIQ6RILB0514TTJH.html。
③ 《这里是秦安综合广播FM96.5全省首家县域5G智慧电台上线运行》，甘肃省人民政府网站，2021年3月，http://www.gansu.gov.cn/art/2021/3/24/art_67_479742.html。

省饶阳县融媒体中心也开播"5G 智慧电台",由人工智能技术与"中央厨房"两大板块组成,采取"人工智能+内容+系统"的运营模式,解决了县级融媒广播类节目中设备更新缓慢、节目内容匮乏、人才短缺等问题,以人工智能替代多人劳动,实现了"一个人管理一个电台"。①

不同于以上县级媒体致力于"5G 智慧电台"的搭建,云南省鹤庆县新华银器小镇则联合中国电信大理分公司落成直播融媒体传播营销基地,通过采用 5G、云计算、大数据、物联网、AI 智能等新技术,主要建设了大数据中心、慢直播、5G+Wi-Fi 等智慧化系统平台,实现小镇数据分析和数据可视化,打造"智慧小镇"。②而浙江省永嘉县则在两会期间首次启动了 5G+4K 全媒体直播模式。除 5G+4K 技术直播外,还通过"中央厨房"实现了两会现场实况和相关资讯的一次采集、全方位呈现、多平台传播。2021 年 5 月 11 日,河南省焦作市温县融媒体中心举行 5G+4K 直播车交接仪式,推动县级融媒向"新闻事业+融媒产业"主流党媒的转变。5G+4K 直播车能更好地承担新闻直播、综艺晚会、专题访谈、行车广播等活动的现场录制和直播任务,为传播内容的生产发布提供更高效、便捷、丰富的支持③,标志着县级融媒在高清节目制作和媒体深度融合道路上进入崭新的发展阶段。

构建符合当地特色的 5G 新闻采编流程和内容生产体系是县级融媒体的未来发力点。当前,"县级融媒体+5G"已呈现了因地制宜、多元发展的融合发展新态势。县级主流媒体充分利用 5G 技术激发当地媒体宣传新方式、新活力,促进 5G 技术落地、利用 5G 融合 4K/8K、AI、VR 等先进技术,拓展县级媒体融合特色发展新领域。

---

① DVBCN 中广 5G:《河北省首个"5G 智慧电台"正式开播》,http://www.ttacc.net/a/news/2021/0305/65936.html,2021 年 3 月。

② 《中国电信 5G 助力银器直播销售》,云南网,2021 年 12 月,https://www.163.com/dy/article/GQ4MKAOK0514R9NO.html。

③ 《温县融媒体中心 迎来首辆"5G+4K"直播车》,人民资讯,2021 年 5 月,https://baijiahao.baidu.com/s? id=1699589240811808459&wfr=spider&for=pc。

第五节 5G时代全媒体传播的特征体现与创新趋势

一 媒体机构：传媒全行业，业务跨界、服务融合

5G作为网络基础设施，带给传媒行业最大的改变是产生新的生态入口。当内容生产脱离传统限制，大量多样态的内容面向海量终端分发，媒介渠道的价值与重要性大幅度上升。在这种传媒生态下，5G技术支撑的物体都具有了媒体属性，人和物都会成为互联网中的单个节点，将构成全新的媒介关系。传媒机构必须跟进改革，建设发展全媒体化，才能实现长足发展。

5G全媒体时代对于传媒机构最显要的特征是传媒机构业务服务的融媒体化。各大主流媒体在媒体融合时代潮流驱动下，相继进行融媒体平台业务的研发应用，并成立各级融媒体机构，建立与通信运营商和其他行业伙伴的合作。5G融媒体背景下，万物互联互通，媒体机构之间的界限也开始变得模糊，纸媒、音频、视频、在线服务等传统泾渭分明的主营业务都会融合在一起，产生新的全媒体业务和全媒体平台。主流媒体也相应紧跟时代，利用新技术、新应用创新媒体传播方式，改革业务服务模式，加快全媒体融合发展步伐。

早在2019年5G商用元年，中央广播电视总台就基于5G+4K/8K+AI等新技术推出综合性视听新媒体旗舰平台"央视频"App，这也是中国首个国家级5G新媒体平台，从技术架构、形态和内容三方面升级主流媒体视频社交，推动融媒体平台发展应用。"泛文体、泛资讯、泛知识"的三大内容品类，短视频、长剧集、直播、电视、4K、VR等多样的内容形态，为用户带来全新视听体验。2021年9月26日，中央广播电视总台联合26家企业共同发起我国首个以媒体融合为主题的国家级产业投资基金——央视融媒体产业投资基金，主要投向5G、超高清、人工智能、云计算、区块链等前沿技术应用，扶持新媒体、新业态，全方位推进媒体融合发展[①]。光明网则在2021

---

① 《首个！央视融媒体产业投资基金在上海成立》，央广网，2021年9月，http：//www.cnr.cn/fj/ztgz/20210927/t20210927_ 525616693. shtml。

年 9 月 27 日世界互联网大会（乌镇峰会）期间，与安恒信息共同揭牌"智慧融媒网络安全实验室"，携手探索媒体融合建设中网络安全可借鉴、可推广的方案，以推动媒体深度融合发展，服务构建全媒体传播格局[①]。当前，传媒机构愈发展为社会大传播格局下的"命运共同体"，在各自发展的同时，整体呈现大融合、全媒体化趋势。

二 传播流程：传播全链条，整体重塑、效率提升

5G 改变了传播链条的每一个环节，信息的内容形态、传播形式、核心资源以及终端载体，甚至用户群体等都将越来越多发生颠覆性变革。[②] 全媒体传播就是 5G 等先进技术渗透传播全流程各环节的结果。在先进技术的渗透、驱动下，信息的生产方式、传播形式、内容形态以及终端展现等都将发生颠覆性变化。

在信息生产层面，"5G+云计算+AI"赋能新型内容创作，智能手表、头戴显示器、耳戴式设备等可穿戴设备以及移动终端带动用户即拍即享，推动 UGC（User Generated Content，用户生成内容）内容生产升级。而 5G 创造的"万物互联"社会环境下，人工智能强力发展，MGC（Machine-Generated Content，机器生成内容）模式将成为信息内容生产的重要方式。如 2021 年央视牛年春晚舞台上，通过现场 154 块超高清屏幕展现的内容，参与春晚内容生成。2021 年 5 月 14 日，湖南广电庆祝中国共产党成立 100 周年作品《理想照耀中国》MV，利用"5G+云制作"这个最先进的 AI 修复影像技术，带领观众感受峥嵘岁月。

在传播形式层面，5G 让直播实现各行各业、随时随地都可直播。直播形式逐渐主流化、常态化。在信息传播领域，5G 新闻直播逐渐成为一种全民化、社会化、行业化的网络传播信息服务。2021 年 9 月 25 日，孟晚舟回国的总台直播报道中，仅央视频、央视新闻客户端、央视网等新媒体平台

---

① 《光明网与安恒信息共建"智慧融媒网络安全实验室"》，光明网，2021 年 9 月，https：//politics. gmw. cn/2021-09/27/content_ 35196062. htm。
② 赵子忠：《5G 对传播的影响》，《新闻论坛》2018 年第 4 期。

上，点赞总人次就达 4 亿[①]，在场化、强参与的特征让直播成为信息传播主流形式。此外，5G 实现人人皆可直播，让信息链条上的接受者成为参与者。CNNIC 数据显示，截至 2021 年 6 月，我国网络直播用户规模达 6.38 亿，占网民整体的 63.1%。[②] 直播作为当下用户表达和内容消费形式，依旧是 5G 时代主要社交形式之一。

在内容形态层面，5G 网络特性让视频突破带宽和网速限制，社会媒介使用将进一步从文字、图片向大容量的短视频、流媒体、直播等媒介过渡，视频成为社会主流的信息传播媒介，深入更多垂直领域。一方面，超高清视频逐渐升级用户内容消费体验，高清的电视、电影、直播成为视频基础要求。另一方面用户和视频内容的关系也被改变，从单一接收视频内容到与内容产生互动，互动视频成为新热点。当下 5G 技术环境下，用户对交互式内容的兴趣越来越强，并催生出互动影视、互动综艺、互动短视频等互动内容形态，视频娱乐从单一的"看"走向多维度的"玩"。[③] 早在 2020 年 8 月国家广播电视总局就发布了《5G 高新视频—互动视频技术白皮书（2020）》，展望了互动视频发展前景。2021 年 3 月 18 日，慈文传媒与咪咕文化公司签订了《战略合作协议》，双方将为用户创造更多 5G 及沉浸式产品的体验，打通互动剧与游戏、视频、动漫、体育、直播等内容渠道，助推互动剧的网络发行及运营。未来，互动视频将成为视频内容主要消费热点。

在终端层面，一是终端多元化。5G 终端设备形成以手机为主，各种家用电器、超高清摄像头、智能网联无人机、AR 眼镜、VR 头显、MR 设备以及全息投影等为辅的多样终端形态。二是终端"屏显化"。多元的终端形态让内容与终端进一步脱离，内容的呈现与终端形态不再具有强依附关系，屏幕和显示器将无处不在。实现"人屏互动"将成为 LED 透明屏行业智能化

---

① 《点赞超 4 亿！比美加总人口多！总台直播孟晚舟归国全球关注！》，环球网，2021 年 9 月，https://baijiahao.baidu.com/s? id = 1712015315162802726&wfr = spider&for = pc。

② 中国互联网信息中心：《第 48 次〈中国互联网络发展状况统计报告〉》，http://www.199it.com/archives/1302411.html，2021 年 8 月。

③ 腾讯研究院：《5G 背景下视频行业的发展趋势研究》，https://www.huxiu.com/article/458989.html，2021 年 9 月。

发展的主攻方向，用户对于"一屏多用""多屏互动"的需求体验越来越强。如 2021 年 5 月 19 日华为推出的华为智慧屏 SE 系列，支持高清视频通话和畅连手机、平板、儿童手表等多设备功能。在 5G 技术的推动下，媒介终端和媒体内容进一步相脱离的特征愈发明显。

三 用户体验：感知全维度，交互升级、形式突破

5G 技术条件下，"媒体"的定义被广泛延伸，由传统的"互联"变为了"物联"，人、物、媒介和信息之间的有机连接显得尤为重要。移动互联网逐渐成为信息获取、传播、交互和消费的主流入口，各种场景下都会有更便利的网络接入口。

一方面，5G 让个人移动终端即手机成为超级媒体，一个人＋一部手机便可以成为一个全媒体生产主体，受众在信息传播链条中的角色发生转变，由 4G 时代的信息受众和用户向 5G 背景下信息源头和信息生产者角色变化。

CNNIC 数据显示，截至 2021 年 6 月，我国网民使用手机上网的比例达 99.6%，2021 年上半年，移动互联网接入流量达 1033 亿 GB，同比增长 38.7%。[①] 这意味着用户的消费习惯进一步向移动端迁移，手机依旧是用户获取信息的主要媒介。人们参与信息传播的典型应用场景就在于短视频和直播领域，据 CNNIC 数据，截至 2021 年 6 月，我国网民规模为 10.11 亿，网络视频（含短视频）用户规模达 9.44 亿，占网民整体的 93.4%。[②] 短视频、直播正在成为全民新的娱乐方式。庞大的用户规模，让 UGC 内容持续增长，而随着 5G 的成熟，伴随流量资费的降低和视频创作的进一步智能化，普通用户的视频创作能力将大大提升。

另一方面，超高清化是继音视频数字化、高清化之后的新一轮技术革新，将推动视频内容消费全面升级。5G 高速率、低时延以及大带宽的网络

① 中国互联网络信息中心：《CNNIC：2021 年第 48 次中国互联网络发展状况统计报告》，http：//www.199it.com/archives/1302411.html，2021 年 8 月。

② 中国互联网络信息中心：《CNNIC：2021 年第 48 次中国互联网络发展状况统计报告》，http：//www.199it.com/archives/1302411.html，2021 年 8 月。

特性，保障了实时、移动、高清的内容传输，超高清视频产业快速发展。根据工业和信息化部、国家广播电视总局、中央广播电视总台联合发布的《超高清视频产业发展行动计划（2019-2022年）》，预计2022年我国超高清视频产业规模达4万亿，覆盖全国2亿用户，4K产业生态体系基本完善，8K关键技术产品研发和产业化取得突破。① 2021年2月1日，中国首个8K电视超高清频道CCTV 8K成功试验播出，我国成为世界上第二个拥有8K频道的国家。2021年2月11日，央视春晚以8K超高清形式在深圳某户外大屏幕进行实况播出，为深圳市民带来了一场高质量的视听盛宴。此次春晚还首次采用AI+VR裸眼3D演播室技术，让电视机前的用户隔着屏幕体会"身临其境"的参与感。

此外，超高清视频在带来更高画质、更强沉浸感和互动性的同时，也将在社会各行业得到丰富的应用。如在救灾场景，4K/8K画质能让现场画面更清晰，帮助救援决策和工作。未来，超高清大屏作为智能系统的入口，可以包含影印、娱乐、照明、安防等功能，在文教娱乐、医疗健康、安防监控等领域得到应用。② 在这样的全社会应用趋势下，4K/8K超高清、AR/VR/MR、全息投影等技术的应用更加深入和广泛，用户的感官体验将更加多元、沉浸、极致和真实。随着5G赋予超高清视频产业的技术支撑，4K/8K等超高清视频将不再是内容消费中的"奢侈品"，高清的电视剧、电影、直播、短视频等媒介形式将走进人们的日常生活，成为内容消费的基础需求。

四 应用场景：渗透全社会，千行百业普遍应用

5G技术能更好地支撑信息传播的全环节、全平台、全样态、全终端，

---

① 工业和信息化部：《工业和信息化部 国家广播电视总局 中央广播电视总台关于印发〈超高清视频产业发展行动计划（2019-2022年）〉的通知》，http://www.gov.cn/gongbao/content/2019/content_ 5419224.htm，2019年2月。

② 腾讯研究院：《5G背景下视频行业的发展趋势研究》，https://www.huxiu.com/article/458989.html，2021年9月。

并创造全新体验和全社会、全行业参与机会。当前，5G 技术助力各行各业垂直领域的信息传播，传统意义上"传媒"和"传播"的涵盖范围得以延伸和扩大。5G 商用后至今，社会各类相关行业都已在 5G 的赋能下实现转型升级，作为新基建核心技术，5G 将继续深入各行各业、千家万户，推动国家产业经济结构向数字化、网络化、智能化发展。

5G 带来的网络传播应用场景之转变，最直接的体现就是从个人场景向行业场景、户外场景和家庭场景的转移。① 当前 5G 已经与媒体传播、文化旅游、交通运输、教育培训等行业深度结合，并正在向工业制造、医疗健康、城市管理等领域渗透。② 工信部等十部门联合印发的《5G 应用"扬帆"行动计划（2021-2023 年）》就从突破 5G 应用关键环节、赋能 5G 应用重点领域、提升 5G 应用支撑能力三个方面提出了七大指标，为未来三年 5G 应用发展路径指明方向，也表示了我国 5G 发展进入应用创新期。根据该行动计划，2023 年我国将实现重点领域 5G 应用深度和广度双突破，5G 在大型工业企业的渗透率要超过 35%，个人用户普及率要超过 40%，每个重点行业 5G 示范应用标杆数超过 100 个。③ 2021 年 9 月 13 日，工信部信息通信管理局局长赵志国表示，当前我国 5G 在行业应用领域已经产生明显效果，打造了上万个 5G 应用创新案例，尤其是在媒体、医疗、交通、教育等行业形成了 5G+4K/8K 高清视频、5G+智慧医疗、5G+车联网、5G+远程教育等一批典型应用。"5G+工业互联网"成为 5G 应用创新最活跃的领域之一，目前涵盖电子设备制造、装备制造、钢铁、采矿等 22 个重点行业，形成了远程设备操控、机器视觉质检等一批典型的、有代表性的场景应用。④

① 《中国新兴媒体融合发展报告（2019-2020）》，新华社，会议报告，厦门，2020 年 12 月。
② 苏涛、彭兰：《热点与趋势：技术逻辑导向下的媒介生态变革——2019 年新媒体研究述评》，《国际新闻界》2020 年第 1 期。
③ 《深度广度双突破，5G 应用扬帆远航——写在 2021 年中国国际信息通信展召开之际》，电子信息产业网，2021 年 9 月，http://www.cena.com.cn/industrynews/20210924/113281.html。
④ 《深度广度双突破，5G 应用扬帆远航——写在 2021 年中国国际信息通信展召开之际》，电子信息产业网，2021 年 9 月，http://www.cena.com.cn/industrynews/20210924/113281.html。

5G消息是2021年最突出的5G业务应用，在行业赋能方面展现巨大潜能。2020年三大运营商合力推出时，各行业的5G消息还停留在RCS概念阶段。而2021年5G消息开始走向全面商用，已有多家相关企业展示5G消息案例，5G消息从概念开始走向行业应用，并进阶到打造标杆场景阶段。2021年全国两会期间，新华网与中国移动开发了"新华网两会5G消息模拟体验"产品，用户进入5G消息页面后，即可在线实时查看两会热点调查、两会现场新闻，轻松获取两会最新资讯。这次活动不仅是新华网在5G消息推广方面的一次成功试水，同时也助力新华网圆满实现了在全国两会宣传报道上的创新。2021年建党100周年临近之际，人民网推出"人民网·党史学习教育"5G消息平台，以5G消息解决方案探索智慧党建新模式。2021年1月，中国农业银行开展5G消息平台新技术赛道落地试点，持续推进5G消息平台建设，促进金融创新场景落地。2021年5月，湖南红网也启动5G消息服务号，提供看新闻、天气、交通、购物等生活服务，和用户有效进行互动交流。

三大通信运营商也开足马力推动5G向各行各业深度融合。早在2020年中国移动就已经在15个行业开展了超过100个5G行业应用示范项目，5G商业案例已经达到2000个。2021年，中国移动实施了四个5G计划，即5G专网"引领计划"、行业终端"扬帆计划"、行业平台"9 one计划"及应用场景"绽放计划"，全面构筑5G产业数字化新引擎，从专网到应用场景，全面推进与行业深度融合。[1] 中国联通坚持"云网边端业""五位一体"协同创新，打造5G+AIoT（人工智能物联网）数字引擎，在智能制造、采矿、电力、油气、交通、文旅、教育、医疗等领域重点实践与突破，尤其在工业互联网领域形成了成熟的工业互联网产品体系，助力5G应用规模化发展。中国电信近年来成立了政务、金融、交通、安全、卫健等十余个行业事业群团队，覆盖政府、工业、互联网、金融、医疗、教育、农业等垂直行

---

① 《中国移动提5G四个计划：从专网到应用场景 全面推进与行业深度融合》，C114通信网，2020年11月，https://mp.ofweek.com/5g/a156714896037。

业。截至 2020 年底，中国电信政企客户数达到 1302 万家，头部客户规模保持行业领先。[1] 在三大通信运营商和各行业合作下，5G 将继续在面向企业机构的 B 端市场发挥强有力的优势，与各类垂直行业紧密联合，更多的垂直行业将从 5G 中获益，整个社会产业体系也将逐步升级。

---

[1] 《借力 5G 东风，中国电信发力 B 端业务助力产业数字化》，中国企业网，2021 年 9 月，https：//www.sohu.com/a/489780236_100211059。

第三章
5G消息发展环境和产业生态

第一节　政策、技术与传媒——5G消息的宏观发展环境

一　数字社会新基建，加快5G网络建设和商用进程

2020年11月3日，《中共中央关于制定国民经济和社会发展第十四个五年规划和二〇三五年远景目标的建议》提出当前阶段要加快数字化发展。发展数字经济，推进数字产业化和产业数字化，推动数字经济和实体经济深度融合，打造具有国际竞争力的数字产业集群。加强数字社会、数字政府建设，提升公共服务、社会治理等数字化智能化水平。建立数据资源产权、交易流通、跨境传输和安全保护等基础制度和标准规范，推动数据资源开发利用。扩大基础公共信息数据有序开放，建设国家数据统一共享开放平台。保障国家数据安全，加强个人信息保护。提升全民数字技能，实现信息服务全覆盖。积极参与数字领域国际规则和标准制定。[①]

2020年3月4日，中共中央政治局常务委员会上，中共中央总书记习近平发表关于新冠肺炎疫情防控和稳定经济社会运行重点工作方面的重要

[①]　《转存学习！"十四五"规划和2035年远景目标建议全文来了！》，《人民日报》，2020年11月3日，https://mp.weixin.qq.com/s/FGcas_DTwFAW4Jbmh9aLMA。

讲话，强调要把复工复产与扩大内需结合起来，加快推进国家规划已明确的重大工程和基础设施建设，加快5G网络、数据中心等新型基础设施建设进度。①

2020年3月，国家发展改革委发布《关于促进消费扩容提质加快形成强大国内市场的实施意见》，提出加快构建"智能+"消费生态体系，加快新一代信息基础设施建设；加快5G网络等信息基础设施建设和商用步伐；支持利用5G技术对有线电视网络进行改造升级，实现居民家庭有线无线交互，大屏小屏互动；推动车联网部署应用。②

2020年3月29日至4月1日，习近平总书记到浙江考察，就统筹推进新冠肺炎疫情防控和经济社会发展工作进行调研。他指出，要抓住产业数字化、数字产业化赋予的机遇，加快5G网络、数据中心等新型基础设施建设，抓紧布局数字经济、生命健康、新材料等战略性新兴产业、未来产业，大力推进科技创新，着力壮大新增长点，形成发展新动能。③

二　媒体融合先进技术，加强5G在传媒领域的应用

2020年9月26日，中共中央办公厅、国务院办公厅印发了《关于加快推进媒体深度融合发展的意见》，从重要意义、目标任务、工作原则三个方面明确了媒体深度融合发展的总体要求，要求深刻认识全媒体时代推进这项工作的重要性和紧迫性，坚持改革创新，推动传统媒体和新兴媒体在体制机制、政策措施、流程管理、人才技术等方面加快融合步伐，尽快建成一批具

---

① 《习近平主持召开中共中央政治局常务委员会会议》，央视网新闻，2020年3月4日，https：//baijiahao.baidu.com/s？id=1660239382601953117&wfr=spider&for=pc。

② 国家发改委：《国家发展改革委等23部门联合印发〈关于促进消费扩容提质加快形成强大国内市场的实施意见〉》，http：//www.cac.gov.cn/2020-03/14/c_1585731495962644.htm，2020年3月14日。

③ 《习近平在浙江考察时强调 统筹推进疫情防控和经济社会发展工作 奋力实现今年经济社会发展目标任务》，中国网，2020年4月1日，http：//news.china.com.cn/2020-04/01/content_75886796.htm。

有强大影响力和竞争力的新型主流媒体。①

2020年11月5日，国家广播电视总局印发《关于推动新时代广播电视播出机构做强做优的意见》，支持广播电视播出机构研发5G高新视频新业态内容产品，支持省级广播电视播出机构探索开办适应5G应用场景、满足多终端需求的5G频道，为人民群众提供更高端、更优质、更便捷的视听服务。同时该意见鼓励各级单位探索建立区域产业协作体或视听产业联盟，打造面向5G的高新视频产业园区，引导优势资源和要素向优势领域、优秀企业、优质项目聚集，做强做优国家级广播电视和网络视听产业基地（园区），增强集聚辐射效应，真正形成发展高地、创新高地。②

2020年11月13日，国家广播电视总局《关于加快推进广播电视媒体深度融合发展的意见》也明确提出，要保持对新技术的战略主动，高度关注新技术发展，深入研究颠覆性技术可能带来的技术变革，主动跟进、兴利除弊、为我所用，防范新技术应用引发风险，确保技术和内容安全；将技术应用与行业需求有机结合、业务研发与产品开发有机结合，运用主流价值导向驾驭"算法"；培育更高技术格式、更新应用场景、更美视听体验的高新视听新业态，拉动相关设备生产及消费；加强5G、4K/8K、大数据、云计算、物联网、区块链、人工智能等在全流程各环节的综合应用，抢占全媒体时代战略高地。③

2021年3月25日，国家广播电视总局办公厅发布了《关于印发5G高新视频系列标准体系（2021版）的通知》。通知指出，为发挥标准在5G高新视频领域的引领和规范作用，推动广播电视和网络视听行业高质量创新性发展，国家广播电视总局组织制定了互动视频、沉浸式视频、VR视频和云游戏四项标准体系文件。附件中的四项标准体系分别从各自技术和应用发展

① 《中共中央办公厅 国务院办公厅印发〈关于加快推进媒体深度融合发展的意见〉》，新华社，2020年9月26日，http://www.gov.cn/zhengce/2020-09/26/content_5547310.htm。

② 国家广播电视总局：《国家广播电视总局关于推动新时代广播电视播出机构做强做优的意见》，http://www.nrta.gov.cn/art/2020/11/5/art_113_53696.html，2020年11月5日。

③ 国家广播电视总局：《关于加快推进广播电视媒体深度融合发展的意见》，https://mp.weixin.qq.com/s/breeLQz-I3EYs-IxlHMR3w，2020年11月26日。

角度出发，覆盖互动视频制作传输、播放交互、质量评测环节；沉浸式视频采集、制作、传输、呈现环节；VR 视频采集、制作、传输、呈现和质量评测环节；云游戏架构、平台、终端、安全、评测环节，促进了各自的标准化建设和规范化发展。①

2021 年 10 月 26 日，国家广播电视总局印发的《广播电视和网络视听"十四五"科技发展规划》提出"重塑新网络"。"新"体现在构建面向广电 5G 的智能协同网络。加快广电 5G 网络建设，推动广播电视终端通、人人通；加快推进有线电视网络升级改造，构建"云、网、端"新型网络总体架构，建立与广电 5G 融为一体的技术体系；持续优化地面数字电视、调频广播、中短波广播等在公共服务领域的效能，探寻新技术条件下的无线广播电视技术迭代路径；进一步提升卫星传输和直播系统的承载能力，推动卫星直播系统向交互卫星直播系统演进；加快推进 IPTV、互联网电视服务升级，完善标准体系，确保规范发展。②

2020 年至 2021 年，有关媒体融合的政策文件不断发布，从中央到行业，从现状到规划，媒体融合的制度创新持续推进。2020 年 11 月 3 日，《中共中央关于制定国民经济和社会发展第十四个五年规划和二〇三五年远景目标的建议》发布，明确提出"推进媒体深度融合，实施全媒体传播工程，做强新型主流媒体，建强用好县级融媒体中心"。在中央和国家层面的不断推动下，我国媒体融合发展进入新阶段，媒体深度融合写入"十四五"规划，开启融合发展新时代。

2021 年 3 月 12 日，《中华人民共和国国民经济和社会发展第十四个五年规划和 2035 年远景目标纲要》全文发布，明确提出加大优秀文化作品创作生产传播，媒体的供给侧改革成为改革的重点。此外，加大媒体数字化、

---

① 国家广播电视总局：《5G 高新视频系列标准体系（2021 版）的通知》，http：//www. nrta. gov. cn/art/2021/3/25/art_ 113_ 55550. html，2021 年 3 月 25 日。

② 国家广播电视总局：《国家广播电视总局科技司负责人解读〈广播电视和网络视听"十四五"科技发展规划〉》，http：//www. nrta. gov. cn/art/2021/10/28/art_ 3730_ 58328. html，2021 年 10 月 28 日。

网络化和智能化转型升级，也成为我国媒体未来发展的重点方向。换句话说，媒体融合要加快、深度发展，构建全媒体传播体系，做强新型主流媒体。[1]

与2015年"十三五"规划建议中"推动传统媒体和新兴媒体融合发展"的表述不同，中共中央发布的"十四五"规划和2035年远景目标的建议提出，推进媒体深度融合由"推动"到"推进"，从"融合发展"到"深度融合"，国家政策成为媒体融合发展的重要推动力，在顶层设计的不断推动下，传媒业正在从早期的物理形式的媒介融合向化学裂变的机构融合转变。

三　大力拓展5G应用，加快推进融合应用

2020年3月24日，为深入贯彻落实习近平总书记关于推动5G网络加快发展的重要讲话精神，工信部印发《关于推动5G加快发展的通知》，提出加快5G网络建设部署，支持基础电信企业以5G独立组网（SA）为目标，控制非独立组网（NSA）建设规模，加快推进主要城市的网络建设，并向有条件的重点县镇逐步延伸覆盖；丰富5G技术应用场景，促进5G终端消费，加快用户向5G迁移；推广5G+VR/AR、赛事直播、游戏娱乐、虚拟购物等应用，促进新型信息消费；持续加大5G技术研发力度，加强5G技术和标准研发，组织开展5G测试验证，提升5G技术创新支撑能力；着力构建5G安全保障体系，加强5G网络基础设施安全保障，强化5G网络数据安全保护和5G网络安全核心技术攻关和成果转化，强化安全服务供给；同时要求各单位加强组织领导、责任落实和总结交流，合力推进5G建设发展各项工作。[2]

2020年4月8日，中国移动、中国电信、中国联通携手11家合作伙伴共同发布《5G消息白皮书》，三大运营商计划在2020年内推出5G消

---

① 胡正荣：《从"十四五"规划纲要看媒体发展四大趋势》，《青年记者》2021年第5期。
② 信息通信发展司：《工业和信息化部关于推动5G加快发展的通知》，http://www.miit.gov.cn/n1146290/n1146402/n1146440/c7832353/content.html，2020年3月。

息。5G 消息是短信业务的升级，是基于 IP 技术实现业务体验的飞跃，它支持的媒体格式更多，表现形式更丰富，包括文本、图片和音视频等。5G 消息相较于传统短信业务是体验与服务的升级和革新，可以满足更高品质、更丰富多彩的信息通信需求，承载和衍生出更多样的 5G 应用服务。

2020 年 10 月 26 日，工信部在回复卢绍杰委员《关于加快 5G 产业建设推动新互联网经济高质量发展的提案》中指出，将继续会同相关部门大力推进 5G 创新发展，支持各地区积极开展 5G 应用探索，助力 5G 产业发展。①2021 年 5 月 14 日，工业和信息化部党组成员、副部长刘烈宏主持召开 5G 应用座谈会。刘烈宏强调，5G 作为新一轮科技革命和产业变革的代表性、引领性技术，正在与各行各业深度融合，为经济发展注入新动能、带来新机遇。刘烈宏认为当前 5G 应用仍处于发展成长期，要加大投入力度，持续推动 5G 应用规模化发展，并就下一步工作提出六点建议。一是高度重视 5G 应用发展，加大力度统筹推进。面向"十四五"时期的新发展要求，加强顶层设计，统筹规划布局，深化行业合作，形成融合发展的良好格局。二是稳步推进 5G 网络部署，打造 5G 精品网络。建设好 5G 网络是推动 5G 应用发展的基础，按照适度超前的原则，持续推进 5G 网络延伸覆盖，推进重点行业 5G 网络按需覆盖，提升网络效能。三是加强技术和产品研发，进一步夯实 5G 产业基础。加大投入力度解决 5G 应用难点堵点，加强技术标准创新，增强 5G 基站行业适配能力，提升产业基础支撑能力，推动新型终端成熟。四是加快 5G 应用探索，激发 5G 应用创新活力。深入探索 5G 应用商业模式和应用场景，构建产业合作生态，形成"团体赛"模式，推动各行业龙头企业率先突破，打造中央企业 5G 应用创新标杆。五是营造良好发展环境，促进 5G 应用健康发展。充分发挥市场在资源配置中的作用，在深耕 5G消费市场的基础上，进一步开拓 5G 行业应用蓝海。六是完善 5G 网络安全

---

① 工业和信息化部：《关于政协十三届全国委员会第三次会议第 0102 号（工交邮电类 012号）提案答复的函》，https://www.miit.gov.cn/zwgk/jytafwgk/art/2020/art_06801868 59d7461283bc659ff72545af.html，2020 年 10 月 26 日。

保障体系，夯实基础设施安全保障能力。紧跟5G网络建设和业务应用节奏，持续完善5G安全标准体系，加快推广5G安全解决方案。①

2021年7月13日，工业和信息化部、中央网络安全和信息化委员会办公室、国家发展和改革委员会、财政部等10个部门印发《5G应用"扬帆"行动计划（2021－2023年）》，提出我国5G应用发展总体目标。其中，到2023年，5G应用关键指标目标值大幅提升，5G个人用户普及率超过40%，用户数超过5.6亿；5G网络接入流量占比超50%，5G网络使用效率明显提高。在重点领域5G应用成效方面，该行动计划提出，在个人消费领域，打造一批"5G+"新型消费的新业务、新模式、新业态，用户获得感显著提升。在垂直行业领域，大型工业企业的5G应用渗透率超过35%，促进农业水利等传统行业数字化转型升级。在社会民生领域，打造一批5G+智慧教育、5G+智慧医疗、5G+文化旅游样板项目，5G+智慧城市建设水平进一步提升。同时该行动计划面向信息消费、实体经济、民生服务三大主题，重点推进15个行业的5G应用，通过三年时间初步形成5G创新应用体系。在信息消费方面，推进5G与智慧家居融合，发展基于5G技术的智能家电，不断丰富5G应用载体；在实体经济方面，重点推进5G在工业互联网、车联网、智慧物流、智慧港口、智慧采矿、智慧电力、智慧油气、智慧农业和智慧水利等领域的深度应用，加快重点行业数字化转型进程；在民生服务方面，重点加大在智慧教育、智慧医疗、智慧文旅和智慧城市的5G应用创新，探索新模式新业态；在5G应用生态环境方面，培育一批具有广泛影响力的5G应用解决方案供应商，完成基础共性和重点行业5G应用标准体系框架，研制30项以上重点行业标准。②

2022年2月14日，国务院印发《"十四五"国家应急体系规划》，也强

---

① 工业和信息化部：《加大力度统筹推进深化5G应用创新发展——刘烈宏主持召开5G应用座谈会》，https://www.miit.gov.cn/jgsj/txs/gzdt/art/2021/art_d11ca979acc7465c8964ce967642914e.html，2021年5月14日。

② 工业和信息化部：《十部门关于印发〈5G应用"扬帆"行动计划（2021－2023年）〉》的通知，http://zfxxgk.nea.gov.cn/2021-07/13/c_1310058762.htm，2021年7月13日。

调了5G等新技术在国家应急体系中的重要作用与融合应用路径。该规划要求充分利用物联网、工业互联网、遥感、视频识别、第五代移动通信（5G）等技术提高灾害事故监测感知能力，优化自然灾害监测站网布局，完善应急卫星观测星座，构建空、天、地、海一体化全域覆盖的灾害事故监测预警网络；建立突发事件预警信息发布标准体系，优化发布方式，拓展发布渠道和发布语种，提升发布覆盖率、精准度和时效性，强化针对特定区域、特定人群、特定时间的精准发布能力；建立重大活动风险提示告知制度和重大灾害性天气停工停课停业制度，明确风险等级和安全措施要求；推进跨部门、跨地域的灾害事故预警信息共享。[①]

四 5G终端原生业务是媒体融合运营模式创新机遇

从2014年"推动传统媒体和新兴媒体融合发展"到2020年"加快推进媒体深度融合发展"，在过去几年里媒体融合发展体现出了不同的阶段性特点。但不容置疑的是，先进技术在媒体融合命题中的内涵、意义与重要性却是一直不断加强、持续深化并且愈发明晰的。时至今日，我们已经非常明确地统一了认知——媒体融合的本质就是"一次以技术创新为引领的媒体变革"。新一代信息技术的重要性不仅体现在传媒领域，更关键的是随着5G、大数据、云计算、物联网、区块链、人工智能等信息技术革命成果的相互激发和协同作用，整个社会的运转也演进到一个全面信息化、数字化的发展新阶段。2019年中国的5G正式商用就是这个新阶段的起点，当然也与媒体融合发展进入"深融"阶段有着密切关联。

以5G为代表的新一代信息技术与媒体融合的逻辑关系在于"引领"和"驱动"。纵深发展首先要有正确的方向性才能带着媒体融合向前走，即所谓的"引领"。5G的技术前沿性和其场景、产品的前瞻性，就是引领媒体融合发展的重要原因。纵深发展还要有强大的发展动力和业务能力推着媒体

---

① 《国务院关于印发"十四五"国家应急体系规划的通知》，中国政府网，2021年12月30日，http://www.gov.cn/zhengce/content/2022-02/14/content_5673424.htm。

融合高效运转,即所谓的"驱动"。5G带来的海量数据、算力提升和算法精准,则是其驱动媒体融合发展的重要原因。

无论是引领还是驱动,已经走过长达八年理论实践探索的媒体融合,接下来进一步纵深发展的目标当然是四个"效"的全面实现和切实提升,即效率、效果、效能和效益。这其中,对于传统媒体而言难度最大的就是效益问题。如何充分利用5G等先进技术的先进性,发挥市场机制作用,增强主流媒体的市场竞争意识和能力,探索建立"新闻+政务服务商务"的运营模式,创新媒体投融资政策,增强自我造血机能。回看过去三年里媒体融合+5G的应用实践,体现出了主流媒体积极融入先进技术的不断探索和勇于创新的精神。但同时问题和瓶颈也很明显,就是绝大部分主流媒体看待5G的角度以及应用5G的模式,都还没有跳出传统互联网和移动互联网时代的"老逻辑"。

这个惯性极强的"老逻辑"有两个具体的表现。第一个具体表现是用5G的技术做4G时代的产品。也就是说,媒体目前惯常的做法是用5G直播大型活动、新闻节目,并通过自己的客户端App以及微信号、抖音号等新媒体矩阵进行传播。这种现象和做法的局限在于,都还仅仅是把5G当作网络传输通道,是从传媒的现有业务(例如节目栏目和新闻报道)出发,把5G用于传媒的现有产品(主要是"两微一端一抖"),这就是典型的"用5G的技术做4G时代的产品"。每一个通信代际都会发展出适应这个技术生态的"原生应用",就像3G时代才有的微博,4G时代才出现的微信、短视频。5G也一样,5G的土壤上也必然会生长出5G时代才有的原生业务和创新产品形态。5G原生业务,才是需要主流媒体重点关注和予以充分重视的媒体融合重点、难点。要探索建立媒体深度融合的"新闻+政务服务商务"运营模式创新,首先必须站在5G的土地上去看待新的传播现象和发展新型传播业务。

第二个具体表现是商业和市场的问题,也就是传媒的"老逻辑"还停留在将自己的内容加载到别人的技术平台上。以5G+4K/8K、5G+VR、5G+全息等为代表的当前5G融媒体主要应用模式,都基本还没达到传媒"业务"和"产品"的水平，更难转化到"服务"的层面，当然也就无法实现市场机制、市场竞争并产生造血能力。同时，当前这些主要的5G融媒体应用模式本身还存在着由来已久的痛点和难点，例如"纯投入，没收入"、"成本高，难普及"以及"只能单点应用，无法持续运营"等若干问题。总之，增强主流媒体的市场竞争能力和自我造血能力，传媒自身首先要有可经营、可管可控的5G业务产品，才能开拓和耕耘5G融媒体的C端用户市场。

5G商用至今已有四年，虽然网络建设成效显著，但在市场发展方面推进难度着实也很大。不仅因为5G面向的行业众多、场景差异太大，更重要的原因则是一直没有出现面向C端市场的"杀手级"应用，用户感知不够。所谓5G的"杀手级"应用，应该具备足够突出的"三普"特征，即普及、普遍、普通的C端应用；而绝不应该是少数情况、少数场景、少数人才能享受和使用的。那些在用户侧足够简单、易用、轻量化，在行业侧可大规模复制、可灵活拓展的5G业务才是商业和市场的正确方向。

2020年4月8日，中国电信、中国移动、中国联通三大运营商联合发布《5G消息白皮书》，让5G消息这个名词获得了广泛的社会关注。5G消息是基于全球统一标准的RCS富媒体消息业务，它以智能手机的原生短信为入口，以C端用户的手机号码为ID。如果从媒体融合传播的角度来看，5G消息就是一个典型的全媒体业务形态。它能够承载包括文字、图片、音频、视频，以及位置、卡片等多媒体内容形态；还可以支持搜索、菜单选项、在线支付，以及拥有人机对话、网页跳转等交互能力；它更是能够集成5G、AI、大数据、物联网等多种新一代信息技术于一身的前沿技术产品。同年11月8日，随着中国联通在全国启动5G消息试商用，这个5G时代的原生业务愈发成为业界焦点。

然而，5G消息对于媒体融合而言的重要性和价值不仅在于技术，更在于商业和市场。5G消息很有可能就是一直以来尚未出现的5G面向C端用户的"感知界面"。"深融"阶段，媒体融合发展就要去研究、探索、应用甚至是推动这样的5G前瞻性业务和前沿型应用。它的原生属性，有可能带给我们向前发展的方向；它的技术能力，就是代表着先进生产力的媒体融合技术工具。在5G开启的新时代面前，所有的媒体都一样。我们面临的最大挑战在于是否能够转变传统的思维逻辑，而面对的最大机遇就在于是否能够发现原生创新。

第二节 通信运营商5G消息发展概况

一 中国电信

2022年5月，中国电信5G套餐用户数净增704万户，5G套餐用户数累计2.24亿。[①] 中国电信5G消息业务平台建设基本完成，并推进多款终端5G消息业务功能测试，提出5G消息码号应独立管理、终端入网应提供5G消息功能支持、统一5G消息以提高用户体验感、推动5G消息业务绿色健康发展等建议。

中国电信也积极开展CSP（Chatbot Service Provider，5G消息服务提供商）招募和Chatbot创新开发大赛等。2022年1月25日，中国电信5G消息正式商用。针对未来5G消息发展趋势，中国电信提出，一是注重信息安全，通过平台和网络的统一标准保证个人和企业的交互渠道安全。二是内容识别注重内容分类和管理。按需进行省与集团、客户多级审核，从源头管控内容，及时根据管控要求和风控情况，调整优化内容审核标准，制定全网统一标准，通过智能审核处理机制提高审核效率。三是制定标准商业模式和价格体系，避免混乱产品体系造成业务不兼容，服务体验不一致，应统一价格标准。[②]

（一）用户与终端

中国电信积极推进5G消息终端测试及终端功能覆盖，完成包括三星、

---

① 《运营商5月行业动态曝光：中国移动5G用户仍然保持绝对领先 不过用户总数增长没有电信稳定》，新浪科技，2022年7月1日，http：//finance.sina.com.cn/tech/2022-07-01/doc-imizirav1531226.shtml。

② 新5G消息：《中国电信赵文军：5G消息业务平台建设基本完成》，https：//mp.weixin.qq.com/s/suFbfNT8r8e9uTQbaZkyrw，2021年5月26日。

魅族、OPPO、华为、中兴、海信、小米等多个终端品牌的终端测试。2021年 2 月，支持中国电信的 5G 消息终端天翼 1 号上市。中国电信提出，将大力拓展产业生态，探索终端创新合作，全面提升 5G 消息终端覆盖。未来，自有品牌（如天翼一号、麦芒 10 等）机型将加速支持 5G 消息，促进 5G 消息行业规模提升，为后续 5G 消息规模发展奠定良好的终端合作基础。[①]

（二）业务与应用

中国电信一直致力于 RCS 项目的开发与测试，以浙江省、广东省等为主要试点。浙江电信于 2016 年 3 月启动 RCS 试点项目，并在同年 6 月完成一阶段试点功能验收，随后在 2017 年 12 月完成第二阶段客户端开发。[②]2022 年 1 月 25 日，中国电信 5G 消息正式商用。在计费方面，对于个人用户，实行接收免费，发送与现行的短信收费规则相同；对于企业用户，则将根据发送和使用 5G 消息的类型进行收费。中国电信副总经理唐珂表示，5G消息作为传统短信的升级，可以成为运营商在 To B 和 To C 上重要的基础服务。[③]

中国电信认为，下一个十年 5G 消息 To B 业务将成为新的数字经济增长点。在技术层面，包括大数据、云计算、物联网、区块链、人工智能、5G通信等新兴技术；在应用层面，包括"新零售""新制造"等海量市场，拥有无限潜力。5G 消息满足 B2C 闭环业务需要，用户认证、交互、安全性高。在未来，5G 消息可能成为最大的 AI 智能应用、最便捷的智能搜索服务以及最丰富的数字和信息消费平台。从运营商的千亿用户到未来 5G 生态链的万亿用户，5G 消息拥有广阔的前景，将有力推动 5G 时代社交方式的变革。

---

① 《中国电信 5G 消息正式商用意味着什么》，通信世界，2022 年 1 月 28 日，https：// mp. weixin. qq. com/s/wEEL-LW8x9HFxRpdlOch8A。

② 未来智库：《5G 应用专题报告：短信服务的跃变，5G 消息实现消息即服务》，https：// www. vzkoo. com/news/3279. html，2020 年 4 月 10 日。

③ 《重磅！中国电信宣布 5G 消息正式商用!》，腾讯网，2022 年 1 月 25 日，https：// m. thepaper. cn/newsDetail_ forward_ 16446188。

（三）技术与标准

中国电信在 2019 年完成了验证平台和 5G 业务的初步部署，自 2020 年 4 月 8 日与中国移动、中国联通共同发布《5G 消息白皮书》后，就加快了实施进度，完成了 MaaP（Messaging as a Platform，消息即平台）平台的自主研发和 CSP 合作伙伴招募工作。2021 年 12 月，中国电信号码百事通与中兴通讯在上海签订战略合作协议，成立 5G 消息应用孵化基地，并依托号码百事通的传统业务发布基于 5G 消息的应用市场 Beta 测试版，双方约定在 5G 消息内容建设、产品服务提升等方面加强合作交流。2022 年 1 月，中国电信率先进入了 5G 消息商用阶段。

（四）产品和能力

中国电信在多方面推动 5G 消息建设，并取得一定的成果。2021 年 3 月至 2021 年 5 月，中国电信和中国联通联合组织首届 5G 消息 Chatbot 创新开发大赛，累计完成 73 家 155 个参赛作品的评定工作，涵盖政务、交通、金融等九大行业，形成了一定的生态影响力。2020 年 9 月，中国电信四川公司联合泸州银行发布 5G 消息金融服务，实现银行查询服务、通知服务、业务预约、客户服务和业务办理等功能。该服务利用 5G 消息保持用户原始通信习惯，在延续实名制、安全性、互联通信质量的基础上，以终端原生的方式，结合使用聊天机器人、插件和 AI 实现无缝融合传统银行业务，全面集成银行公众号的各种能力与服务。① 2021 年 5 月 25 日，我国首个智能咨询热线+5G 消息平台正式上线，这是广州电信与广州市天河区政务服务数据管理局在全国 5G+政务应用领域，共同打造的一个创新突破和落地实践平台。②

2022 年，中国电信联合新华网、招商银行等 620 家合作伙伴，向广大客户推出了政务、医疗、媒体、文旅、金融、教育、消费等领域的服务，加

---

① 《泸州银行联合四川公司发布 5G 消息金融服务》，新华网，2020 年 9 月 24 日，http://www.chinatelecom.com.cn/expo/bljczt/2020PT/2020mtjj/202010/t20201010_57065.html。

② 《历时 3 年：中国电信 5G 消息推出大事要览》，通信首条，2022 年 1 月 26 日，https://mp.weixin.qq.com/s/7vxVuD3TXKX7B3V9f0-YFA。

快引入垂直行业解决方案服务商，打造5G消息服务模式标杆，加快标杆推广和复制。[①]

二 中国移动

2022年5月，中国移动5G套餐客户数净增1821.3万户，累计达到4.95亿户[②]，5G套餐总用户数居于各运营商之首。在庞大的用户基数下，中国移动开启一系列5G消息产品研发与应用。2021年两会期间中国移动与新华社合作推出全国两会5G消息模拟体验产品。用户进入5G消息页面后，即可在线实时查看两会热点、两会现场新闻、两会智能问答等板块，还可以在线收看两会直播，轻松获取两会最新资讯。多种产品实现5G消息"触达即服务"的一站式闭环体验，充分展示了5G消息作为短信的演进形态未来广阔的行业应用空间。

2021年欧洲杯和奥运会期间，中国移动手机报相继推出5G融媒手机报《新闻早晚报—5G欧洲杯》特刊、《5G消息欧洲杯》特刊和《新闻早晚报—奥运特刊》，结合视频、音频、图文资讯，以视频彩信和5G消息形态面向用户传播欧洲杯和奥运会精彩赛事，使各类型、各终端的用户都能够接收到最全面的资讯内容。同时中国移动也加强与各界合作，构建生态伙伴圈。在加速推进5G消息商用的进程中，中国移动主要实行了三大举措，扩大终端覆盖规模、促进业务能力丰富和推进终端体验一致性，包括统一菜单层级、统一媒体比例、统一入口等。在终端方面，中国移动推动5G消息测试云平台应用，降低终端厂商研发门槛，提升5G消息终端上市速度，研发统一的SDK（Software Development Kit，软件开发工具包），有力促进终端规模发展。[③]

---

① 通信世界：《中国电信5G消息已联合620家合作伙伴提供服务》，https://mp. weixin. qq. com/s/japVMO2sDfpbNchv_ _ CRCQ，2022年3月18日。

② 《运营商5月行业动态曝光：中国移动5G用户仍然保持绝对领先 不过用户总数增长没有电信稳定》，新浪科技，2022年7月1日，http://finance. sina. com. cn/tech/2022－07－01/doc-imizirav1531226. shtml。

③ 新5G消息：《中国移动喻炜：加速推进5G消息商用进程》，https://mp. weixin. qq. com/s/64d5bshUqCkmhiyxLIuXYQ，2021年5月26日。

（一）用户与终端

2022 年 5 月，中国移动用户数净增 20.2 万户，用户总数达到 9.67 亿户[①]。其中 5G 套餐客户数净增 1821.3 万户，累计达到 4.95129 亿户[②]。作为国内用户数量最多的运营商，中国移动在 5G 时代也走在了前列。

中国移动自 2014 年起就开始着手 RCS 领域的产品创新与服务，目前中国移动已与华为、小米、魅族、三星等头部终端厂家达成深度合作。自 2017 年商用以来，RCS 服务已覆盖终端数超 1.2 亿，使用用户数超 4000 万。[③] 截至 2022 年 6 月 24 日，中国移动支持 UP2.4 的终端机型共 135 款。[④] 在终端产业技术推进方面，中国移动主要推进 5G 消息 SDK 适配集成，是国内运营商唯一实现 5G 消息技术能力的公司。5G 消息 SDK 是终端实现 5G 消息业务的核心套件，研发统一的 5G 消息 SDK，将为提升平台与终端以及终端间的兼容性、降低终端厂商集成 5G 消息能力的成本、促进终端产业发展奠定坚实基础。[⑤] 对于 5G 消息 SDK 技术研究及产品孵化，中国移动已实现 DM 设备管理、注册认证、一对一消息、MaaP 消息等 5G 消息核心功能。终端厂商认可运营商自研 5G 消息 SDK，联合研发赋能产业链、助力业务推广的模式已得到初步验证。[⑥]

（二）业务与应用

中国移动认为 5G 消息行业的典型业务场景在于四个方面。一是助力构

---

① 《中国移动公布 5 月数据：5G 套餐用户累计 4.95129 亿户》，通信世界网，2022 年 6 月 20 日，http：//www.cww.net.cn/article? from = timeline&id = 564218&isappinstalled = 0。

② 《通讯 Plus·Plus 数读｜2022 年 5G 注册用户数将破 10 亿 中国 5G 网络规模全球领先》，封面新闻，2022 年 6 月 23 日，https：//baijiahao.baidu.com/s? id = 1736351282493032083&wfr = spider&for = pc。

③ 未来智库：《5G 应用专题报告：短信服务的跃变，5G 消息实现消息即服务》，https：//www.vzkoo.com/news/3279.html，2020 年 4 月 11 日。

④ 新 5G 消息：《中国移动 5G 行业消息终端增至 135 款》，https：//mp.weixin.qq.com/s/7FOgDA5kmm51ppcGlukvTw，2022 年 6 月 27 日。

⑤ 新 5G 消息：《中国移动喻炜：加速推进 5G 消息商用进程》，https：//mp.weixin.qq.com/s/64d5bshUqCkmhiyxLIuXYQ，2021 年 5 月 26 日。

⑥ 《中国移动研究院魏晨光：构建 5G 消息新生态的实践与思考》，搜狐网，2021 年 6 月 21 日，https：//www.sohu.com/a/473249627_ 121110539。

建服务型政府、打造更亲民的服务窗口。政府借助 5G 消息，可以提升政府形象，打造城市名片，实现高效便民服务。二是打造更有效的企业营销渠道，做到产品及服务的精准营销。企业客户可借助 5G 消息，构建富媒体下发通道，提升营销体验，增强信息安全。三是提供直观的信息服务，提高企业生产经营效率。企业客户可借助 5G 消息，实现企业资讯信息、运营报告、产品资料的下发，提升运营和办公效率。四是助力存量增值业务服务全面升级换代。5G 消息业务将使传统存量业务升级，彩印、语音信箱、挂机通知服务全面升级。①

中国移动面向千行百业客户，在 5G 消息发展上广泛吸纳生态伙伴，梳理典型场景，打造标杆应用，通过开放与合作，不断拓展能力边界。2021 年中国移动 5G 消息技术驱动创新，赋能千行百业，在政务、金融、传媒、气象、校园等多个领域落地创新应用，服务国计民生。5G 消息应用规模持续快速增长，截至 2022 年 4 月，5G 消息已覆盖十大行业超 1900 家企业，应用接入数超 4900 个。② 在生态合作方面，2021 年初，中国移动首批 15 个试点省已开放试商用对接，支持测试开户/业务流测试等全流程对接，并组织各试点省、合作伙伴集中研讨，共同规划后续产品及合作模式；在典型场景应用梳理方面，中国移动充分发挥合作伙伴力量，针对 8 大应用场景（金融、民生、传媒、交通、物流、电商、教育、医疗），分别打造各行业的标杆应用；在技术开发与合作方面，中国移动将运营商特色能力与第三方能力高效结合，探索与 5G 消息相关的搜索、支付、位置、AI 等各种能力的开放与合作，吸引优质外部合作伙伴，全面提升业务体验。③

① 华为：《5G 消息在行业应用上的探讨》，https：//docs. qq. com/pdf/DVWtYZWNiekhWa1R0，2021 年 10 月。

② 《中国移动 5G 消息已覆盖十大行业超 1900 家企业 应用接入数超 4900 个》，C114 通信网，2022 年 6 月 25 日，https：//mp. weixin. qq. com/s/pS15q30pzhCBLldiiyVrfg。

③ 中国移动研究院：《5G 消息开放生态的探索与思考》，https：//max. book118. com/html/2021/0315/7201063020003100. shtm，2021 年 2 月。

（三）技术和标准

2021年底，上海移动联合中移互联网有限公司、中国移动研究院、中兴通讯等在5G消息创新中心完成了5G消息的专网试点，这也标志着5G消息行业已经具备了专网能力。①

中国移动曾发布《下一代融合通信技术白皮书》，提出通过融合通信（RCS）产品把手机中原有的"通话""消息""联系人"升级为新通话、新消息、新联系，解决P2P之间的富媒体通信需求，并推出和飞信App融合方案。中国移动持续推进5G消息国际标准演进，推动建立全球统一兼容的RCS基础方案，推动Standalone消息机制纳入标准，是UP1.0测试规范的主要贡献者。同时中国移动首次引入MaaP功能，推动MaaP over Standalone需求纳入标准范围，推动修订MaaP实现方案。②中国移动积极引领国际标准，力求将符合中国市场需求和网络环境特点的业务功能和技术方案推入国际标准之中，成为全球统一标准的重要组成部分。③

（四）产品和能力

中国移动在多方面构建产品融合能力，丰富产品功能。在身份认证能力方面，依托运营商码号认证能力，访问以手机号方式注册的各项Chatbot内部和外部H5服务；在融合支付能力方面，融合运营商和互联网等多种支付能力；在社群裂变能力方面，引入新型可转发消息，助力商家实现社群营销；在AI能力方面，将自有研发与产业能力相融合，为行业客户提供智能对话、图像识别、智能语音等功能；在大数据能力方面，基于大数据用户画像和位置能力，在保护用户隐私前提下提供精准服务。

---

① 《关于5G消息，中国移动取得新进展，微信该做准备了》，搜狐网，2021年12月31日，https：//www.sohu.com/a/513627392_100123330。

② 中国移动研究院：《5G消息开放生态的探索与思考》，https：//max.book118.com/html/2021/0315/7201063020003100.shtm，2021年2月。

③ 新5G消息：《中国移动喻炜：加速推进5G消息商用进程》，https：//mp.weixin.qq.com/s/64d5bshUqCkmhiyxLIuXYQ，2021年5月26日。

在产品应用上，2021年全国两会，中国移动联手新华网推出"新华网两会5G消息模拟体验"产品，首次将5G消息应用于全国两会媒体报道。中国移动还推出了"智慧玄武"5G消息政务服务号，用于党政宣传和舆论引导，公共与应急服务，以及通知、社会调查、双向互动等，可实时获取群众反馈，实现全覆盖、高可信、高感知。

三　中国联通

2022年5月，中国联通5G套餐用户净增500万户，累计达到1.8亿户。[①] 5G消息提供数字化信息消费服务，推动行业数字化转型，在社会治理、信息消费产业升级等各方面，5G消息都将发挥巨大作用，5G消息基础设施是新基建的重要组成部分。中国联通在丰富5G消息体验服务、以C端赋能B端的业务特色上重点发力，聚焦商业信息与弱关系通信互动的市场需求，通过Chatbot交互消息补齐短信在互动方面的体验短板，在行业短信流量价值趋于饱和的情况下，为行业客户带来价值升级。[②] 同时中国联通补全能力供给，加快5G消息商用步伐。在5G消息平台建设上，中国联通全国商用规划两大区建设基本完成，覆盖全国。

2021年11月，中国联通在全国启动5G消息试商用，接入了近百家CSP，与百余家行业客户开展了合作，搭建了300余项示范应用，初期将覆盖智慧金融、智慧商超、智慧物流、智慧政务、智慧出行等领域的应用场景；与华为、小米、OPPO、vivo、中兴、三星等主流终端厂家开展了深度合作。[③] 在5G消息商用终端上，多款旗舰商用终端已经在开发和投入使用中。此外，中国联通还开展GP（General Partner，普通合作方）联合招募，

---

① 《运营商5月行业动态曝光：中国移动5G用户仍然保持绝对领先不过用户总数增长没有电信稳定》，新浪科技，2022年7月1日，http：//finance.sina.com.cn/tech/2022－07－01/doc-imizirav1531226.shtml。

② 中国联通：《5G消息行业应用与前景展望》，https：//mp.weixin.qq.com/s/cCL＿9SLs＿zZNp772YnD6sA，2020年4月。

③ 《中国联通5G消息生态联盟正式成立》，北青网，2021年12月，https：//t.ynet.cn/baijia/31854189.html。

推动供给侧能力提升；开展名单制客户对接测试，丰富应用场景；开展Chatbot大赛等活动，提高社会认知度。

（一）用户与终端

2022年5月，中国联通5G套餐用户数累计达到1.8亿户，对比上月的1.75亿户，当月净增500万户。[①] 2021年3月，为进一步引导5G终端产业发展，推动5G端网协同演进，中国联通制定发布《中国联通5G终端白皮书第四版（2021年度）》，主要规定了中国联通5G终端在多模多频、功能性能、业务、射频及协议一致性、人机界面、机卡兼容及设备管理等方面的要求，同时指出5G终端应满足在业务认证方式、传输方式等方面的十大要求，以给出5G终端产品需求及关键技术指标，为广大用户提供更好的5G终端体验。[②]

截至2022年初，中国联通已接入优质的CSP客户上百家，行业客户百余家，持续进行5G消息服务升级。在5G消息的终端方面，全球终端厂商将提供广泛支持，消息服务将赢得应用新生态。在行业发展的同时，监管部门、标准组织、5G消息工作组也指导和引领终端行业有序发展。未来中国联通将和中国移动、中国电信共同推动技术演进、模式创新，在终端方面提供全网接入全时接入通道，面向海量的富通信物联网终端，逐步覆盖。[③]

（二）业务与应用

中国联通联合各界在多方面开展业务合作。在行业合作方面，为了让CSP合作方更早熟悉5G消息业务，中国联通与中国电信在2020年12月联合发起试点CSP招募，中国联通在北京、上海、广东、山东、河南、江苏、四川、浙江、辽宁、重庆等省市共招募20家CSP试点进行测试。在行业客户接入方面，中国联通及时响应行业需求，配合客户开展5G消息业务测试

---

① 《运营商5月行业动态曝光：中国移动5G用户仍然保持绝对领先 不过用户总数增长没有电信稳定》，新浪科技，2022年7月1日，http：//finance.sina.com.cn/tech/2022-07-01/doc-imizirav1531226.shtml。

② 《联通：为提供5G消息，5G终端应满足十大要求》，C114通信网，2021年3月9日，https：//www.c114.com.cn/news/119/a1155359.html。

③ 《三大运营商在5G消息终端上的最新进展》，网易新闻，2020年6月23日，https：//www.163.com/dy/article/GD5HLJ330528MV05.html。

和功能体验，已与中国银行、工商银行、建设银行、平安科技、太平洋财险、中国气象局气象服务中心、新华社、新华网等客户陆续开展 5G 消息应用开发和测试工作。在自有业务应用方面，中国联通率先将视频彩铃、沃助理、沃钱包等自有业务开发出 5G 消息应用，做好业务样板，带动各方参与 5G 消息生态建设。①

作为 2022 年通信领域冬奥、冬残奥运动会独家合作伙伴，中国联通聚焦冬奥 IP 热点，设计开发了"联通冬奥 5G 消息"Chatbot 应用。其中涵盖了"冬奥服务、通信服务、畅玩冬奥"三个板块、56 个服务场景、200 多张卡片，打造一站式冬奥服务平台，搭建联通服务新入口，实现智慧观赛、互动参与，提供赛程安排、精彩瞬间、奖牌榜单、业务订购、特许商品购买、城市服务等内容。该 5G 消息为用户提供了极大的便利，得到了市场对 5G 消息的广泛认知和高度评价。②

（三）技术和标准

中国联通自 2009 年起就参与 RCS 的标准制定和技术研究，2015 年内部立项开展 RCS 新技术实验，并在多个城市完成试点任务。2016 年中国联通制定了国内市场 RCS 业务规范，参与并完成 GSMA Universal Profile 1.0 标准制定，2017 年完成中国三家运营商 RCS 消息业务互通测试，2019 年开展 MaaP 的研究、开发和建设工作。中国联通国际标准专家作为 GSMA RCS 主席，一直以来都在持续参与 5G 消息的终端标准制定工作。

自 2020 年 4 月 8 日《5G 消息白皮书》发布以来，中国联通积极引导、参与、推动 5G 消息的行业协同和生态合作。中国联通对 RCS 的定位为：对个人市场，提升基础通信能力，实现运营商间互联互通；对企业市场，实现网络能力开放架构，聚焦产业合作。③ 此外，中国联通还联合中国移动和中

---

① 中国联通：《5G 消息行业应用与前景展望》，https：//mp. weixin. qq. com/s/cCL_ 9SLs_ zZNp772YnD6sA，2020 年 4 月。

② 《中国联通 5G 消息的冬奥之旅，开启 5G 消息新篇章》，5G 云网通信，2022 年 2 月 4 日，https：//mp. weixin. qq. com/s/BFTqQ1HdEzk7O-UyVroN6w。

③ 未来智库：《5G 应用专题报告：短信服务的跃变，5G 消息实现消息即服务》，https：//www. vzkoo. com/news/3279. html，2020 年 4 月 11 日。

国电信，携手推动5G消息系统、终端、行业、计费、互通、运营等中国通信行业标准，通过对5G消息终端行业标准的制定，推动基础通信服务升级。

（四）产品和能力

中国联通与行业各界展开合作，围绕用户需求拓展5G消息应用场景。在应用孵化方面，中国联通与中国电信联合举办了5G消息Chatbot创新开发大赛，得到合作伙伴的大力支持，共有近100家合作伙伴提交了近200个作品，涉及政务、交通、金融、物联网、能源、教育、农商、医疗、互联网九大赛道。

在产品应用方面，中国联通在金融领域推出基于5G消息的金融应用试点平台，实现了金融机构、运营商和客户三方的无缝连接。该5G消息覆盖账户查询、贷款查询、信用卡办理、优惠活动、联系客服等功能，通过5G消息，银行便可与用户构建流畅的对话场景，提高在线办理成交效率。在生活消费领域，中国联通在10010服务号上为用户提供便捷的一键购买，克服短信跳转和App多次点击，用户只需点击1~3次即可完成订购，转化率更高。同时自动化客服能够智能响应客户场景（欠费通知、自助交费、优惠活动），由此带来的会话式的交互能够大幅降低沟通成本。北京114是中国联通又一5G消息产品，通过北京114具体场景+AI的方式，构建C2M模式，消费者可以直达商户，看病直接联系到医生，挪动车辆直接联系到车主，开锁直接联系到锁匠等，快速定位用户即时刚需，实现消息可信，精准交付。[①]

在5G消息能力供给方面，中国联通加快5G消息平台的建设，2020年11月18日打通中国联通第一个5G SA商用网的First Call，正式拉开中国联通全面建设5G SA商用网的序幕。2022年北京冬奥会上5G消息应用的成功对于中国联通来说是一个极好的开始，为打造5G消息特色应用奠定了坚实

---

① 《中国联通集团张云勇：协同共建数字化转型下的5G消息应用新生态》，众视运营商5G消息，2020年6月25日，https://baijiahao.baidu.com/s? id = 1703501363874377963&wfr = spider&for = pc。

基础。后续发展中，中国联通将与应用共进、与行业共赢，一起推进5G消息发展，助力企业数字化转型。①

第三节　5G消息产业格局与市场发展

一　我国5G消息主要发展历程

2021年2月，在上海举办的世界移动通信大会上，中兴通讯5G消息手机应用、浙江省气象服务类5G消息——"5G天气罗盘"等产品亮相。会议期间，三大运营商联合产业链合作伙伴共同公布了5G消息将全面商用的计划。党政、金融、教育、工业能源、交通旅游、生活服务等多个行业领域都将开展5G消息的应用探索。②

2021年3月30日，在工业和信息化部指导下，中国信息通信研究院、中国通信企业协会联合5G消息产业链相关企业共同发起成立5G消息工作组，旨在更好更快地推动5G消息规范发展，解决困扰5G消息相关企业的各类问题。基础运营商、终端厂商、垂直行业、互联网行业、系统开发商、CSP等5G消息产业链相关代表企业将共同搭建交流平台，提升5G消息审核、语义识别、消息呈现等业务能力，打造5G消息权威高效的服务品牌。③
2021年8月5日，5G消息工作组联合中国通信企业协会、中国信息通信研究院、中国电信、中国移动、中国联通、中兴通讯、华为7家单位成立5G消息联合实验室，为5G消息产品进一步划定行业标准。④

---

① 《中国联通5G消息的冬奥之旅，开启5G消息新篇章》，5G云网通信，2022年2月24日，https：//mp.weixin.qq.com/s/BFTqQ1HdEzk7O-UyVroN6w。

② 《世界移动通信大会传来讯息——5G消息将全面商用》，《浙江日报》，2021年2月26日，http：//zjrb.zjol.com.cn/html/2021-02/26/content_3414314.htm？div=-1。

③ 《5G消息产业发展加速，多家公司入选中国信通院5G消息工作组理事单位》，环球网，2022年3月17日，http：//science.china.com.cn/2022-03/17/content_41907105.htm。

④ 《5G消息工作组联合三大运营商、华为、中兴等7家单位成立5G消息联合实验室》，C114通信网，2021年8月5日，https：//www.c114.com.cn/wireless/5459/a1170085.html。

5G 消息引起业界各方的高度关注，更多行业和角色的加入，共同推动 5G 消息的技术演进和业态创新。2021 年 4 月，中兴通讯与上海联通、银联数据共同签署《5G 消息战略合作协议》，三方合力助推 5G 消息在金融领域的应用进程；2021 年 8 月，北京聚通达科技股份有限公司陆续与多个城市的三大运营商达成 5G 战略合作，共同探索新的 5G 消息场景应用；同月，梦网科技与人民信产签订战略合作协议，推动 5G 消息在政企行业的应用发展；2021 年 9 月，经过持续的探索和研究，中国信息通信研究院、中国通信企业协会联合主办的第四届"绽放杯"5G 应用征集大赛 5G 消息专题赛中，涌现了一批贴近民生、赋能行业的 5G 消息产品，涵盖了政务、教育、医疗、出行、快递、媒体、文旅、金融、消费等多个领域；2021 年 11 月，中国移动全球合作伙伴大会上多个 5G 消息创新应用成果和行业应用解决方案亮相会场，进一步扩大了人们对于 5G 消息应用场景的想象空间。

2021 年 11 月，中国联通在全国启动了 5G 消息试商用；2022 年 1 月，中国电信 5G 消息正式商用，中国移动和中国联通也已经具备了商用条件。可以预见，5G 消息业务的逐渐应用普及将为广大手机用户带来全新的业务体验，为全球运营商、行业客户和相关产业界带来宝贵的发展机遇。

随着我国通信运营商对于 5G 消息业务的商用推进，5G 消息产业格局不断扩大，产业生态越发活跃。2021 年 12 月，中国联通召开 2021 合作伙伴大会，宣布 5G 消息生态联盟正式成立。同时发布 5G 消息"智信起航"战略合作五大计划，包括 5G 消息终端发展计划、5G 消息应用促进计划、5G 消息用户体验计划、5G 消息绿色治理计划、5G 消息生态赋能计划，并上线 5G 消息冬奥应用。这是继三大运营商 5G 消息计划启动以来，最大一波关于 5G 消息的消息。①

2022 年 4 月，贵州新媒体产业研究院、中国传媒大学新媒体研究院联合编写的《5G 新媒体发展前沿动态研究报告》（2022 年第 1 期）正式发布。

---

① 《走在前列的联通 5G 消息：有什么？怎么玩？》，通信产业网，2021 年 12 月，https：//mp. weixin. qq. com/s/cdlc5i8vVKbNkL1BQjVBtA。

贵州多彩新媒是全国首个在 5G 消息领域进行创新探索的 IPTV 单位，其将建设贵州首个 5G 消息生态级平台，成为中国 5G 消息的先行者和共建者，实现从泛娱乐播出平台向智慧融媒服务平台的转变，为政府和企业需求寻找 5G 消息的解决方案。①

2022 年 4 月 28 日，第五届"绽放杯"5G 应用征集大赛在北京正式启动。大赛由工业和信息化部主办，中国信息通信研究院联合 5G 应用产业方阵、IMT-2020（5G）推进组、中国通信标准化协会、金砖国家未来网络研究院中国分院共同承办。专题赛围绕行业转型升级、个人应用加速、社会数字服务、产业生态培育四大主题，共设立 20 余个专题赛道。区域赛突出各地区 5G 应用特色及其产业价值，设立浙江、广东、山东、上海、重庆、江苏、河南、江西、福建、辽宁、云南、湖北等区域赛。②

在技术标准层面，继 2020 年 4 月《5G 消息白皮书》明确了 5G 消息相关业务功能及技术需求之后，三大运营商携手推动 5G 消息系统、终端、行业、计费、互通、运营等中国通信行业标准，通过对 5G 消息终端行业标准的制定，推动基础通信服务升级。2020 年 12 月，中兴通讯发布《5G 消息技术白皮书》，阐述中兴通讯 5G 消息解决方案，基于 5G 网络最新技术演进、标准发展和终端发展，将 5G 消息划分为 5G 短信、5G 富媒体消息、5G 物联网消息三大类消息业务。③

2020 年 11 月，中国信息通信研究院 RCS 消息标准研究专家解谦在2020（第六届）江西省互联网大会上做的"5G 消息业务标准化工作介绍"演讲时提出，5G 消息标准体系包含总体要求、业务要求、终端要求、互联

---

① 新 5G 消息：《首个在 5G 消息领域探索的省级 IPTV 单位——贵州多彩新媒》，https：//mp. weixin. qq. com/s/kE6lBylhfqYa49kFajIhVg，2022 年 5 月 12 日。
② 《第五届"绽放杯"5G 应用征集大赛正式启动》，人民政协网，2022 年 4 月 28 日，http：//www. rmzxb. com. cn/c/2022-04-28/3104959. shtml。
③ 《中兴通讯发布〈5G 消息技术白皮书〉》，中兴通讯官网，2020 年 12 月，https：//www. zte. com. cn/china/about/news/20201202C1. html。

互通和网络支持保障等方面的行业标准。① 目前，5G 消息相关规则的制定和落地实施工作正在稳步推进。

2021 年 2 月，新华网联合 GSMA、中国移动、中国电信、中国联通、工信部中国信息通信研究院等权威机构，发布《传媒行业应用 5G 消息业务总体技术要求》，这是传媒行业首个 5G 消息应用标准，为 5G 消息在传媒行业的应用落地及其对媒体深度融合进程的助推提供了重要的指导和引领。②

2021 年 7 月，工信部正式公示《5G 消息终端测试方法》《5G 消息终端技术要求》两项标准，对数字移动通信终端支持 5G 消息业务的测试方法和技术要求进行标准化规定。2021 年 8 月，工信部正式公示《5G 消息总体技术要求》，对包括业务概述、系统架构、功能要求、互通要求、支撑管理要求、服务质量、终端要求和安全要求等内容进行规定。③ 2021 年 11 月，《5G 消息安全技术要求》报批稿正式公示。文件规定了支持 5G 消息业务的终端以及系统各网元的安全技术要求，包括 5GMC、MaaP 平台等在内容安全、业务安全、数据安全、终端安全、网络系统安全等方面的总体安全技术要求。④ 此后，12 月 7 日，中国联通发布《中国联通 5G 终端白皮书第五版》指出，5G 终端应支持 GSMA RCS UP2.4 相关标准，遵循三家运营商联合发布的《5G 消息终端技术要求》及《5G 消息终端测试方法》相关要求，同时终端应具备根据标准演进升级的能力。⑤

2022 年 4 月 14 日，《5G 消息业务显示规范》《Chatbot 名称规范》《双卡 5G 消息终端技术规范》三项团体标准编制工作组研讨会召开，基本形成

---

① 新 5G 消息：《信通院解读：5G 消息业务标准化工作预计 2022 年完成》，https：//mp. weixin. qq. com/s/kDD8AIRSoSmBSwwVN6szaw，2020 年 11 月 8 日。

② 《传媒行业首个 5G 消息标准来了》，光明网，2021 年 2 月 25 日，https：//m. gmw. cn/baijia/2021-02/25/1302133142. html。

③ 《工信部正式公示：〈5G 消息总体技术要求〉》，网易新闻，2021 年 8 月 31 日，https：//www. 163. com/dy/article/GIO0O0K50531M8UK. html。

④ 《重要标准〈5G 消息安全技术要求〉正式报批公示》，网易新闻，2021 年 11 月 7 日，https：//www. 163. com/dy/article/GO637AQV05373JKW. html。

⑤ 《走在前列的联通 5G 消息：有什么？怎么玩？》，通信产业网，2021 年 12 月，https：//mp. weixin. qq. com/s/cdlc5i8vVKbNkL1BQjVBtA。

了三项标准的征求意见稿。这也代表着5G消息规范化建设迈入了新阶段,标志着行业发展迎来更快速增长阶段。[1]

与此同时,在垂直行业领域的5G消息相关标准建设方面,2022年上半年北京金融科技产业联盟组建《5G消息支付技术规范》和《5G消息银行应用技术规范》团体标准研制工作组。中国信息通信研究院同中国银联、银联数据、中兴通讯、多家银行及三家基础电信企业共30余家单位,经过多次会议交流研讨,形成了银行业5G消息应用标准,提升了金融行业5G消息规范化水平。[2]

二 我国5G消息产业格局

(一)5G消息产业链构成

5G消息产业链由通信运营商、终端厂商、IMS网络支撑方、MaaP平台支撑方、行业用户、个人客户等几个主要部分构成。其中,通信运营商在产业链中的主要作用是提供基础RCS消息业务,广泛涉及运营商所能提供的基础服务,包括相关的安全控制、账单和结算功能等。当前,通信运营商以中国移动、中国联通、中国电信为代表。终端厂商在产业链中具体指手机系统商。当前,终端厂商以华为、中兴、OPPO、vivo、小米、三星等企业为代表。目前,苹果手机暂无法支持5G消息,三大运营商定制的安卓手机终端基本实现5G消息覆盖,可进行服务器与终端上行与下发测试。目前运营商正积极与手机厂商合作对接,扩大5G消息终端覆盖面。IMS网络支撑方在产业链中具体是指基于VoLTE网络等提供IMS网络支撑服务。当前,IMS网络支撑方以华为、中兴通讯等企业为代表。[3]

MaaP平台支撑方是RCS中的核心环节,MaaP是连接企业服务和运营

---

① 《联动优势应邀加入5G消息团体标准编制工作组 助力5G消息行业高质量发展》,中国网,2022年4月22日,http://zjnews.china.com.cn/yuanchuan/2022-04-22/336802.html。

② 《中国信通院联合牵头的〈5G消息支付技术规范〉团体标准完成立项》,通信世界网,2022年5月27日,http://www.cww.net.cn/article? id=563037。

③ 《浙商通信张建民‖5G消息深度:运营商消息服务跃变》,"通信张建民团队"微信公众号,2020年4月9日,https://mp.weixin.qq.com/s/YvA80Qhcx_v5OjGIUU_vWw。

商 RCS 业务的能力增强开放平台，将 RCS 的高级消息传送功能与标准接口整合于短信小程序和插件中，整合运营商 RCS 基础业务，确保企业客户和其他合作伙伴能够通过统一的开放接口简单接入并轻松运营。行业用户在产业链中的主要作用是为用户提供精准的服务能力，帮助用户采用更多的方式和交互机制实现目标客户的信息覆盖，涉及政企用户、教育行业、交通物流、旅游订票、金融行业、传媒集团、电商零售、文化娱乐、工业制造等。手机终端个人用户与行业用户之间可以进行 5G 消息交互。①

（二）5G 消息产业链分析

5G 消息产业链环节主要包括接收终端、5G 消息中心、MaaP 平台、计费结算、消息监管和网间互通等。终端的作用是通过 3G/4G/5G 网络或WLAN 接入 5G 消息中心，用户使用移动电话号码作为通信标识。5G 消息中心具备 5G 消息管理、分发、路由等功能，提供统一的终端和网络间接口。5G 消息中心包括 IMS 接入、RCS AS、内容存储和配置管理等功能。MaaP平台承载于 5G 消息中心之上，向 Chatbot 开放统一接口，负责行业客户Chatbot 的审核、认证，行业消息中多媒体内容的上传与存储，同时支持终端对 Chatbot 目录和信息进行查询。Chatbot 是一种行业客户向终端用户提供的以对话形式呈现的服务，该服务通常基于人工智能软件，模拟人类智能对话，向用户提供特定服务功能。计费结算用于 5G 消息的计费、结算等，5G消息的计费点在 3G/4G/5G 分组域、5G 消息中心、MaaP 平台和网间互通网关中。消息监管用于实现消息内容的合规性审查以及不良消息的过滤屏蔽。网间互通用于实现不同运营商间 5G 消息业务互通。②

当前，国内的 5G 消息产业处于起步阶段，虽然发展较快，但产业链还不够完备和成熟。5G 消息产业链参与方主要包括终端制造企业、电信运营商、应用开发企业、行业客户企业。其中，终端制造企业和应用开发企业尚

---

① 《浙商通信张建民‖5G 消息深度：运营商消息服务跃变》，"通信张建民团队"微信公众号，2020 年 4 月 9 日，https：//mp. weixin. qq. com/s/YvA80Qhcx_ v5OjGIUU_ vWw。

② 张雪艳、刘牧寅、佘康妮：《5G 消息测试系统构建及关键技术研究》，《邮电设计技术》2021 年第 5 期。

未完全融入产业链。

从国际市场角度而言，5G 消息产业链中 MaaP 平台连接了企业服务和运营商业务，价值量最大，是 RCS 产业链的核心一环。主要竞争者有三类：一类是沃达丰、Orange、KDDI、NTT DoCoMo、Verizon 等国际运营商；二类是以谷歌为代表的操作系统厂商；三类是以三星、华为为代表的终端设备厂商。电信运营商掌握网络管道和用户基础，面临传统业务饱和，亟须新的增值服务创收，发掘 RCS 市场空间。操作系统厂商掌握终端生态系统，为实现跨运营商的互操作提供了基础，抢占移动通信市场能够与 OTT 消息应用形成竞争，拓展 B 端业务。终端设备厂商掌握终端设备接口，但布局 RCS 系统生态需要从硬件制造向构建系统转型，跨度较大，同时各个厂商标准不一，难以形成生态。从这三类玩家的资质和能力来看，终端设备厂商掌握话语权的可能性较低，未来 RCS 服务平台将主要由电信运营商和操作系统厂商两方势力进行竞争。[①]

对运营商而言，发展 RCS 主要有两种模式：一种是运营商自行部署基础设施，并与其他运营商建立点对点互连，典型案例为日本、韩国运营商。如日本三大运营商 KDDI、NTT DoCoMo、SoftBank 于 2018 年 5 月共同推出 RCS 业务 "+Message"，采用统一业务品牌、统一标准、统一 UI/UX。另一种是使用谷歌等操作系统厂商的平台，通过连接到枢纽实现跨运营商互联，典型案例为欧美运营商。如 Sprint、德国电信、Orange、沃达丰等国际运营商均与谷歌合作，利用 Jibe 云平台推出 RCS 服务。[②]

在终端制造企业方面，由于 5G 消息是终端强依赖业务，需要终端进行升级改造，复用短彩信入口支持 5G 消息，虽然目前华为、中兴、小米、荣耀、OPPO、vivo 等品牌部分机型已经支持，但终端覆盖面仍有不足。随着 5G 消息终端标准的稳定和 5G 消息应用的丰富，是否支持 5G 消息将成为用

①　中国移动研究院：《电信运营商发展 5G RCS 的机遇与挑战简析》，https：//mp. weixin. qq. com/s/IylX5EY8Es2_ rRYljdVvlQ，2021 年 3 月。
②　中国移动研究院：《电信运营商发展 5G RCS 的机遇与挑战简析》，https：//mp. weixin. qq. com/s/IylX5EY8Es2_ rRYljdVvlQ，2021 年 3 月。

户选购终端时要考虑的重要因素。①

在应用开发企业方面，目前已经开始着手应用开发的主要是 SDK 厂商和头部 SP 企业。这两类企业由于具有强大的技术能力和雄厚的资金实力，在产业中的优势地位明显。与之相对应的，中小开发者受限于开发环境、平台配套服务、应用开发前期资金投入等，尚未开始进行 5G 消息应用开发，导致现有应用种类少，迫切需要平等、包容的应用创新环境。②

在行业客户企业方面，公共服务、金融、电商、商旅等行业客户都存在 App 安装成本高、使用频率低等问题，急需新型的推广方式。行业客户可以借助 5G 消息的强交互能力，将原来 App 中的功能和服务通过文字、图片、语音、选项卡等形式传递给用户，实现服务的"轻量化"。但目前尚处在"行业用户有需求、平台开发者做 Demo"的局面之中，尚未出现真正面向市场的应用。③

三 我国5G消息市场发展

2020 年 4 月 8 日，中国电信、中国移动、中国联通三大运营商携手 11 家合作伙伴共同发布《5G 消息白皮书》，阐述了 5G 消息的核心理念，提出了对 5G 消息生态建设的若干构想。④ 此后，行业发展迎来新格局，通信网络运营商与行业客户、CSP 运营商、终端厂商、用户"五位一体"，为端到端的业务体验共同努力；同时，监管部门、标准组织、5G 消息工作组也指导和引领行业有序发展。⑤ 5G 时代的数字经济需要依托 5G 消息这样的业务

① 《中国信通院付国强：我国 5G 消息推进情况及前景展望》，通信世界网，2020 年 12 月 21 日，http：//www.cww.net.cn/article？id=480711。

② 《中国信通院付国强：我国 5G 消息推进情况及前景展望》，通信世界网，2020 年 12 月 21 日，http：//www.cww.net.cn/article？id=480711。

③ 《中国信通院付国强：我国 5G 消息推进情况及前景展望》，通信世界网，2020 年 12 月 21 日，http：//www.cww.net.cn/article？id=480711。

④ 《三大运营商联合发布〈5G 消息白皮书〉》，新华网，2020 年 4 月 8 日，http：//www.xinhuanet.com/2020-04/08/c_1125828933.htm。

⑤ 《中国联通张云勇：协同共建数字化转型下的 5G 消息应用新生态》，C114 通信网，2021 年 6 月 18 日，http：//www.c114.com.cn/4app/5218/a1165165.html。

形态和技术平台。根据通信运营商预测，5G 消息的市场规模将从 400 亿发展到千亿。[①] 5G 消息的发展会带来新市场，产生新的智能化的应用模式，出现新的搜索平台，带来新的经济形态。下一个十年，5G 消息 To B 业务或将成为新的数字经济增长点。

（一）5G 消息发展进程逐步加快

5G 消息被中国移动等电信运营商列为当前和下一步 5G 技术重点战略方向，市场多元主体将集中人财物各类优质资源共同打造 5G 时代头部应用产品。《5G 消息白皮书》发布后，市场热情被迅速激发，除主导者电信运营商外，终端设备提供商、应用服务提供商、系统集成商、内容服务提供商等移动通信产业链各主体都在摩拳擦掌、积极介入，谋划打通产业链上下游、全链条、各环节，市场上基于 5G 消息的新应用、新服务层出不穷。[②]

作为 5G 商用最早的尝试之一，当前 5G 消息备受关注。目前，我国 5G 消息应用试点已广泛覆盖政务、金融、物流、医疗、教育、工业、文娱、农业等众多行业，标准体系基本完成，基础设施建设火热进行，终端技术准备充分，正不断从孕育期向发展期高速迈进。

5G 消息的问世，不管是对于个人 5G 应用还是行业 5G 商用，以及各领域的转型升级都有助力作用。目前，部分手机厂商逐渐对 5G 消息的普及应用和商用落地提供支持。其中，华为在 2020 年 3 月入场试点大区启动联调测试，并于 6 月正式启动 5G 消息商用；中兴也在当年 4 月打通 5G 消息 First Call，6 月正式支持 5G 消息商用，目前已有十余家企业共同助力，促进了 5G 消息的终端落地。进入 2021 年 8 月，5G 消息工作组联合中国通信企业协会、中国信息通信研究院、中国电信集团、中国移动通信集团、中国联合网络通信集团、中兴通讯、华为 7 家单位成立 5G 消息联合实验室，开

---

① 《5G 消息商用渐行渐近 产业链龙头受关注》，新华网，2021 年 12 月 9 日，http：//www. xinhuanet. com/tech/20211209/c760d6c2c74846c29e43a5069beb9ed5/c. html。

② 程婧、徐才：《5G 消息，信息传播的下一个风口？》，《中国记者》2021 年第 2 期。

展5G消息相关技术验证工作。①

（二）5G消息应用行业不断拓展

业界对5G消息的商业前景抱有预期，在推进相关行业的应用探索方面也较为积极。从应用场景看，目前5G消息应用试点覆盖了政务、金融、互联网、交通物流、医疗民生、教育、农商、工业、文娱、创新十大行业，铁路12306、中国移动139邮箱、天气视频预报等服务型应用上线测试。2020年10月，中国移动四川公司与泸州银行股份有限公司合作的5G消息平台正式上线。平台采用私有化部署方式，深度耦合泸州银行业务系统，在5G消息领域打通"线上业务办理""手机号码小额支付""手机号码转账""银行业务富媒体宣传"等多个业务场景，是全国首个正式上线的5G消息金融服务平台，构建了银行与客户之间的服务新场景。②

目前，我国5G消息业务应用场景主要包括表1中所列领域。

表1　5G消息主要应用场景

领域	主要应用场景
传媒	主题宣传、专题报道、手机报等
医疗	互联网医院、远程问诊、家庭护理、健康监护等
金融	信用卡管理、个人账户管理、理财产品、生活服务、客户服务等
电商	商品咨询、商品购买、售后服务、物流查询等
政务	通知发布、业务办理、宣传引导、便民服务等
文旅	景点查询、旅游产品订购、文化宣传、票务等
快递	网点管理、运输安全、一体化运输服务、客服等
气象	天气预警、知识科普、气象信息公共服务等
教育	学习资源、个性化辅导、互动教学等

资料来源：笔者根据公开资料整理。

---

① 《热点快评：5G消息全力迈入发展期》，腾讯网，2021年8月6日，https://new.qq.com/omn/20210806/20210806A08RSR00.html。

② 《首个5G应用落地产品 即将重构媒体私域服务场景》，流媒体网，2021年11月30日，https://lmtw.com/mzw/content/detail/id/208225。

　　无论是 2G、3G 时代短彩信业务，还是 4G、5G 时代融合通信业务，新闻资讯在运营商增值业务中都居于重要入口地位。当前，由于支持 5G 消息的网络手机终端覆盖面有限，为做好平稳过渡，中国移动基于原有手机报业务开发了 5G 融媒手机报。5G 融媒手机报根据不同网络条件，具备"5G 消息—视频彩信—彩信—短信"多级回落能力，各类型终端用户都能接收。中国移动自办的彩信手机报《新闻早晚报》已经全面升级为 5G 融媒手机报，符合移动端竖版呈现的阅读习惯，一屏之内实现"看听读""转评赞"覆盖，显著提升了用户体验。此外，部分央媒和地方媒体也已经将原有彩信手机报升级为 5G 融媒手机报。[①]

　　同时，一些媒体机构已经开始试水 5G 消息应用，与三大运营商开展后台新闻信息服务合作。例如浙报传媒发布产品雏形概念，通过向浙报三款自有新闻 App 手机注册用户推送基于 5G 消息的视频或图文新闻，进一步激活自有 App 用户，实现由 5G 消息（短信）向自有新闻 App 引流；河南大河网、重庆华龙网等媒体，已同咪咕公司及中国移动各省公司开展合作试点。[②]

---

①　《首个 5G 应用落地产品 即将重构媒体私域服务场景》，流媒体网，2021 年 11 月 30 日，https：//lmtw. com/mzw/content/detail/id/208225。

②　《首个 5G 应用落地产品 即将重构媒体私域服务场景》，流媒体网，2021 年 11 月 30 日，https：//lmtw. com/mzw/content/detail/id/208225。

第四章
5G 消息业务的特点、功能与优势

5G 消息业务特点鲜明。5G 消息具备无须安装、安全性高、使用便捷，以及拥有潜在用户转化基础，市场前景广阔，可促进通信行业与垂直行业融合，可兼容多网络多终端，能实现全球范围内互联互通等特点。

5G 消息与传统短信、彩信、微信相比都具有相对优势。与普通短信、数字短信相比具有能力升级的突出优势；与 App 等技术形态相比，有较为突出的独特之处和相对优势。5G 消息是传统短信的升级，突破了传统短信对信息长度和内容格式的限制，支持文本、图片、音频、视频等多种媒体形式。5G 消息也是对彩信业务的全面升级，丰富了通信方式，支持语音、视频等形式。

5G 消息是基于终端原生短消息入口，是运营商短信和彩信功能的重大升级，是能够提供富媒体（文本、图片、音频、视频、位置、联系人等）发送能力和智能交互能力的消息类业务，主要包括点对点消息和 5G 行业消息两种业务类型。[①]

---

① 5G 移动云销售服务中心：https：//ecloud. 10086. cn/home/product – introduction/mo5g，2023 年 1 月。

第一节　5G 消息业务特点——融合、精准、高效

5G 消息具有无须安装、安全性高、使用便捷等技术优势，以及用户资源庞大、市场前景广阔、融合性高、终端多元、全球可达等市场优势。

一　无须安装

由于使用行为和需求存在差异，部分特定用户尤其是老年用户群体，在下载安装 App 或者关注公众号并进行相应操作方面，具有较大使用行为困难。相对而言，打开短信入口，使用短消息业务，对于这类不擅长使用和操作 App、微信公众号的用户来说，就是最好的"传统"方式。5G 消息基于短信的原生窗口，让用户通过简单的按钮即可完成业务，能够在很大程度上助力弥合社会不同群体的数字鸿沟。

二　安全性高

5G 消息的网络架构，保证了其两端接入都经过运营商的实名认证体系校验，消息内容的传输通道也是基于数字加密技术，具有更高级别的安全性保证。因此，企业和机构等行业用户可以通过 5G 消息为个人终端用户提供相对更加安全可信的发送平台及其相关信息服务。

三　使用便捷

5G 消息在短消息界面中进行操作，个人终端用户无须下载、安装即可享受"一条龙"的信息服务。个人终端用户可以在短信入口中接收、点触 5G 消息发送的各种富媒体信息，并使用语音问答、人脸识别等智能交互功能，享受无须下载的"云服务"。同时，基于 5G 消息，个人终端用户还能在短信入口即实现商品购买、浏览短视频或者观看直播、订购车票、查询天气、订阅资讯，甚至办理银行卡、信用卡还款、查询水电煤气费用账单、生活缴费、查询健康码等一站式的便民生活服务，为社会生活带来了极大的方

便，在使民生服务体验升级的同时，提高了人民生活幸福感。① 如在行程码查询场景下，与传统的登录应用才能扫码获取行程码的方式不同，基于5G消息只需个人发送"健康码"或"行程码"关键词到相应5G消息Chatbot号码，通过点击交互按钮即可一键获取。

四 拥有庞大用户资源

我国三大通信运营商用户群体可覆盖16亿左右的智能终端用户，给5G消息业务带来了强大的潜在市场基础和用户转化空间。运营商宣布制定统一标准之后，中兴、华为等手机终端厂商纷纷加入5G消息阵营。5G消息运营商对于智能终端个人用户的强大控制力以及终端制造企业逐步嵌入5G消息接收能力的市场推进力，是5G消息业务应用发展个人用户市场的资源保证。

五 市场前景广阔

5G消息继承了短消息业务的传统优势，依托电信码号体系及电信级认证技术，具备服务覆盖广、用户触达率高、可信度好、稳定性高的天然优势。与此同时，5G消息还可提供更加丰富直观的多媒体内容承载能力，能够有效地提高沟通效率，提升用户体验。在运营商消息服务趋于饱和的今天，5G消息的落地是电信市场发展的新动能。②

六 促进通信行业与垂直行业融合

5G消息包括个人消息业务、行业消息业务和增强通话涉及的消息业务。无论是个人用户还是行业用户，都可以使用全新的消息服务。特别是5G消息MaaP的引入，更以平台化的运营模式和基础能力输出为依托，保证了海量CSP服务商的统一接入、统一管理。社会垂直领域通过开办5G消息

---

① 《中国移动创马5G消息专题赛即将开启，催生新应用赋能千行百业》，C114通信网，2021年7月14日，https://finance.sina.com.cn/tech/2021-07-14/doc-ikqciyzk5464591.shtml。

② 《我国5G消息推进情况及相关建议》，慧聪广电网，2021年6月25日，https://www.infoobs.com/article/20210625/48065.html。

Chatbot 以及与 CSP 业务合作，实现各行各业与信息通信行业的融合，拓展数字社会新空间。

七　兼容多网络多终端

从网络层面看，个人用户使用 4G 或 5G 网络均可收到 5G 消息，当接收方因网络条件或终端设备无法接收 5G 消息时，可转为通过短信通道下发，短信内容如携带多媒体内容，用户也可点击网址链接进行访问。从运营商层面来看，三大运营商计划为 5G 消息提供统一网络接口，从而保证不同运营商网络间均可正常收发 5G 消息；企业客户还可连接统一的聊天机器人接口，以相同方式接入不同运营商网络。从终端层面而言，5G 消息升级后，不同品牌、不同版本的手机终端也能无障碍共用。

八　全球范围互联互通

5G 消息遵循国际标准，业务体验全球统一，支持全球运营商互联互通。目前国外多数国家 5G 建设落后于中国，但基于融合通信的应用（例如 RCS 业务）已大量投入商用。全球移动通信系统协会（GSMA）将融合通信纳入 5G 终端必选功能。全球移动通信系统协会官网显示，目前 60 个国家的 90 家运营商都已实现 5G 消息商用，月活用户数达 473 亿，估计 2021 年全球市场总额约 740 亿美元，一个基于 5G 消息的超级信息生活平台正在形成。①

第二节　5G 消息业务功能——短消息服务的全新升级

从业务所具备的功能属性来说，5G 消息主要有三个方面的主要功能，即个人消息业务、行业消息业务以及增强通话相关消息业务。三个主要的业务功能分别适用和针对不同的用户场景。个人消息业务功能主要适用于

---

① 《"5G 消息"扑面而来 上市公司加速备战千亿市场》，新浪财经综合，2021 年 1 月 16 日，https：//finance. sina. com. cn/stock/roll/2021-01-16/doc-ikftssan6768483. shtml.

"个人—个人"之间的人际传播；行业消息业务功能主要适用于"企业/机构—个人"之间的商业传播、媒体宣传和政务传播等；增强通话相关消息业务功能则主要适用于在传统通信业务即语音通话场合下，实现更多元、更丰富的全媒体传播。

一　个人消息业务

个人消息业务即个人用户与个人用户之间交互的信息。信息内容有文本（含表情）、图片、音频、视频、位置、联系人（vCard）、文档（如 PDF）等。消息形式包括点对点消息、群发消息和群聊。[①]

二　行业消息业务

行业消息业务即行业客户以 Chatbot 形式与个人用户通过 5G 消息中心、MaaP 平台进行交互的消息。信息内容有文本（含表情）、图片、音频、视频、位置、联系人（vCard）和富媒体卡片消息（Rich Card）等，还可携带选项列表（包括"建议回复"和"建议操作"）。消息形式包括 A2P（应用到个人）点对点消息、A2P 群发消息、P2A 点对点消息等。同时行业消息还支持个人用户向行业客户的 Chatbot 发送消息、回复消息、搜索 Chatbot、举报消息等。[②]

三　增强通话相关消息业务

增强通话相关消息业务即与语音业务结合，实现行业客户、个人用户在呼叫前、中、后进行多媒体信息的分享和互动；在语音通话或视频通话的通话前、通话中和通话结束阶段，主叫用户和被叫用户之间发送的 5G 消息。[③]

[①] 中国通信标准化协会：《5G 消息总体技术要求》，https：//ccsa. org. cn/standardDetail? standardNum＝YD%2FT%203989－2021，2021 年 12 月 2 日。

[②] 中国通信标准化协会：《5G 消息总体技术要求》，https：//ccsa. org. cn/standardDetail? standardNum＝YD%2FT%203989－2021，2021 年 12 月 2 日。

[③] 中国通信标准化协会：《5G 消息总体技术要求》，https：//ccsa. org. cn/standardDetail? standardNum＝YD%2FT%203989－2021，2021 年 12 月 2 日。

第三节　5G 消息业务优势——"消息即服务"

5G 消息业务是一个无须下载的云服务，信息形态多元，媒体形式丰富。5G 消息可深度融合多种技术能力，同时兼容多网络、多终端，以全面打通人们日常使用的多种互联网服务，使交互更加便捷，为企业用户带来更高的服务价值。与此同时，5G 消息也是一种在全球范围内的标准应用接入，使其具有全球可达、互联互通的基础和可能。

5G 消息兼具技术优势、行业优势与传播优势。若从获取方式、通信速度、认证方式、潜在用户规模、社交功能、交互方式、信息丰富程度以及成本投入等角度入手，对 5G 消息与短信、彩信、微信等相关业态进行综合对比，可明显看出 5G 消息的业务特点及其相对优势。如表 2 所示。

表 2　5G 消息与其他相关业务应用特点对比

信息形态类型 对比维度	5G 消息	短信	彩信	微信
获取方式 （是否需要下载）	否	否	否	是
通信速度	快	快	慢	慢
认证方式	手机号码 快速添加	手机号码 快速添加	手机号码 快速添加	需要用户搜索/主动添加账号
潜在用户规模	手机用户 即为潜在用户	手机用户 即为潜在用户	手机用户 即为潜在用户	依赖用户主动下载应用
主要社交功能	群发	群发	群发	朋友圈发布动态、群聊
交互方式	较好	差	较差	较好
信息丰富程度	较高	较低	低	高
成本投入	较低， 无须适配多平台	低	低	较高，需要适配多平台

资料来源：笔者根据公开资料整理。

5G 消息和传统短信、彩信、微信都是极具"连接"属性的消息型业务。它们虽然属于不同时期、不同行业，各自具有不同的优势，但都反映了不同时期消息业务的特点和生态特征。相比而言，5G消息的相对优势体现在以下几个方面。

一　与传统短信相比的相对优势

5G消息是传统短信的升级。它不仅突破了传统短信息对信息长度和内容格式的限制，支持文本、图片、音频、视频、表情、位置、联系人和文档等多种媒体，① 还继承了传统短信免注册登录、免安装应用等特性，并进一步实现了信息交互的便捷高效。② "消息即服务"，5G消息融合了人工智能、大数据、云计算等多种技术能力，提供交互式、智能化、个性化服务；③ 5G消息既可以传输丰富的多媒体内容，还提供聊天机器人，拥有富媒体卡片和选项列表功能；支持在线支付、在线和离线消息。④ 5G消息工作在网络的底层，受到基础设施安全性保护的同时，还受到了运营商对其网络安全、数据安全、应用安全的高度重视；相比传统短信仅支持屏蔽垃圾信息的简单措施，5G消息具备加密传输、用户认证、源头管控、身份校验、内容审核、消息拦截等多角度、全方位安全保障措施。⑤

二　与彩信相比的相对优势

5G消息也是彩信业务的全面升级，不仅丰富了通信方式，支持语音、视频，还增加了各大应用场景服务。相比于彩信，5G消息交互能力增强，信息丰富程度更高。作为5G生态的重要组成部分，5G消息还可以帮助企业进一步实现"消息即服务"。企业通过文字、语音、选项卡等富媒体方式

---

① 《运营商为何看重5G消息?》，今日流媒体，2022年3月16日，https://baijiahao.baidu.com/s?id=1727421026056941231。
② 《三大运营商发5G消息白皮书：语音短信能订票，支持加密传输播报文章》，澎湃新闻，2020年4月8日，https://baijiahao.baidu.com/s?id=1663370832285235468。
③ 5G消息云平台：https://www.upcloud.com.cn/platformMsg5G.html，2023年1月。
④ 《〈5G消息支付技术规范〉团体标准完成立项》，智慧城市网，2022年5月30日，https://www.afzhan.com/news/detail/88679.html。
⑤ 5G消息云平台：https://www.upcloud.com.cn/platformMsg5G.html，2023年1月。

向用户输出个性化服务，企业信息服务将更加精准、高效地触达用户群体。[①]

三　与微信相比的相对优势

与微信相比，5G 消息的原生界面更加简洁。5G 消息通过认知接收方的手机号码进行消息发送，有助于扩大生态圈；[②] 5G 消息相较基于互联网传输的 App 能提供更快的速度，传输效率更有优势；它可以为用户提供统一界面，可实现无缝全面自动升级；无须添加好友、无须关注企业服务，即可实现个人与个人、个人与企业之间的交互。

与微信相比，5G 消息还拥有广泛的用户基础，它可通过手机号打通所有账号，具备实名认证属性，在用户认证方面更有相对优势。虽然现在人们的手机空间越来越大，但由于 App 需要提前下载、多次登录，越来越多的用户不愿意使用和操作烦琐的 App。但 5G 消息就能在很大程度上避免这种麻烦，因为当前绝大多数账号的认证手段都是通过手机号+验证码。5G 消息应用由通信运营商主导，有着账号认证的天然优势，只需要一个手机号，就能快速完成身份验证工作，满足人们日常使用的基本互联网服务要求。

相较于各类手机应用，5G 消息就是一个不需要下载的"云服务"，未来，大家熟悉的短信功能会变成一个云服务平台，在短信界面加入各种功能、服务，甚至 AI 机器人，直接实现原本需要下载 App 才能做到的事情。中兴通讯 NFV/SDN 首席科学家屠嘉顺曾表示，"对于用户来说，5G 消息最直观的感受就是不用再装一大堆 App，让信息获取和享受服务变得快捷简单"[③]。

---

① 《什么是 5G 消息？与彩信有什么区别？》，快科技，2020 年 4 月 8 日，https：//www.elecfans.com/application/Communication/1199311.html。

② 未来智库：《5G 消息 RCS 与微信对比研究报告》，https：//www.vzkoo.com/read/5aa37bf03b6ca6cf765494e57c90c0ad.html，2020 年 6 月 11 日。

③ 《中兴通讯屠嘉顺：构建 5G 时代更加可靠、开放的消息平台》，大数网，2020 年 7 月，https：//www.dashunet.cn/archives/4935。

四 5G消息的运营优势

在账号运营和平台运营方面，5G消息也具有明显的特点和优势。"好找""好做""好用""好运营"就是5G消息所具有的四大运营优势。

"好找"是指5G消息的短信端口实名化，可以帮助用户更容易地识别短信来源；"好做"是指5G消息的短信内容模板化，可以帮助用户更容易地阅读短信核心内容；"好用"是指5G消息的短信内容配置按钮，可以帮助用户更便捷地与企业交互；"好运营"是指5G消息配置的功能菜单，可以帮助用户更容易地向企业发起各类服务需求。

第四节 5G消息面临的挑战——开放、安全、管控

相比于4G时代的信息服务，5G消息是一次通信能力的飞跃。由于5G消息服务可以在不加对方好友的情况下通过手机号发送消息，相比互联网平台提供的社交软件，其消息传播能力更强，范围更广，用户被陌生人骚扰的概率也就更大。目前，我国5G消息尚处于起步阶段，仍存在很多不足之处。需要整个产业链给予充分重视，认清不足、取长补短、发挥优势，共同促进5G消息健康发展。具体而言，当前5G消息面临的挑战主要有以下几个方面。

一 不良信息数量增加带来潜在风险

5G消息服务强大的多媒体消息发送能力会诱发更多多媒体类不良信息的快速传播。在2G/3G/4G网络中，网络消息传播的内容以文本为主，不良多媒体类消息总量小、种类少、演化速度慢。随着5G消息服务投入使用，图片、语音、视频消息的传播量提高，多媒体类不良信息的传播量也将提高。未来多媒体类不良信息总量变大、种类变多、演化加快，现有的精确或相似管控手段将面临巨大压力。

二 不良信息拦截难度增大

传统文本类消息在 5G 消息中的变化形式更加多样。一方面，5G 消息中的文本类信息支持篇幅更大的文本消息，基于关键词审查的不良信息识别方式会面临较大的误拦截风险。关键词组合策略主要针对长度小于 140 字的短消息，其通过考察一段文本是否同时包含 3~4 个关键词来确定文本是否违规；在处理长文本时，若匹配的关键词在原文中位置距离比较远、不具有逻辑相关性，则即便被识别出来也属于误判。另一方面，为了躲避运营商的关键词审查系统，不良消息传播者会将文本信息多媒体化，增加识别难度。如将文本转换为图片、语音、视频画面、视频中语音等方式传播。为了进一步增加识别难度，其还可能在多媒体消息中添加各种干扰因素，从而对抗人工智能识别。如在包含文字的图片中添加大量对比度强烈的放射线，使用镂空、扭曲字体等。

三 "深度伪造"技术滥用导致被蒙蔽、欺骗

近年来，"深度伪造"技术发展较快。作为一项多媒体处理技术，"深度伪造"给视频创作和特效生成提供了巨大的便利，但这项技术有可能会被诈骗分子滥用来实施电信诈骗。在 2G/3G/4G 网络中，诈骗分子主要通过文本类短消息实施熟人诈骗，施骗难度大，成功率低。在 5G 消息环境下，诈骗分子就有可能使用"深度伪造"技术来模仿诈骗目标熟人的语音，实施诈骗，或通过换脸技术来伪造"通缉令""逮捕现场"等多媒体消息来蒙蔽和欺骗人民群众。由于该类信息可以被亲眼看到、亲耳听到，其迷惑性更强，信息接收者更容易上当受骗。[①]

四 内容审核行业监管难

我国 5G 消息技术方案目前有通过蜂窝移动通信网的专用承载提供业务和

---

① 中国移动通信集团设计院有限公司：《5G 消息服务中的内容安全风险与应对技术》，https：//www.163.com/dy/article/FSJD7UMM0531M8UK.html，2020 年 11 月 29 日。

通过互联网提供业务两种，从形态上对应"A12蜂窝移动通信业务"和"B25信息服务业务"（即时消息）两类。其中互联网接入方式在接入时通过公众互联网承载，面临着网络安全和服务质量方面的挑战，难以体现5G消息稳定、安全的特点。5G消息具备多媒体属性，而我国现有消息的审核主要采用文本关键词方式，不能覆盖5G消息的监管。为了确保5G消息不被滥用，监管部门及运营主体须做深入研究，在商用前提出监管思路和技术管理办法。①

五　用户使用习惯转换尚待时日

5G消息免去了下载的步骤，固然是降低了使用门槛，但对于经常使用微信公众号和App的用户来说，只要入了门便不再有启用门槛。因此，降低门槛只适用于少数或不会使用公众号和App的人群。同时，5G消息的行业客户也会考虑终端用户习惯养成成本及时间问题。终端用户从App及小程序中转换成短信入口的习惯养成需要时日，改变用户使用习惯，需要从平台搜索的便捷性、页面的美观性、消息管理水平、计费标准、费用水平等②角度予以全面考虑，通过提升用户体验进而改变用户使用习惯。

六　垃圾广告泛滥，用户体验不佳

4G网络的到来，导致人与人之间短信的使用频次降低，促使运营商趋向于从商家广告短信获得收益，加之隐私泄露，近年来，人们深受垃圾短信的困扰，导致用户对短信的关注度及体验下降。而5G消息拥有了B端平台，可直接发送信息，甚至无须用户同意就可以推送商业广告。如果对消息管理不到位，那么粗制滥造、无效无用的商业信息或将泛滥，恶意扰民。随之，用户对信息的关注度也会进一步下降，5G消息B端到C端的道路将难以打通。③

① 《我国5G消息推进情况及相关建议》，C114通信网，2021年6月21日，https://lmtw.com/mzw/content/detail/id/202566/keyword_id/-1。

② 《行业观察丨你所不知道的5G消息》，物联网世界，2020年7月21日，http://www.iotworld.com.cn/html/News/202007/cdca997a4febe558.shtml。

③ 《行业观察丨你所不知道的5G消息》，物联网世界，2020年7月21日，http://www.iotworld.com.cn/html/News/202007/cdca997a4febe558.shtml。

七 苹果手机暂不支持，存在壁垒

苹果手机在 2011 年开始引入 iMessage 服务，采用的是与 RCS 一样的技术原理，却不能跟 RCS 兼容互通。iMessage 只能在安装 iOS、macOS 的苹果设备之间通用，安卓用户则不能使用。第三方应用如果要支持 RCS，还随时可能因为违反应用商店规范被苹果公司下架。苹果手机暂不支持 RCS 的当前现实问题，成为 5G 消息推广路上最大的"拦路虎"。①

第五节 5G 消息前景展望——数字经济新模式

艾瑞咨询报告认为，5G 消息的行业应用将得到很好的普及。在价值层面，5G 消息可以为个人、企业、商家、政府、运营商等多方的交流互动提供全新的平台，拉近政企客户和 C 端用户的距离。在推广层面，运营商可直接把集团现有短信业务客户切割至 5G 消息平台，无须二次推广。在使用门槛上，5G 消息无须用户下载，对于支持 5G 消息的手机，用户可在其中的菜单栏直接实现交互。预计金融、教育以及销售行业，因与 C 端用户交互需求程度高，将率先应用 5G 消息。②

中国电信增值业务中心 5G 消息运营部总经理杜成新也曾在 2020 年 10 月 14 日召开的"5G 消息生态发展论坛"上表示，5G 消息认证、交互安全性高，能够满足 B2C 闭环业务的需要，业界认为 5G 消息或将成为最大的 AI 智能应用领域、最便捷的智能搜索服务和最丰富的数字消费平台。③ 下一个

---

① 《行业观察丨你所不知道的 5G 消息》，物联网世界，2020 年 7 月 21 日，http：//www.iotworld.com.cn/html/News/202007/cdca997a4febe558.shtml。
② 艾瑞咨询：《2021 年中国 5G 个人应用发展研究报告》，https：//baijiahao.baidu.com/s？id=1706503067189743241&wfr=spider&for=pc，2021 年 7 月 28 日。
③ 《2020PT 展丨共筑沟通新生态，5G 消息生态发展论坛圆满召开》，通信世界，2020 年 10 月 15 日，https：//baijiahao.baidu.com/s？id=1680543830190070427&wfr=spider&for=pc。

十年，5G消息在To B领域的业务将成为新的数字经济增长点。①

　　根据通信运营商的预期和判断，5G消息的市场规模有数倍增长的空间，未来其生态链或将创造万亿级的规模。5G消息在平台层面，有三大运营商的联合助推；在生态层面，有层次丰富领域细分的产业链；在场景层面，有To B（面向企业机构提供服务）、To C（面向用户个人提供服务）、To T（面向终端设备提供服务）等不同类型、不同特点的"入口"，这些都是推动5G消息产生数字经济新模式的肥沃土壤。5G消息的发展会带来新市场，产生新的智能化应用模式，会出现新的搜索平台，更会带来新的经济形态。

---

① 《原创 也许是宇宙第一5G应用的"5G消息"商用了！但请你别拿它跟微信比》，《IT时报》公众号vittimes，2020年11月10日，https://www.sohu.com/a/430918328_110683。

第五章
媒体融合5G消息应用的场景与需求

第一节 媒体融合5G消息应用的发展原则

2020年9月，中共中央办公厅、国务院办公厅印发《关于加快推进媒体深度融合发展的意见》，从中央层面明确全媒体时代推进媒体融合工作的重要性、紧迫性[①]。2021年，工业和信息化部、中央网信办等十部门联合印发《5G应用"扬帆"行动计划（2021-2023年）》，从行业层面推动5G应用从"样板房"向"商品房"加速转变[②]。5G发展如火如荼，5G消息则是关键之一。5G消息丰富的多媒体内容为智媒时代全媒体传播带来更广阔的应用空间，运营商、终端厂商、平台厂商、行业客户等产业链上下游都在加快对5G消息的部署。结合政策要求、产业趋势以及新媒体产业的未来发展方向，当前传媒行业开拓5G消息的创新发展之路应以如下方面为基本原则。

---

① 《中共中央办公厅 国务院办公厅印发〈关于加快推进媒体深度融合发展的意见〉》，新华社，2020年9月26日，http://www.gov.cn/zhengce/2020-09-26/content_5547310.htm。

② 《十部门印发〈5G应用"扬帆"行动计划（2021-2023年）〉》，新华社，2021年7月14日，https://baijiahao.baidu.com/s? id=1705240574396350203&wfr=spider&for=pc。

一　技术核心，内容优势

技术是5G消息发展建设的核心要求，内容则是5G消息作为富媒体消息业务的本质服务。传媒行业、媒体融合机构与新媒体平台在5G消息领域的发展首先要坚持以先进技术为引领，让技术成为第一生产力；同时也要兼顾不断强化自身在新媒体生态中的内容孵化与生产实力，推进5G消息+数字内容生产的供给侧结构性改革，注重5G消息内容专业化建设，构建具有特点和特色的5G消息内容体系，让5G消息成为5G时代媒体融合领域的先进技术平台和内容创新平台。

在用好现有技术、成熟产品的基础上，还应加强对新技术的前瞻性研究和创新应用，推动5G、VR/AR、人工智能、大数据、物联网等关键核心技术自主创新，研发体现新媒体特色的、适应多场景的、满足多终端需求的5G消息"融媒体"功能，搭建5G消息的开放共享平台。同时，基于新媒体平台的核心优势，进一步在5G消息的内容专业化建设方面重点发力，为用户提供更高端、优质、便捷的视听服务。探索区域联合、网台协同、产媒合作等多种形式的协作联合，制作推出有区域特色的高水平主题5G消息，提高协同发展水平。要始终保持内容定力，专注内容质量，扩大优质内容产能，创新内容表现形式，推出一系列有思想内涵、有专业品质、有文化品位、有生活温度的5G消息内容作品。

二　立足平台，着眼服务

5G是新一代信息技术的基石，也是未来媒体智能化发展的必经之路。媒体融合背景下，利用5G、人工智能等先进技术开拓新业务，创新运营模式是媒体深度融合发展的目标和任务。在5G消息等5G新业务的激发和影响下，传统意义上的报纸、广播、电视等单一的媒介形式将摆脱内容形态、终端设备与技术平台等方面的约束而被重新定义。在推进媒体深度融合的重要阶段，无论是传统媒体还是新媒体机构，都应重视5G带来的新技术平台和移动传播新入口，积极融入5G原生业务，探索5G创新应用。

　　5G消息具有典型的全媒体传播特征，是新出现的全媒体传播业务形态，更是重要的新媒体平台。第一，从其能够承载和传播的信息内容组织形式角度而言，5G消息能够承载包括文字、图片、音频、视频，以及位置、卡片等多媒体内容形态；还可以支持搜索、菜单选项、在线支付，拥有人机对话、网页跳转等交互能力。第二，从其技术体系角度而言，5G消息更是能够集5G、AI、大数据、物联网等多种新一代信息技术于一身的前沿技术产品。5G消息以Chatbot为信息传播的发布主体和信息交互形式。每一个传媒机构都可以在5G消息平台上创建自己专属的Chatbot，从而使传统媒体也拥有5G消息平台提供的智能化基础能力。与此同时，新闻媒体还可以通过自己的专属Chatbot，在与用户的"人机对话"中实现新闻报道、舆论引导、内容发布和信息传播的全过程，打造"5G消息+媒体融合"的传播新范式。相比4G时代的新媒体，5G消息具有很多新的特点和优势。在用户侧，5G消息足够简单、易用、轻量化；在行业侧，5G消息则可实现大规模复制和功能的灵活拓展。从发展潜力来看，未来5G消息有可能发展成为继移动互联网客户端之后的下一个重要新媒体。

　　从媒体运营模式创新的角度而言，5G消息的重要性和价值还不仅仅在于技术，而更在于商业和市场。5G商用至今已近三年，虽然网络建设成效显著，但在市场发展方面一直存在难点。不仅因为5G面向的行业众多，场景差异大，更重要的原因则是一直尚未出现5G面向C端用户的"杀手级"应用，用户感知度不够。5G的"杀手级"应用，是具备突出的"三普"特征，即普及、普遍、普通的C端应用，而不是少数情况、少数场景、少数人才能享受和使用的应用。以手机短信为入口的5G消息就有可能成为这个难得的"感知界面"，通过深度嵌入终端的短信入口，建立"去互联网化"的用户连接新模式，让用户与政府、媒体、企业可以更高效、更安全、更方便地全面沟通。在此过程中，一种新的信息服务模式应运而生。也就是媒体机构通过搭建5G消息平台，成为连接用户、政府、企业、商品的"枢纽"。进而通过运营5G消息平台，为平台生态中的广大内容创作者、信息消费者、企业竞争者和社会管理者提供高效、精准、个性化的"连接"服务。

三　新闻为根，人民为本

新闻是媒体传播的业务属性，为人民服务则是传媒机构的精神导向。5G消息免注册、免登录、免安装、实名制的天然属性与新闻及时、快速、求真的发展需求相辅相成，各地各级媒体都可以通过开办5G消息助力打通信息层级之间的阻隔，缓解信息不对称问题。以服务社会、服务人民生活为目标，推动本地新闻的时效化、数据化发展。

从媒体业态本身而言，5G消息可以在新闻的生产和传播环节推动媒体内容与5G消息业务形式层面的结合；从信息传播生态的角度而言，5G消息也推进了新闻业务与5G技术的融合，提高了传播的时效性、现场感和互动性，并通过用户的新闻获取促进了自身发展，在整体上带来了信息技术融入新闻传播生态的深层改变。5G消息是各级各类媒体机构朝着"媒体深度融合"要求与"全媒体传播"目标发展过程中的信息化工具与数字化转型抓手。传媒行业应借助5G消息带来的新能力，扎根本地，做实内容服务，走好群众路线，建构起联系本地群众的新渠道。因地制宜地利用5G消息优势特点，进一步提升传媒精细化服务、垂直化服务的效率和水平，为行业和社会的数字化转型升级、产业的做优做强创造良好的传播环境，提供有力的技术支持。

四　效率为先，效益为标

效率是媒体转型发展的基础，效益则是其转型的标准和追求。媒体机构开展5G消息要把效率放在第一位，及时抢占移动优先新高地，建设5G时代的舆论新阵地，拓展自身媒体影响力和用户圈层。与此同时，媒体机构开展5G消息也要注重发展质量，以效益为目标，探索多元化、高质量的5G消息服务，增强市场竞争意识，提高市场竞争能力。

在业务运营方面，传媒机构开展5G消息应坚持"效率+效益"的双效统一化原则，在保障新闻宣传任务的基础上，加强市场竞争意识和商业模式研究，发挥现有业务与5G消息的优势互补关系，打造多元应用场景和多样化的功能模块，探索"新闻+政务服务商务"运营模式。在业务市场方面，传媒机构深耕垂直领域，对接本地各行各业，建立和完善灵活高效的市场化经营机制，形成事业支撑、产业发展、一体两翼的良性发展格局，使 5G 消息不仅是成本业务，更是创收业务，提高媒体的整体市场价值和商业竞争优势，实现全媒体格局下效率和效益双效运营的融媒转型。

五　特色为基，创新为策

特色是持续发展的根基，创新则是高质量发展的"上策"。目前 5G 消息已在多行业、多领域开展试点应用，传媒行业开展 5G 消息更需要注重特色发展，基于自身优势增强独特性和不可替代性；同时以创新为手段和重要策略，勇于突破传统的固有模式、固有思维逻辑，尝试新领域、开创新模式，抓住新技术带来的机遇，迎接新事物带来的挑战，汲取有益经验，推动媒体融合向纵深发展。

当前，我国媒体融合已经初步建成了"中央—省—市—县"的四级媒体融合格局。其中，作为上承中央媒体、下继县级媒体的省市级媒体机构，发展和开办 5G 消息业务最能够突出体现 5G 消息的平台特征和其作为信息"枢纽"的本质属性。在省级层面，5G 消息可以对接省内各级各类媒体，开展技术服务、内容服务，及时发布和传达国家重要战略，做好舆论引导和正面宣传，统筹处理好省级媒体和市级媒体的资源配置，重塑传统的按内容形式分类的媒体关系。在市级层面，5G 消息助力构建市级融媒体平台和全媒体传播体系，为市民提供多元化、高质量、快捷便利的"融媒体+"信息服务。与此同时，对于区县媒体和更为广泛的内容生产力量，通过开办 5G 消息可以加强与县级媒体的常态化联系，吸纳中小开发者积极参与到内容创作中。最终，推进媒体融合应用从带动消费转向技术创新和生产力升级，推动传媒机构在传播观念和传播能力方面的革新。

第二节　媒体融合5G消息应用的目标定位

传媒机构开展 5G 消息业务立足党中央关于媒体融合发展工作的重要指

示，着眼"十四五"期间的发展要求和重点任务，做大新兴媒体环境下的网络正能量传播，做强区域内社会信息资源优化互补与合理配置，推动新闻舆论工作守正创新，发挥"共享、共融、优质、高效"融媒效应，打造融媒体5G消息标杆应用。

一 媒体融合5G消息应用的发展目标

5G消息是先进技术引领驱动媒体融合的"着力点"。媒体融合是一次以技术创新为引领的媒体变革，5G则是这场变革里的核心技术。在推动5G发展中，5G消息是一个重要节点，是5G时代新基建的一个重要应用场景，也是驱动媒体融合深度发展的关键应用。5G消息支持多种媒体类型的富媒体能力、在消息窗口内就能完成一站式服务的交互式体验以及连通各行各业的强连接能力，其都将构建媒体融合大消息生态。因此，要把5G消息作为先进技术引领驱动媒体融合的"着力点"，作为"深融"阶段发展创新的有力抓手，利用5G消息带来的基础消息技术与业务的跃变带动媒体融合层次质的飞跃。

构建全媒体传播体系的"新增项"。中共中央办公厅、国务院办公厅印发的《关于加快推进媒体深度融合发展的意见》要求所有从事宣传工作的单位，都需要有在新时代开创全媒体传播体系的使命和担当。随着5G时代的发展，传统的运营商短消息将全面升级为5G消息，个人、家庭、政府、企业等需求侧方面将建立新的传播体系，5G消息将连通运营商与终端厂商、第三方服务提供商等共同构建开放共赢的全媒体传播生态。传媒机构在构建自身全媒体传播体系，实施全媒体传播工程的工作中，5G消息可以成为重要发力点。要把5G消息作为构建全媒体传播体系的"新增项"，建设成为发挥技术优势的平台型业务和未来方向型业务，利用5G消息大连通、大汇聚、多类型的优势提升自身构建全媒体传播体系的水平。

二 媒体融合5G消息应用的业务定位

基于当前媒体融合领域基本发展状况和主要需求，传媒机构开展5G消息的定位包括"新闻""本地""社会""融媒"四个方面。从新闻宣传本职工作到社会民生信息服务工作，从媒体融合发展大方向到本地用户垂直行业专属服务，由内而外、由大到小，进行全面、高效、务实的发展定位，发挥 5G 消息新技术新业务平台的优势，为本地用户提供高效便捷服务，为经济社会发展赋能。

（一）打造基于先进技术的新闻宣传平台

利用 5G 消息技术和平台赋能，充分发挥新媒体技术优势，优先发展 5G 消息云平台技术以部署内容生产，系统发挥 5G 消息在技术平台深度融合、信息交互方式重构、应用管理流程再造中的作用。

信息生产方面，在提供专业新闻宣传内容同时，树立平台观念，激发用户热情，以开放、共享、聚合、交互思维打造信息流淌不息的内容汇聚地。信息发布方面，基于 5G 消息"消息即服务"的特点，通过便捷直达、内容多样、丰富互动的富媒体消息应用能力，实现新闻消息推送精细化、反馈即时化，释放 5G 消息潜能。信息形态方面，在解读政策方针、开展主题爱国教育、引导主流舆论等工作上注重用户信息接收方式，利用 5G 消息多形态媒体类型，开创全新的新闻传播场景与用户接收方式，从广度和深度两方面提升新闻宣传水平。

（二）打造便捷市民生活的社会服务平台

基于开展 5G 消息，切实践行媒体融合"服务为民"的社会职能。支持政府机构、事业单位的整合业务接入，发挥 5G 消息智慧互联、主动触达的优势，为市民提供精准化信息传达，构建广泛的政府与市民连接，打造媒体融合智联服务矩阵。做好本地化服务，为市民提供专业化、生活化、有用、高效的新闻资讯和信息服务。扩大传媒机构的信息服务圈，扩展媒体融合服务半径。

在信息传播方式上，提供新型数字化信息交互渠道。基于 5G 消息承载能力，为用户提供包括文本、图片、音视频（包括 4K/8K 超高清视频）、3D 视觉与全景及 VR 等多元化的信息展现形式；并基于多媒体融合的信息形态，提供政务信息公开、政务服务办理、政务监督、应急广播、生活缴费等方面数字化交互渠道和问询沟通、业务办理等服务。便捷市民生活,推动社会服务效率提升和政务信息化、数字化。

(三)打造支撑社会发展的全媒体传播平台

基于5G消息,建设支撑行业服务、社会服务的整合传播平台,利用5G消息广连接、大汇聚、快服务的特点赋能千行百业。连通本省、本市各行各业,针对大、中、小微等不同阶段企业发展诉求,提供从接口、模版、云平台、本地部署到后期运营的一站式服务,帮助企业快速打进通信快车道,加速本地信息服务数字化进程。

把5G消息、视频短信、行业短信等进行融合,通过5G消息便捷直达、内容多样、丰富互动的富媒体消息应用能力,赋能各级单位开创全新的服务场景与业务拓展方式,在服务分发、流量转化、精准对接等方面为企业和用户提供平台接口,提升本地社会服务水准。

(四)打造融媒体协同发展的赋能创新平台

发挥5G消息作为"有可能率先大规模应用普及的5G To C业务"的先发优势,积极在实战中进行测试和落地运行,以实际效果为导向积极调整优化5G消息业务流程和技术架构。

将5G消息业务打造成为融媒体创新业务"样板""示范",推动和促进融媒体5G消息技术标准和业务规范的不断完善。宣传、利用好5G消息建设成果,赋能各级、各地、各类融媒体机构的5G消息发展,提供理论指导、技术输出、创意策划、人员培训等多元服务,在不断交流和探讨中,反哺和巩固5G消息业务的能力和水平。

第三节　媒体融合5G消息应用的需求分析

目前传媒行业开展5G消息的主要需求分为外部需求和内部需求,其中外部需求包括用户需求和社会需求,内部需求包括业务需求和融媒需求(见图1)。

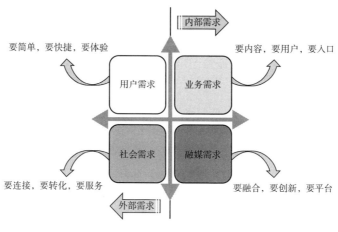

图 1　5G 消息应用需求

一　用户需求

用户需求是传媒行业开展 5G 消息的外部需求。用户作为媒体的服务对象，是媒体生产内容最重要的落脚点。从媒介接触的角度而言，用户使用 5G 消息的主要诉求包括界面要操作简单、方便快捷、体验良好。媒体作为业务提供者，要使用户感到 5G 消息相较于短信、彩信以及 App 等其他信息传播方式的相对优势。要充分尊重用户诉求，理解用户需求，从用户角度出发设计 5G 消息的业务流程和产品功能；同时，避免将 5G 消息复杂化，避免将 5G 消息等同于 App 和微信，要从 5G 消息的互补性、差异性、独特性角度出发，满足和契合用户需求。

二　社会需求

社会需求也是传媒行业开展 5G 消息的外部需求。社会各领域和各不同行业需要通过传媒机构 5G 消息平台的高触达率以及专业的内容编辑能力和权威的信息把控能力来传播信息、开展宣传工作和市场活动等。传媒机构开办和运营的 5G 消息可以针对不同行业提供个性化、定制化的企业媒体融合服务，用优质的内容和真实有用的市场信息，为各行各业连接用户、触达用户提供支撑。例如，各地医疗、交通、文旅、便民等行业企业和社会机构可通过在本地媒体机构 5G 消息平台发布消息，更好地贴近用户开展本地化服务。媒体机构在为各行各业提供 5G 消息平台及相应服务的过程中，也能够连接和触及更多的潜在用户，从而不断完善和存蓄媒体自身的用户"池"，形成"To B 服务—用户—To C 服务"的可持续性良性循环。

三　业务需求

业务需求是传媒行业开展 5G 消息的内部需求，也是媒体最为基础的核心内部需求。从传媒核心业务需求的角度出发，5G 消息的创新业务形态不仅可以辅助加工、生产更多的优质内容，还可以提供更高效、更新的触达渠道，进而实现使媒体的内容覆盖更广泛的用户群体、开拓新的舆论阵地和用户入口、提高主流媒体传播效果的目标。媒体机构开办 5G 消息业务，要守正创新，夯实本业，悉心打磨内容产品，严格把控内容品质；同时也要围绕核心业务需求，打造更多元的应用场景，增加新的交互入口，实现多元方式的信息交流，更多、更深入地与用户建立联系，并在业务能力精进的过程中吸纳更多的合作资源。

四　融媒需求

融媒需求是传媒行业开展 5G 消息的内部需求，也是媒体最为关键的重要内部需求。融媒需求指的是从推进媒体深度融合工作和媒体融合事业的角度出发，传媒行业与各地各级融媒体机构可以通过开办和开展 5G 消息业务实现"以先进技术引领驱动创新"，促进 5G 技术能力与媒体融合要求的一体化发展。5G 消息对于媒体融合而言，不仅是对于新技术的应用和增值业务，更意味着将催生一个全新的潜力 5G 新媒体"技术平台"以及平台所带来的新生态。5G 时代的媒体深度融合阶段，融媒体机构要拥有自身可管可控的新媒体平台，作为移动传播的新高地，5G 消息是建构完善全媒体传播体系的必备"组件"。基于 5G 消息，媒体融合工作可以实现四个"融"，即融合新终端——物联网、融合新技术——AI 和大数据、融合新场景——产业融媒体传播、融合新服务——本地信息服务。

五　立足需求的六"不"和六"要"

基于四类主要需求，传媒行业要守正创新、做优做强，探索开展 5G 消息，考虑如下"六个'不'、六个'要'"。"六个'不'、六个'要'"是在对当前各级 5G 消息+媒体融合业务应用实践的经验总结基础上提出的思考和建议，是在尊重传播规律，尊重科技发展规律的基础上，提出的新观点、新逻辑、新模式。

其中，"六个'不'"是指 5G 消息不只是传统"手机报"的 5G 版；不只是媒体机构"官网"的移动版；也不只是客户端 App 的"轻量"版；媒体开办 5G 消息的内容体系不要"又全又大"；不要只做"新闻"；更不要仅把 5G 消息当作"渠道"。此外，"六个'要'"是指传媒行业开展 5G 消息要有突破的勇气，要时刻留有创新的余地；要重视"视频态"的表达、呈现和连接；要重视发挥利用 5G 的本质、特征和优势；还一定要重视与用户之间的交互、联系和沟通；要多收集数据、擅用数据；要有平台思维、生态意识。

第四节　媒体融合5G消息应用的新场景

从对媒体融合发展的支撑性角度来说，传媒行业开展 5G 消息业务主要包括三大类应用场景——基础应用场景、增值应用场景和创新应用场景，三大应用场景分别聚焦三个不同层次和方面的工作。其中，基础应用场景用来支撑新闻媒体和融媒体中心、新媒体机构当前的重点任务、重要工作；增值应用场景致力于业务的开拓创新和市场的增效创收；创新应用场景则聚焦媒体融合未来发展的前沿方向。基础应用场景下，通过开办和运营 5G 消息可以改善和增强传媒机构的基础工作、核心业务；增值应用场景下，可以通过 5G 消息开拓、发展新的增值业务；创新应用场景下，可以研究、探索面向未来技术发展趋势的媒体融合创新业务、前瞻性业务。

三大应用场景最终的落脚点都在于通过新技术、新应用有力地支撑媒体融合更好、更深入地发展。三大应用场景分别布局当前、现在和未来，在做好、做实基础应用场景的前提下，可以进一步做优、做新增值业务；同时，增值业务的发展和推进也为探索创新应用场景助力，创新应用场景中的新思路、新发现又可以反向支撑基础应用场景。三大应用场景之间相互关联、相互作用，形成良性循环（见图2）。

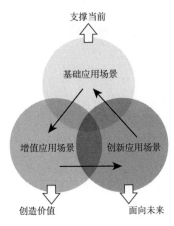

图 2　三大应用场景的关系

一　基础应用场景

传媒5G消息的基础应用场景应充分利用5G消息的技术优势和传播优势，改善和优化现有的重点业务与重要工作。基于目前的重点业务与重要工作，基础应用场景需做好四件事：第一，抢占移动优先新阵地，创建5G新媒体传播主阵地；第二，弥补全媒体传播渠道，提高传播效率、增强宣传效果；第三，丰富内容表现形态，改善媒体接触体验；第四，做好用户服务，提高互动活跃度，满足用户个性化需求。传媒5G消息基础应用场景可以细分为四大主题、八大板块进行业务优化（见图3、图4）。

（一）做优主业

1.5G消息+新闻/发布

通过5G消息发布新闻和重要政务信息，对用户而言有很强的宣传引导和广泛告知作用。以5G消息的形式第一时间发布包括新冠肺炎疫情防

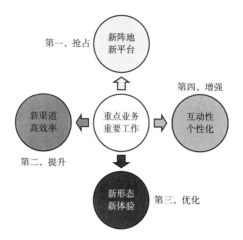

图 3　基础应用场景四大主题

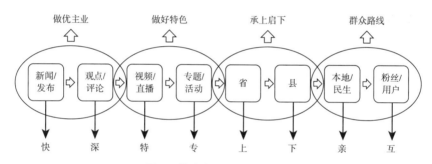

图 4　基础应用场景八大板块

控最新要求、气象预警信息等人们最关心、关切的重要话题，以及与人民生活息息相关的各类主题内容，可以使重要的信息以更快的速度直接到达用户。

2. 5G 消息+观点/评论

新闻和评论是主流媒体，其是新闻媒体的两大主业。新闻媒体评论业务之重，在于提高舆论引导能力，发挥理论传播主渠道作用。"又快又深"和"个性化体验"则是新闻媒体开展 5G 消息可以为用户提供的业务升级新价值。通过在页面设置选项卡的形式和利用更多元、丰富的交互功能，5G 消息开展传媒评论将使用户感受更加个性化的深度阅读体验。用户可以根据自己的喜好和个性化选择，与5G消息的聊天机器人Chatbot进行实时交互，从而实现"千人千面"的内容差异化选择，提升阅读感受和媒介接触体验。

（二）做好特色

1.5G消息+视频/直播

5G具有超高速率、超低时延、超大链接等技术特点，传媒行业开展5G消息可以利用5G技术优势特色使基础应用场景中的业务逐步向视频化、直播化迁移。例如可以在5G消息中设置交互按钮，开办视频专题区和直播专栏，甚至嵌入5G慢直播能力。陪伴式、长时间、无干扰的"慢直播"属于原生内容，能够给用户带来新鲜感和更加真实的"在场式"体验。

2.5G消息+专题/活动

对于以"两会""国庆"为代表的社会重大事件宣传报道是各地、各级、各类媒体的重要任务。此外，凸显地方特色的节庆活动和产业高峰论坛等大型行业活动也是地方媒体集中宣传报道的重要节点。传媒行业可以发挥5G消息灵活机动的技术优势，充分利用5G消息平台丰富的模版设置功能，在各类社会重大事件的集中宣传报道中以5G消息的形式与传统媒体渠道同步发送信息内容。

（三）承上启下

四级发展格局是我国媒体融合的整体要求。作为四级媒体的组成部分，中央级、省级、市级、县级融媒体都承担着新闻信息传播、主流舆论引导的责任，但同时四级媒体也各自肩负着不同的使命，有着不同的目标和定位，共同构建全媒体传播格局。

1.5G消息+省级融媒体

省级媒体在5G融媒体应用方面应积极推进5G技术落地，促进5G等先进技术的融合应用，拓展5G技术条件下媒体融合的新应用领域。一方面要充分发挥5G在广播电视节目中的技术优势，赋能文娱产业，利用5G技术为多元化的内容生产提供支持，使内容制作走向智能化，创新文娱内容表现形态。同时，更要积极搭建以 5G 消息为代表的 5G 技术平台，为 5G 应用提供高效率、高质量的平台支撑，盘活各类应用场景，让 5G 应用融入各行各业，赋能地区经济发展。

2.5G 消息+市级融媒体

市级融媒体在省和县之间发挥着承上启下的平台枢纽作用，承担着信息资讯的聚合与分发任务。在对以 5G 消息为代表的 5G 业务应用创新探索中，市级媒体应充分整合地方资源，联动省媒和区县融媒，形成全媒体生态圈，把 5G 技术"联通万物""上启下沉"的作用和优势更好地落实到社会基层。

（四）群众路线

1.5G 消息+本地/民生

媒体融合要走好群众路线，更好地"引导群众、服务群众"。对于各级融媒体而言，"舆论引导"和"民生服务"是一体化的，是一致性的要求。特别是对于市级、县级本地化属性更突出的、深入社会民生的媒体而言，更需要通过 5G 新技术能力和新应用平台做好群众服务、群众思想引导和群众精神文明建设工作。

5G 是普惠全民的、为人民群众提供优质宽带移动网络通信的社会新型基础设施。5G 消息以智能终端的短信为入口，也是最贴近群众的一种信息组织形式和业务形态，在用户的"媒介接触可能性"维度上，甚至可以超越互联网和移动互联网平台的大部分应用。传媒机构应充分利用 5G 的规模性和基础性优势，充分利用 5G 消息在 To C 和服务方面的优势，发动群众以手机终端和 5G 消息为平台，广泛、积极、深入地参与到媒体融合的信息流动中，弘扬"开门办报"之风，切实践行向群众"打开门"，融媒体为群众的理念。

2.5G 消息+粉丝/用户

5G 消息业务在运营和发送、接收环节，大量的信息传播都以人机对话为交互方式，用户与媒体和内容的连接是发生在"对话"中的。天生的沟通属性、天然的技术优势和独特的接触方式，使 5G 消息成为一个高效、便捷的用户"互动工具"。传媒机构可以通过5G消息平台与自身用户群体建立直接的联系，保持持续的沟通，不断创造和增加媒介"接触点"，促进媒体与用户的深度互动。同时，频繁的交互、大量的人机对话，也会相应地创造出海量的用户数据，并在媒体机构的5G消息平台中不断积累。真实互动产生的数据可以广泛、全面地反映用户的媒介接触行为特征，对于媒体机构理解用户需求，了解用户喜好具有重要的意义和作用。同时，更利于媒体机构基于"反馈"优化5G消息平台和产品，完善运营策略，真正做到从用户中来，到用户中去。

二 增值应用场景

传媒机构开展5G消息的增值应用场景将充分利用5G先进技术的协同性和连接力，开拓新的业务模式，创造新的市场价值，增强自身"四力"——媒体竞争力、市场开拓力、服务支撑力、社会影响力。具体而言，媒体融合发展中的5G消息增值应用场景涵盖四个方面的工作：第一，发展数字经济新形态，提高市场活力，增强竞争实力；第二，支撑各行各业数字化转型，服务垂直领域产业媒体融合传播；第三，将5G消息作为"变量"，转化为市场价值和社会价值的"增量"，深耕数字社会传播新需求；第四，探索媒体融合+5G的发展模式新路径，打造"新闻+政务服务商务"运营模式创新案例（见图5）。

媒体融合发展中的5G消息增值应用场景大约涉及八个垂直领域，包括且不限于政务、医疗、文旅、交通、会展、教育、生活、应急管理等。以上八大领域是城市建设和社会发展所必须、必要的应用场景，5G消息就像润滑剂一样，渗透城市和社会机器运转的关键"零部件"，促进经济社会高效运转。同时，在以上不同的社会场景中，5G消息所承担的功能和发挥的作用都将涵盖包括发布通知、业务办理、形象宣传、市场营销在内的四方面内容，以满足不同行业但目标一致化的各种传播需求（见图6）。

面向增值应用场景，媒体是"服务者"的角色，既是专业化的内容服务者也是拥有先进技术能力的传播者。媒体融合+5G消息定位于通过运用

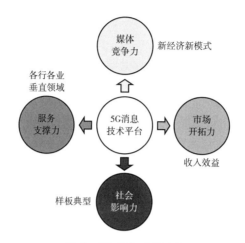

图 5　5G 消息"四力"

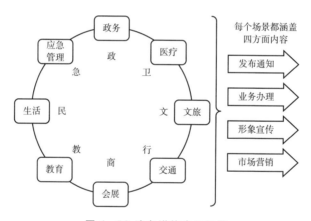

图 6　5G 消息增值应用场景

新技术、新媒体、新平台,为社会各领域和千行百业提供专业化服务的全媒体传播能力提供商。传媒机构通过开展 5G 消息可以实现"一手抓技术,一手抓内容",两手共同发力,提供内容支持和技术支撑,服务于社会各行各业的传播工作和数字化转型。不仅于此,在实现了为政务、医疗、文旅、交通、会展、教育、生活、应急管理等不同行业和社会领域提供服务的同时,也获得了媒体自身内容传播范畴的不断拓展和深化,以及对于自有新媒体平台用户群体的积累和维护。

（一）政务领域场景

面向政务领域的5G消息服务，主要基于大数据与Chatbot等技术，深度融合多卡片、视频、智能交互等多种业务功能，实现政策解答、业务查询、一键办理、服务推送等个性化服务场景，达成"服务推送精准化、功能实现智能化、政务流程便民化"的目标。

1. 政策解答

政务窗口单位5G消息可以通过面向用户广泛下发的形式，宣传政策法规、管理办法等政策性文件，也可以基于5G消息，将政务单位相关信息与运营商大数据结合，向5G消息用户精准推送与特定用户群体相关的政策资讯、最新动态等政务信息内容。用户还可以与Chatbot进行会话式交互问答，通过输入相关关键词来获取和了解相关政策的深度解读、常见问题解答等资讯内容及专题内容。快速、便捷、精准是5G消息提供政策解答服务的核心优势，特别是更符合老年人群体的需求、特点与使用习惯。

2. 业务查询

政务窗口单位的5G消息可以通过Chatbot向用户推送相应的业务查询卡片，包括业务进度查询、业务结果查询等，让用户无须来回奔波就可以在线查询业务办理情况。办事人通过点击消息卡片或者自由交互的方式，可以一键获取业务流程进度。在办理业务时，5G消息可以直接向用户发送受理完成通知，并在底部设置快速查询入口。或在Chatbot中设置个人事务按钮，用户点击后，系统以下发卡片的形式显示用户全部正在办理事项的清单，其办理事项的每个审批环节及当前的进度一览无余。

3. 一键办理

政务窗口单位5G消息可以设置一站式的服务选项，如预约排号、查看排队进度、进入办事流程、获取办事指南、进行办事咨询、申办业务、填写服务满意度问卷等。窗口办理的大部分流程使用5G消息进行，相比原来的预约通知可以大幅缩减和简化用户办事流程。

4. 服务推送

政务窗口单位 5G 消息还可以通过 Chatbot 向用户推送相应的服务卡片，包括征集活动、成果展示、工作安排等，使用户方便快捷地查询和查看感兴趣的推送内容并选择是否深入了解具体情况。用户通过点击服务卡片或者在对话框进行智能交互的形式，可以一键获取服务内容。如在"征集活动"服务卡片中，征集人可以通过 5G 消息向用户发送征集活动的背景、计划、具体办法、时间进度等详细信息，并在底部设置"我要参加"的活动入口，用户点击进入后，可以直观、直接、深入地进一步了解参加者资质、时间进程、作品案例等相关细节，并可以直接在 5G 消息平台提交个人作品。

（二）医疗领域场景

5G 消息的医疗领域场景涵盖预约挂号、在线问诊、医院导航、防控管理等服务功能，在服务分发的全流程闭环中提供安全、稳定、高效的技术与运营保障。用 5G 消息新技术、新业务赋能智慧医疗，能够帮助医院在 5G 时代更快更好地与其用户进行高效沟通，为病患创造全新的就医体验。

1. 预约挂号

医院可以通过 5G 消息向用户提供预约挂号、快速分诊等便捷就诊服务。用户通过文字、语音等方式与 Chatbot 交互后，可根据具体情况确认挂诊科室、查看医生简介、确认挂号医生、根据值班情况进行预约挂号，来到医院进行就诊时也可以通过 5G 消息获取挂号科室的导航信息。

2. 在线问诊

在医院完成就诊后，患者可以不用到医院，也无须下载 App，随时随地通过手机就可以收到医院各种图文并茂的检验检查报告。同时还可以根据病情或检测报告进一步满足用户针对诊断报告的在线咨询、解读、问答等需求，未来在此基础上医院将衍生出更加多元的服务，为患者提供帮助。

3. 医院导航

用户或患者可以利用 5G 消息的卡片窗口或通过与智能交互机器人问答，获取医院各科室的位置信息以及医院全局导览、导航，为患者以及患者家人高效、准确地就医和办事提供帮助，解决信息不对称问题。

4. 防控管理

5G消息能够有效助力医院和医疗领域的防控管理工作更加高效、科学地开展。例如针对疫情防控工作，传媒机构可以通过5G消息发布电子版《市民防疫服务手册》，并对相关信息进行实时更新，还可以根据用户不同情况及其所在位置进行精准推送。5G消息版《市民防疫服务手册》承载的内容可以涵盖疫情防控信息发布、最新管理要求以及核酸检测点查询等功能，在一定程度上能够满足防控管理工作对于时间效率和准确度的高标准要求。

（三）交通领域场景

5G消息在交通领域的应用场景主要涵盖行程预订、交通管制、路况预警、信息查询等在内的多种功能和服务模块。传媒行业机构利用新兴的5G消息技术和产品赋能交通融媒体传播，可以在服务分发的全流程闭环中提供权威的信息来源、及时准确的发布渠道，以及高效的技术实现与持续运营能力。

1. 交通管制

在辅助交通管理和道路管制方面，5G消息能够在无专用终端和专用App的情况下直接将平台的各类预警消息下发至手机用户，大幅提升车路协同服务的渗透率，实现基于5G消息的道路交通管制、道路施工预警、气象灾害预警等场景应用，为用户提前规避因消息同步不及时带来的出行计划临时变更等不便情况。

2. 路况上报

在路况预警或交通事故绕行等情况下，用户可以通过5G消息平台第一时间上报身边的路况问题和突发交通事故。这种方式既能充分调动民众作为交通参与人广泛的信息采集和协助城市交通正常运行的积极性，助力交通出行一路畅通，又能提高交通管理部门、媒体机构与民众的互动性，促进百姓对交通管理工作的支持和理解。

（四）文旅领域场景

5G消息的文旅领域场景能够涵盖城市宣传、景点导览、旅行攻略、景区宣传、门票预订等一系列相关服务功能。传媒行业、媒体机构利用新兴的5G消息技术和产品赋能文旅融媒体传播，可以为文旅行业真正打通"线下游览"与"线上数据"的一体化提供帮助，实现品牌、宣传与产品、服务的深度融合；并基于5G消息支撑文旅行业企业更好地为用户提供高效、优质、贴心的服务，打造智能化的全新旅游体验。

1. 门票预订

文旅场景下的5G消息通过获取并集成位置信息以及在线支付、搜索查询等能力，支持用户在5G消息聊天窗口进行路线导航、选购门票以及完成移动支付等功能，形成景点票务的业务闭环。5G消息能够一站式对接不同的在线旅游生活平台，覆盖"吃、住、行、游、购、娱"等不同类型的生活场景。用户不用下载App，只需在手机自带的短信入口里通过文本、语音、对话等形式向Chatbot聊天机器人描述个人需求，5G消息就能够根据用户需求提供多个展示窗口，分别呈现与用户需求相对应的信息或推荐结果。

2. 景点导览

5G消息能够提供指定位置的周边景点查询、VR游览、路线规划、路线导航、商品购物、订单查询、在线支付等功能。结合旅游大数据的综合技术应用，还可以使外地游客在适当的场合、适当的时间收到来自5G消息的旅行信息推荐引导。用户无须关注微信或下载App即可一键查看个人感兴趣的旅游景点导览信息，还可以使用互动、搜索、小游戏等特色交互服务，甚至直观地欣赏美景视频、慢直播等，感受身临其境的独特氛围。用户完成景点预订服务后，5G消息能够进一步推荐景点游玩攻略，也可以根据用户需求定制景点路线等，用户还可以通过5G消息平台的下拉菜单了解当地文化知识等关联内容。

3. 景区宣传

在景区宣传方面，5G消息应用可以提供涵盖历史文化知识讲解、自然知识科普、主题活动推介等功能、板块及其相关内容的发送。用户通过5G消息平台可以在出行的"前—中—后"不同阶段方便地了解当地美食、特产、天气、主题活动等相关内容。同时，5G消息平台还能够通过识别用户所接入的通信网络，智能化地向用户推荐附近有趣、好玩的景点、美食、住宿、民俗文化等信息。5G消息与运营商大数据能力的结合，对用户提供的资讯内容能够更契合用户需求，服务更具有针对性和实用性。

4. 旅行攻略社区

旅行攻略场景下，5G消息可以发挥其To C的信息传播能力，特别是极具社交属性的5G消息C2C能力。"攻略"是用户与用户之间的信息传播形式，是用户生成内容的UGC模式。基于5G消息开展"旅行攻略"服务，可以充分利用游客以手机短信为入口贡献内容的便利性，并附加所在地理位置信息，智能化的机器辅助加工、合成相关路线的旅行攻略。进而再通过5G消息平台向用户推荐景点附近的"吃、住、行、游、购、娱"全方位信息，并在恰当的时间和位置推送相关游记，为用户提供游玩参考。

（五）会展领域场景

通过搭建5G信息服务平台，能够使会展主办方与展览场馆建立"线上—线下"链接，并为参展商和观众提供全方位的服务。会展5G消息所承载的功能涵盖宣传招商、资讯发布、会议日程、专题展会、报名参展、参会签到、获取资料等展会的全链条、全环节。通过设置5G消息富媒体卡片，为B端和C端用户提供一键注册报名入口、展览信息即时发布、系列主题研讨会日程提醒等丰富的功能，方便参展商和观众在会展的不同环节、不同场合下都能够更加高效地沟通和开展工作。

1. 会展资讯

主办方通过5G消息向用户推送会展资讯，用户可查看近期会展内容列表，选择感兴趣的会展查看详细资料，甚至通过5G消息提供的VR观展功能"进入"会展现场，更加直观、直接地观展和参会。

2. 专题展会

用户可通过5G消息智能交互页面"订阅"相关个性化"标签"，进而精准锁定并及时获取个人感兴趣的特定专题会展相关信息。针对特定主题的展览和会议，用户可以通过5G消息进一步了解日程安排、重要嘉宾、同业参展商等详细的工作安排和商务信息，并可一键报名参会。对于会展主办方而言，专题展会应用也有利于掌握展会运营情况，有助于正确判断展会举办的实际效果。

3. 注册报名

用户可通过 5G 消息页面的提示进行展会注册报名，并可以用手机号作为唯一身份标识，查看以往参会记录、报名详情、座次安排以及参会二维码等，为展会观众提供方便快捷的参会手续办理服务。

（六）教育领域场景

教育行业通过 5G 消息平台能够为用户提供教育政策解读、学区学校概况、招生计划安排，名师先进事迹、名课资源推荐，以及考试报名、分数查询等丰富的内容和相关功能服务。

1. 政策发布

教育行业政策阶段性发布的时间特点很突出，对于不同年龄段和学习阶段的家长用户，5G 消息可以有针对性地发送相关教育政策，并根据用户个性化需求提供进一步的政策分析、专家解读等内容。例如在每年的中高考季、升学季，开设专门的政策解读专栏，为用户提供所在位置附近学区情况以及周边学校的招生通知、生源要求等详细信息。

2. 学校宣传

各级学校、各类教育机构的宣传工作可基于 5G 消息平台开展。以学校和教育机构为信息发布主体，5G 消息可成为学校概况、发展历程、荣誉成就、招生简章等各方面内容的移动端发布渠道，同时也可通过视频、图文等富媒体消息的形式展示校园环境、优秀教师代表、教学成果等方面的内容，让学校的信息发布工作不仅直接、精准，而且更加生动、直观。

3. 教学课堂

5G 消息基于移动通信的"连接"优势，可以为学校日常教学和家校共育工作提供有力支撑。一方面，5G 消息能够为班主任、教师和学生家长的沟通联系提供"点对点"和"群组模式"的联系平台；另一方面，5G 消息的交互能力也能够使其成为教师布置作业、批改作业、讲评作业的信息化工具。

（七）便民领域场景

5G 消息能够广泛应用于社区民生和便民生活的各种场景，覆盖衣食住行等日常生活的多个领域。商场和商家可以基于 5G 消息平台的各类模板打造企业、品牌的 5G 消息服务号，并通过 5G 消息的形式开展营销、推广、宣传、促销、新品发布、会员积分等各种市场经营活动，从而更加精准地与顾客和潜在顾客建立持续的沟通连接，更好地服务生活半径内的居民生活。

1. 商场商业

5G 消息改变商户和顾客之间的传统沟通模式，用户可以通过商业主体开办的 5G 消息 Chatbot 随时了解营业时间、地理位置、交通路线及其他商家促销信息。此外，5G 消息也能用于商场的运营维护和日常管理，例如监控、消防、安保等场景。当特殊情况发生之时，商场的运营维护和日常管理系统可以通过下发 5G 消息的形式第一时间通知工作人员及其他相关管理人员。5G 消息可以在文字通知之外，附加图片、影像、定位等详细信息，协助工作人员准确、高效地在第一时间处置问题。

2. 餐馆餐饮

餐饮场景下，5G 消息的优势和能力体现在依据"位置"精准推荐的能力和更加直接、直观的内容展现。依据定位，5G 消息可以为用户推送所在位置附近的餐厅列表，并能够根据顾客提供的个人口味偏好关键词，推荐相关餐厅和菜品。用户能够在 5G 消息 Chatbot 的引导下，全面了解餐厅和菜品的详细信息，并通过智能交互的方式在 5G 消息页面完成位置预定、排号等候、点菜下单以及付款结账等一站式操作。

3. 住房物业

与餐饮场景类似，居住场景下，5G 消息的优势和能力也体现在基于定位能力的精准推荐和形态丰富的内容呈现。5G 消息可以通过图文、视频、VR 等富媒体内容形式为用户了解居住条件、房源信息、售价租价等方面的情况提供便利；同时，也能够为住户提供物业管理方面的各种线上办理服务，包括缴纳费用、访客登记、小区通知发布等。

4. 公 共 交 通

公共交通场景下，5G 消息的主要优势和能力不仅体现在精准定位能力上，更体现在短信入口的"时效性"和 5G 网络的"低时延"能力上。5G 消息可以为用户和乘客提供公交地铁的路线查询、换乘规划、路况信息，并为用户提供了解场站、站点周边实时情况等功能和服务，在方便用户出行的同时，提高公共交通管理效率。

5. 快 递 物 流

在快递物流场景中，5G 消息可提供包括附近网点查询、预约上门、在线支付等服务。5G 消息的 Chatbot 人机对话还能够满足用户语音输入地址信息以及查询快递物流位置等相关的便捷性需求，支撑快递物流行业建立用户服务的新入口和新方式。

（八）应急领域场景

目前，移动通信短信息仍然是应急管理信息发布的主流方式。5G 消息不仅延续和保留了短信息简明、快速、直达用户的特性，还兼具了丰富的内容形态和多元的交互功能优势，这种特性使 5G 消息在应急管理、指挥调度方面有着广阔的应用前景。5G 消息可以为各地应急管理部门以及气象局、地震局等单位，在暴雨、洪涝、山洪、台风、高温以及地震、海啸等极端天气和突发自然灾害场景下提供高效的信息化应急管理工具，主管单位可通过 5G 消息发布台风登陆预报、气象灾害预警、入梅提示、科普知识宣传等信息内容，并提供相关拓展服务。

1. 气 象 灾 害 预 警

在气象灾害高发季节，特别是针对暴雨、暴雪、道路结冰等有可能给人们日常工作生活带来不便的情况下，媒体机构可以协助本地气象管理部门通过 5G 消息平台，以图片、文字、视频、语音等富媒体形式发布气象应急信息，直接触达终端用户。5G 消息中还可以设置查看实时气象云图的交互按钮，为用户提供可视化的分析解读，方便用户随时了解天气未来走势，及时调整出行安排，保障出行安全。

2. 科普知识宣传

应急自救知识的科普宣传至关重要，在紧急情况下甚至可能会因为错误的方法而造成严重后果。应急管理部门在促进社会协同治理方面的定位和责任，以及主流媒体在内容专业性、权威性和舆论引导性方面的独特优势，让科普宣传成为应急管理+媒体融合的最佳结合点。5G消息平台是将二者需求结合，实现"广泛到达+精准推送"和"因人施教+普遍宣传"的双效目标。

三　创新应用场景

传媒行业开展5G消息的创新应用场景应充分认清5G新媒体趋势和新一代信息技术的发展规律，积极融入技术创新的媒体变革，紧跟5G商用步伐，探索"纵横贯通"的5G+媒体融合创新发展模式。

"纵横贯通"即纵向贯通、横向联结，5G将促进媒体传播与社会发展全面融合。一方面，在纵向贯通媒体与传播的过程中，5G、云计算、人工智能、物联网等先进技术的应用贯穿采、编、审、发、反馈各环节；打通至中央、省、市、县各级媒体机构；互联起大屏、小屏、家庭、车载、户外全终端，具有了全媒体传播体系的属性和特征。全媒体传播体系是各级各类新型主流媒体全方位协同的结果，单一媒体机构难以独立完成全媒体传播体系的建设任务。构建全媒体传播体系就要在技术的引领驱动下，促进全流程、全机构、全终端的整体发展和全面提升。另一方面，在横向联结传媒与社会的过程中，5G、云计算、人工智能、物联网等先进技术的应用可以发挥传媒在社会治理、舆论宣传、精神文明、社会民生中的渠道价值与传播能力；实现舆论引导、思想引领、文化传承、服务人民的全面目标。建设全媒体传播体系，一定要从传媒行业走出去，与其他行业跨界合作，要在其他行业中体现出强大的信息处理能力与传播服务水平。①

---

① 卢迪：《协同性与连接力：5G推进媒体深度融合的作用机制》，《现代传播（中国传媒大学学报）》2021年第43期（08）。

传媒行业 5G 消息创新应用场景主要涵盖四个方面的内容，即创新业务运营、创新资源整合、创新合作模式、创新技术平台（见图 7）。创新业务运营是指传媒行业开展 5G 消息需要具备相应的内容审核能力、用户管理能力、数据分析能力等新的业务能力；创新资源整合的含义是指传媒行业可以通过开展 5G 消息拓展旅游景点、校园、社区、医院等新的垂直化传播渠道；创新合作模式意味着传媒行业通过开展 5G 消息能够广泛联合技术提供商、互联网公司、终端公司等新的合作伙伴，共建全媒体传播生态；创新技术平台则指传媒行业开展 5G 消息应注重建设自己的技术平台，构建面向 B（企业 Business）端、C（个人 Customer）端、T（物体 Thing）端的，能够覆盖物联网、户外媒体新终端体系的技术平台。

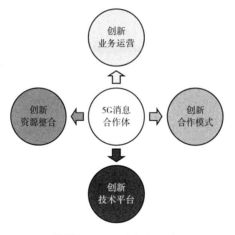

图 7　传媒行业 5G 消息创新应用场景

随着 5G 消息的商用发展和逐步规模化，传媒行业开展 5G 消息势必需要进一步掌握和具备内容审核、账号管理、数据分析等多元能力，实现从账号运营业务模式到平台管理业务模式的转型升级。

随着 5G 在 mMTC 场景下"万物互联"的不断生成，5G 消息也必将随之发展成为一种新的连接方式，不仅包括"人与人"之间的连接，更涵盖了"人—物""物—物"的广泛连接，实现从"人"联网到"物"联网的转化和演进。

同时，随着5G消息渗透和服务的行业越来越多，就越有可能孵化和催生出根植于垂直场景中的全新媒体，实现从"移动化"的新媒体到"场景化"的新媒体的演化和转变。传媒机构5G消息产品越成熟，运营能力越强，未来才有可能实现从"技术应用者"向"服务提供者"角色的转变，实现从"强自身"到"赋能他人"的高阶层次发展（见图8）。

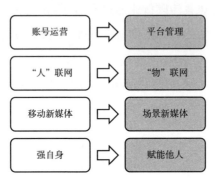

图8 传媒行业5G消息创新应用场景

第五节 媒体融合5G消息服务与运营

一 传媒行业5G消息主要服务类型

（一）政务民生普遍服务

5G消息能够广泛应用于政务领域和便民生活场景，实现"办事流程便民化、服务推送精准化、功能实现智能化"。在政务领域，5G消息让政策解答、业务查询、一键办理、服务推送等个性化服务场景成为可能。通过5G消息融合窗口单位自有数据及运营商大数据，向5G消息用户精准推送窗口单位的服务政策、最新政策报道等内容。用户也可以通过Chatbot进行会话式交互服务，Chatbot能够让用户快速了解窗口单位的政务政策，获取需要的业务查询卡片，用户无须来回奔波就可一键办理预约、排队、咨询、申办等业务流程，一键获取业务办理进度。

在民生领域，5G 消息覆盖衣食住行等多个应用场景。5G 消息可以通过图文、视频、VR 等富媒体消息内容为用户提供商场、餐馆、租房、交通等多元信息，同时也提供智能交互、预定排号、点单付款、物业管理、生活缴费等全方位的民生服务，使用户足不出户就能完成一站式操作，解决生活上多方面的问题。

（二）人机交互个性服务

5G 消息中的智能互动体验主要体现在虚拟现场感知、游戏与电竞、人机混合智能媒体服务、媒体大众参与及 5G 自媒体等服务。用户无须添加好友或关注企业，即可实现个人与个人、个人与企业之间的交互。其中，个人与企业之间的交互通过文本、图片、音视频、3D 视觉与全景、VR 媒体信息甚至是全息互动系统，根据预设的 AI 逻辑或 NLP（自然语言处理）算法，由用户在终端 5G 消息应用中与 Chatbot 进行消息收发。[①] 人机交互功能将使账号与用户间的互动更加多元智能，5G 消息融合人工智能、大数据、云计算等多种技术能力，为用户提供交互式、智能化、个性化服务。

（三）数字经济消费服务

5G 消息助推富媒体电商、富媒体共享应用、富媒体区块链等服务[②]的发展与成熟，使得数字经济应用场景深入城市发展各个角落，涉及文旅、会展、金融、交通等多元垂直领域，这些领域都生出了媒体的因子，展开大量的信息推送和与用户之间的广泛交互。如在 5G 消息+电商的媒体增强服务中，由于富媒体短信的应用优势，用户无须打开第三方 App，即可直接通过群发短信内附链接进入直播页面。在直播过程中用户可以通过智能交互界面进入卡片窗口内进行商品购买，从而有效缩短用户决策过程，快速完成交易闭环。在直播完毕后企业可以根据用户对群发短信的点击率、成交数据等相关信息进行统计分析，方便企业及时根据营销效果调整经营策略，为企业的

---

① 《传媒行业应用消息业务总体技术要求》，新华网，2021 年 2 月 25 日，http：//www.xinhuanet. com/info/download/传媒行业应用 5G 消息业务总体技术要求 0225（9）.pdf。

② 《传媒行业应用消息业务总体技术要求》，新华网，2021 年 2 月 25 日，http：//www.xinhuanet. com/info/download/传媒行业应用 5G 消息业务总体技术要求 0225（9）.pdf。

精准化运营提供科学决策依据。① 5G消息为媒体把握数字经济趋势融合转型、增强服务提供了更大的发展空间。

（四）出版发行知识服务

媒体作为信息内容的传播主体，尤其是传统媒体能够以其体系化、专业化、权威性的信息生产模式为其传播的信息内容背书，媒体知识服务成为新时代媒体融合转型的重要途径之一。5G消息的原生性、开放性和先进性能够让媒体为用户全流程、智能化、个性化地提供知识服务。同时，5G消息也为媒体和用户在知识服务上展开交互参与提供了便捷的平台。5G消息或将与知识付费平台合作，通过富媒体卡片、深层链接等形式展开在线教育、云端展示、虚拟仿真等服务②，助推以读者为中心、以社会知识需求为舞台、以定制化和个性化为形式、以互动创新知识传播的效果和效率为目标、以全程开放性为特点的知识服务创新模式落地生根。③

（五）万物皆媒互联服务

5G消息让机器媒体、自然媒体、车联网媒体、楼宇媒体、智慧城市媒体、空天媒体等服务有了更多的可能性。④ 目前，物联网的场景交互方式已开始多样化，但手机依然是核心的交互工具，App和小程序是主要的交互平台。但App和小程序的弱势在于其并非手机原生应用，需要用户主动操控，受制于消息推送权限限制。相比起来，5G消息能够将诸如安防报警等应急消息及时准确地推送给用户，也能解放用户双手，不需用户主动操纵就能接受诸如烟雾报警器信息上报等物联网应用服务。⑤ 在物联媒体的发展中，5G

---

① 腾信集团：《直播电商带货时代 利用富媒体短信营销 助力电商获客》，http://www.1086sms.com/xwzx/hyzixunlist_2457.html，2020年11月12日。

② 《传媒行业应用消息业务总体技术要求》，新华网，2021年2月25日，http://www.xinhuanet.com/info/download/传媒行业应用5G消息业务总体技术要求0225（9）.pdf。

③ 《媒体融合向知识服务延伸靠什么》，人民网，2018年5月6日，http://media.people.com.cn/n1/2018/0506/c40606-29966903.html。

④ 《传媒行业应用消息业务总体技术要求》，新华网，2021年2月25日，http://www.xinhuanet.com/info/download/传媒行业应用5G消息业务总体技术要求0225（9）.pdf。

⑤ 《5G消息将成为新的物联网交互方式？》，维科网，2021年3月21日，https://fiber.ofweek.com/2021-03/ART-210007-8500-30490340_2.html。

消息的原生性、轻量化优势将更为突出，5G 消息将成为物联网交互的主要载体。

二　5G 消息融媒体主要运营模式

5G 消息新媒体的服务模式将在三大应用场景基础上探索形成"账号运营+技术服务+平台运营"，全方位支撑"新闻+政务服务商务"运营模式的新媒体服务模式及相关业务体系。在传媒行业开展 5G 消息的三大应用场景中，基础应用场景用来支撑传媒当前重点工作，改善和增强媒体基础业务能力水平，进一步巩固、突出新闻媒体的内容制作能力与优势。增值应用场景下，5G 消息支撑传媒机构创收增效，开拓创新增值业务，为行业机构和社会各界提供基于 5G 消息平台的"技术+内容+传播"服务能力。创新应用场景下，5G 消息为媒体融合发展的前沿方向和前瞻研究提供着力点。

（一）5G 消息融媒体账号运营

5G 消息商业模式中的账号运营服务是下一阶段即将发展和逐步出现的一种服务模式。从传媒行业的专业能力和内容优势角度而言，账号运营服务尤其适合作为媒体机构开展 5G 消息的主要服务模式。其中，5G 消息的账号运营服务模式包括开展主题宣传、策划创意、营销推广、业务代办等，通过智能化消息与互动式服务满足不同行业面向多场景的宣传、营销、传播需求，为消费品、旅游、互联网、金融、公共服务、连锁零售等行业企业提供基于 5G 消息的全媒体传播整合解决方案，承担品牌传播、商品宣传、活动策划、用户管理等具体工作。未来还可结合媒体智能化发展战略，打造包括智能创作、智能审核、智能触达、智能交互、智能运营环节在内的"五智"平台服务能力。

（二）5G 消息融媒体技术服务

5G 消息的技术服务涵盖账号开办、内容发布、消息发送以及小程序开发、账号维护升级等服务模式，可以满足客户在发送 5G 消息过程中与技术相关的专业要求。技术服务包括基础服务和定制化服务两种模式。5G 消息平台可提供 Chatbot 收发程序、在线素材库、场景化模版以及 SaaS 增值服务、云服务等产品功能模块，供使用者根据自身具体需求灵活选择。模版化和模块化的技术能力可节约大量时间、资源、成本，从而提升业务体验和服务水平。

（三）5G消息融媒体平台运营

5G消息商业模式中的平台运营是在账号运营和技术服务两种模式发展相对成熟，并形成了资源储备和经验积累之后进行的升级拓展，目标是打造服务和支撑媒体融合发展的5G消息CSP（Chatbot Service Provider，聊天机器人服务提供商）平台。平台运营将基于媒体专业的内容制作能力、舆论引导能力、全媒体传播能力和数据分析能力，为客户提供内容制作发布、Chatbot账号运营和以智能化为基础的AI交互服务来实现价值转化。媒体融合5G消息平台运营将基于丰富的场景和多元的业态，连接"社会—用户—行业"与通信行业的"网络—技术—能力"，通过对内容、消息、任务的综合管理实现5G消息在"社会大传播"中的场景化下发，助力消息升级与产业融媒体传播健康发展。

第六章
中国及海外5G消息行业应用

第一节　中国5G消息行业应用概况

目前我国的 5G 消息应用涵盖党建、政务、农业、交通、公安、政法、医疗、健康、体育、文旅、快消、商业、市政等领域。其中，政务、气象、银行、传媒领域对 5G 消息应用较多。应用场景主要涉及信息发布、业务办理、新闻报道等，也有在电商、营销等领域的尝试。

一　5G 消息在各行各业的应用概况

目前在银行领域，中国银行、平安银行、中国农业银行、浦发银行、江苏银行等代表性金融机构纷纷开设和使用 5G 消息进行业务服务。2020 年 12 月，中国工商银行试点推出 5G 消息业务服务，涵盖投资理财、办卡、贷款、缴费、智能客服、网点预约等 20 余项应用场景，用户通过手机短信消息窗口，即可快速查看银行的各类金融产品和资讯信息，办理贷款、申请银行卡等业务。如点击"我要办卡"，不需要下载 App 就可以实时查看工商银行的各类银行卡信息；点击"智能客服"可以实时与智能客服进行交互，在短信窗口输入热门活动、网点预约等关键词，即可直接获取周边网点信息、参加本地专属活动等。① 2021 年 9 月，中国移动联合中国工商银行共同完成的基于 5G 消息的数字人民币钱包正式上线，为以 5G 消息为载体构建数字人民币应用生态奠定了基础。② 2021 年 12 月，作为山东首个试水 5G 消息的银行，青岛银行完成 5G 消息部署，为客户提供微金融（账户查询、快捷理财入口、特色产品"海融宝"）、信用卡管理（快捷开卡）、生活服务（网点查询、精彩活动）等线上金融服务。③

目前 5G 消息在气象领域得到了广泛、充分的应用。早在 2020 年 5 月，浙江省气象局就发布了 5G 消息产品"5G 天气罗盘"。该应用基于 5G 技术的 RCS 富媒体消息模式，在保留原有专家把关的早晚天气预报、中期天气预报等短信产品的基础上，围绕定制化的信息推送和智能化的人机交互两条主线，利用移动大数据进行用户画像和使用行为分析，打造以用户为中心的天气消息传播新生态，做到精准化推送、融媒体展示、智慧化服务。④ 2020年 9 月 1 日起，浙江省气象部门在全省各市、县开展 5G 天气消息服务业务试运行。根据 5G 天气消息服务业务布局，浙江省、市、县三级气象部门将结合地方特色、公共气象服务品牌打造等需求，研发地域特色强、需求契合度高、品牌特征突出的 5G 天气消息产品，将 5G 天气消息产品打造成便民的移动气象台和避险安全哨。⑤ 在台风"黑格比"影响期间，浙江移动向20 万杭州主城区短信定制用户增发气象 5G 消息，取得了良好的应用效果。2021 年 11 月，湖北气象局首次发出 5G 消息寒潮预警共 47.8 万条，信息内包含天气变化提醒、天气实时查询、更多天气视听等多个模块，受众直接打

---

① 《工行布局 5G 消息领域提升移动金融服务》，新华网，2020 年 12 月 17 日，http：//www. xinhuanet. com/money/2020-12/17/c_ 1126872730. htm。

② 中国移动：《重磅！5G 消息首次上线数字人民币钱包啦》，https：//mp. weixin. qq. com/s/vhVMeQjNGDBh9xOjTCkstw，2021 年 9 月。

③ 《山东首家银行！青岛银行上线"5G 消息"》，青岛财经网，2021 年 12 月 15 日，http：//www. qdcaijing. com/jypd/dst/ziben/p/332692. html。

④ 浙江省气象局：《浙江发布首款 5G 气象消息》，http：//zj. cma. gov. cn/zwxx/tpxw/202005/t20200515_ 1655347. html，2020 年 5 月 15 日。

⑤ 潇湘晨报气象小秘书：《浙江：5G 天气消息服务业务投入试运行》，https：//baijiahao. baidu. com/s？ id=1677324401842098837&wfr=spider&for=pc，2020 年 9 月 9 日。

开手机自带的"信息"应用即可查看。[①] 12 月，江西省气象局首发 50 万条
5G 天气预报消息，并以气象为入口，提供更多关联生活的服务，如各类生
活指数、出行建议、旅游推荐等。[②]

政务类新媒体是 5G 消息的重要应用场景。以 5G 消息为入口的政务新
媒体服务，凭借用户群体的高覆盖和简捷的操作流程将成为党和政府联系群
众、服务群众、凝聚群众的重要渠道。[③] 在政务服务领域，2021 年深圳南山
区率先推出了 5G 消息政务服务的四大应用，首次将原来的一维文字信息转
换为多维的用户服务界面，如用户通过"5G 消息"的"办事"入口，可以
快速进入办事流程，获取办事指南，进入申办环节。[④] 在政务类新媒体的发
展中，传媒机构是其重要的中坚力量。目前，传媒机构应用 5G 消息的主要方
式为"消息+政务+服务+商务"。传媒机构可以通过集合图片、视频等富媒体
形式的 5G 消息，将政务信息及时传达给群众，并通过设置功能卡片，为政务
信息提供交互功能，以此来实现政务服务。如 2021 年两会期间，新华网客户
端就联合中国移动推出了全国两会 5G 消息模拟体验产品，用户可通过手机短
信、扫描二维码等多个应用场景进行体验。这款 5G 消息产品包括"两会热点
调查""两会智能问答""两会预约提醒""两会现场新闻""两会视觉""直
播两会"等多个模块，不仅可以让用户轻松获取全国两会的最新资讯，而且
能通过预约提醒服务，定制专属的两会日历。该产品依托新华网在全国两会
报道上的独家优势和海量优质资源，为用户建立起可以直接触达的信息通道，
通过富媒体内容形态，完成一站式人机交互业务体验。[⑤]

---

① 《湖北气象局首次 5G 消息寒潮预警，47.8 万条》，新 5G 消息微信公众号，2021 年 11 月，
https：//mp. weixin. qq. com/s/ZRUrUlACgL03hI7od9J-Lg。

② 《江西气象局首发 50 万 5G 天气预报消息》，新 5G 消息微信公众号，2021 年 12 月，
https：//mp. weixin. qq. com/s/BQFUGux_ tLMV2zrEeNp4Bw。

③ 于智源、宋笑笑：《一口通办：5G 消息媒体场景探究》，《中国传媒科技》2020 年第 9 期。

④ 《南山区"5G 消息"应用成广东省唯一政务类 5G 行业消息优秀案例》，《深圳晚报》，2021
年 1 月 7 日，https：//k. sina. cn/article_ 1913382117_ 720be4e5020013k3i. html？kdurlshow =
1&mod = r&r = 0。

⑤ 《新华网推出全国两会 5G 消息模拟体验产品 带你全新视角看两会》，新华网客户端，2021 年
3 月 3 日，https：//baijiahao. baidu. com/s？id=1693200135624470621&wfr = spider&for = pc。

二 5G消息在传媒行业的应用概况

当前，新闻媒体成为5G消息行业拓展的重要方向。新媒体的普及使媒体机构的信息传播时常发生在头部互联网平台上，因此在流量、服务、效益等方面多少都有些受制于平台。而媒体机构打造的5G消息产品，则能够通过运营商通道直接触达用户，减少了信息流通的中间环节，有利于产品的触达与传播、用户数据的分析等。同时，在运营商+媒体的双重背书下，5G消息产品在用户心中天然拥有信任优势，用户无须下载App就可以安全地消费媒体的5G消息产品。

在三大运营商的支持配合下，5G消息可以帮助媒体构建自主可控的私域流量与强大的信息传播平台，通过梳理构建新闻服务场景，获得用户终端常态化应用。[①] 随着5G消息技术的发展，5G消息的发展蓝图愈发清晰，国内运营商和一些媒体机构开始在多领域、多场景进行5G消息的应用试水，包括将5G消息应用于全国两会媒体报道、以5G消息模式变革多地融媒体手机报业态、多次举行5G消息大赛等，联动社会各界，激发全国各行业5G消息创新活力。

比如，以新华社、《人民日报》为代表的中央媒体正在不断探索5G消息融媒体应用场景的可能性，已在报道两会新闻、提供政务服务、创新手机报模式、赋能采编发平台智能化、优化信息搜索功能等方面进行了实践，切实推动了媒体融合向纵深发展。在省级媒体中，5G消息也正陆续登陆，重点应用于各省两会、大型赛事、党史学习等专题活动中，省级手机报也接连推出5G消息版。5G消息成为又一落地在省级融媒体应用中的先进技术。相较而言，市级融媒体使用5G消息的数量远小于省级媒体，且应用场景单一。徐州报业传媒集团在全国地市级媒体中打响了5G消息第一枪，与后续出现的地市级5G消息应用案例类似，都是对于某一专题性活动的应用。

---

① 程婧、徐才：《5G消息，信息传播的下一个风口？》，《中国记者》2021年第2期。

　　总的来说，目前传媒行业 5G 消息应用覆盖中央、省、市、县四级融媒体，整体呈现省级应用多，市、县级应用少的特点。且多数应用为单点应用，如用于报道两会的单项专题，能够持续运营的 5G 消息融媒体较少。同时，大部分 5G 消息应用都是以手机报形式展现，5G 消息融媒体新形态较为欠缺。截至目前，我国部分代表性主流媒体机构开展 5G 消息业务应用的相关情况如表 3 所示。

表 3　部分代表性主流媒体开展 5G 消息应用情况

媒体	类型	5G 消息产品名称	主要形态	上线时间
《人民日报》	中央媒体	《中国能源报》5G 消息	手机报	2021.1
新华网	中央媒体	新华网两会 5G 消息模拟体验产品	两会报道	2021.3
新华社	中央媒体	5G 消息版"全民拍"基层服务治理平台	基层服务	2021.9
新华社	中央媒体	中国搜索"5G 融媒搜索"产品	新闻信息服务	2021.11
中央电视台	中央媒体	央视频冰雪赛事 5G 消息	冬奥报道	2022.2
新华网	中央媒体	"5G 瞰天下"5G 消息应用	两会报道	2022.3
新华社	中央媒体	5G 价值阅读平台"悦读汇"	数字阅读服务	2022.4
《四川日报》	省级媒体	5G 消息版"川观新闻"	新闻信息服务	2020.9
《河南日报》	省级媒体	5G 消息手机报	手机报	2020.12
《湖南日报》	省级媒体	"新湖南"5G 消息	新闻信息服务	2020.12
新华报业	省级媒体	5G 消息两会通	两会报道	2021.1
大江网	省级媒体	江西党史学习教育 5G 消息	党史学习	2021.3
《重庆日报》	省级媒体	5G 消息报道两会	两会报道	2021.3
《四川日报》	省级媒体	川观新闻·5G 消息两会通	两会报道	2021.3
湖南红网	省级媒体	5G 消息服务号	手机报	2021.5
《湖北手机报》	省级媒体	5G 消息刊	手机报	2021.7
川报全媒体	省级媒体	5G 消息看奥运	手机报	2021.7
新华报业	省级媒体	5G 消息抗疫通	抗疫资讯	2021.8
川网传媒	省级媒体	5G 消息应用"乡村振兴看四川"	乡村振兴	2021.11
四川发布	省级媒体	四川发布 5G 消息	政务	2021.12
山东手机报	省级媒体	两会报道 5G 特刊	两会报道	2022.3

媒体	类型	5G消息产品名称	主要形态	上线时间
徐州报业	市级媒体	5G看两会	两会报道	2021.1
《长沙晚报》	市级媒体	5G消息报道全市两会	两会报道	2021.2
舜网	市级媒体	5G消息"大河奔流高歌行"	专题报道	2021.9
苏州日报报业集团	市级媒体	苏报5G两会通	两会报道	2022.3
济南新旧动能转换起步区融媒体	县级媒体	5G消息宣传区县	宣传信息	2021.11

第二节 中国四级融媒体5G消息应用

一 中央级融媒体5G消息应用

自2020年《5G消息白皮书》发布以来，5G消息就因其富媒体、轻量化、高可达、互动性好的突出优势，受到媒体等多行业的高度关注。新华社、《人民日报》等主流媒体纷纷建立富媒体实验室，探索开拓富媒体应用场景，推进数字经济时代的媒体融合。2021年初，人民日报社《中国能源报》推出5G消息手机报，成为5G消息融媒体应用实践中的创新之举；全国两会期间，北京移动联手新华网开发了"新华网两会5G消息模拟体验"产品，这是5G消息首次应用于全国两会媒体报道。2021年主流媒体通过5G消息手机报和5G消息报道两会等实践，开拓出融媒体5G消息应用的新模式，强化对媒体要素、信息传播的融合能力，重视与用户之间的交流互通，更好地发挥其主流舆论构建与引导作用。

（一）新华社：5G消息版"全民拍"基层服务治理平台

新华社5G消息版"全民拍"是新华社媒体融合国家重点实验室推出的一款5G融媒体产品，2021年9月获得国家工信部第四届"绽放杯"5G应用征集大赛5G消息专题赛一等奖。5G消息版"全民拍"作为基层服务治理平台，聚合了多项功能，在提供媒体报道资讯的同时，以5G消息的应用优势高度赋能社会治理，提高了民意表达和服务反馈的效率。

5G 消息版"全民拍"是一个连接地方党委和人民群众的基层治理服务新平台，页面入口底部有"新闻分类""我的全民拍""查看更多"三个服务按钮。其中排在中间的"我的全民拍"下，用户有"我要拍"和"我的关注"两个选项。通过"我要拍"功能，市民可以随时随地直接向相关部门在线反映各种社会治理问题，如环境破坏、交通违章等不文明行为，或是生活办事中的难点、痛点等。[①] 该操作简便高效，市民不需要拨打电话或打开软件，不需要输入手机号码"自证身份"，也不需要提供地点，只需在手机端原生短信入口，完成拍摄与上传即可。而"我的关注"功能则方便了市民群众关注"全民拍"事件的后续治理进展，有利于基层对反映问题的快速回应与解决，推进民意表达渠道的移动化、社交化、可视化。[②] 同时，因为电话号码实名认证、真实物理地点标注及信息加密等特点，5G 消息版"全民拍"亦可省去不少相关政府机构诸如为过滤垃圾信息、规避不切实际投诉等原本需要动用的资源。[③]

（二）中国搜索："5G 融媒搜索"

"5G 融媒搜索"由新华社中国搜索研发设计，是中央级主流媒体对 5G 消息应用的拓展，具有云端联通、原生直通、全媒融通、全球互通四大核心功能。针对目前各行各业对 5G 消息越来越多的需求，中国搜索结合 5G 消息发挥搜索技术优势，提供优良的搜索技术服务，打造出 5G 消息+AI+搜索的新型产品形态。利用 5G 消息多媒体卡片等丰富的基础能力，打造出具有"轻应用""媒体融合新形态""新闻+政务"特点的 5G 消息+媒体场景。[④]

---

① 中移 5G 行业消息：《绽放杯获奖案例巡展丨"新华社全民拍"5G 消息，连接政民"新纽带"》，https：//mp. weixin. qq. com/s/ORVF1hf1QRo0yEpQHQsqWQ，2021 年 11 月 5 日。

② 众视 5G 消息项目组：《大汉三通"新华社 - 全民拍"—5GMESSAGING·深圳站》，https：//mp. weixin. qq. com/s/zw9YVhqkBZUflOAsdfdnBQ，2021 年 11 月 30 日。

③ 《中兴通讯屠嘉顺：5G 消息给媒体一个内容直达受众新入口》，《科技日报》，2021 年 8 月 31 日，http：//www. stdaily. com/zhuanti/zt405cmktd/2021-08/31/content_ 1216360. shtml。

④ 能力开放直通车：《"5G 消息"案例分享之中国搜索》，https：//mp. weixin. qq. com/s/gxAGDsN2KbIRHg1WrU6wjw，2021 年 8 月 26 日。

基于5G消息的终端原生优势特性，加上该产品开发团队所依托的"搜索国家队"的技术能力和内容服务，"中国搜索"5G消息能够为用户提供更精准的新闻资讯和新闻推送。[①] 在"中国搜索"5G消息页面，有"搜热点""搜一搜""搜故事"三大服务板块，其中"搜热点"板块下含有"焦点新闻"、"新闻热搜"以及当下重大热点事件的按钮，用户点击任意按钮，就能获取相应的大量实时热点资讯，信息以图文视频消息的形式呈现。每一条资讯以一个卡片的形式打包，用户可通过右滑预览各个卡片下的各类信息，点击"查看详情"可获取丰富完整的资讯内容。此外，"中国搜索"5G消息中"搜一搜"板块下的"订阅搜索"模块，是其区别于其他媒体5G消息应用的特色功能，实现了从"人找信息"到"信息找人"的转变，用户在聊天界面发送关键词并选择订阅后，搭载人工智能技术的Chatbot，可及时为用户精准抓取内容并及时推送。[②]

（三）中央广播电视总台：央视频冰雪赛事5G消息

2022年2月4日，央视频成功推送了以"来央视频看冬奥会"为主题的第一条5G消息。在冬奥会举办期间，央视频以赛事预告与精彩瞬间为主，每日结合央视频AI赛事剪辑系统，基于央视频手机官网页面进行内容的分发，推送两条冬奥主题5G消息，为用户带去最及时、最新鲜、最好看的冬奥视频。此后央视频又成功推送"来央视频，看北京冬奥会开幕式！""中国首金！再看亿遍！""来央视频，看谷爱凌冬奥首秀！"等消息，触达约85万移动用户。央视频官方表示，除视频内容外，"央视频5G消息"还增加"赛程查询""奖牌榜""会员活动""冬奥指南""会员专区"等相关冬奥内容与央视频手机官网快捷入口，并为央视频客户端提供导流便利，通

---

① 政法智能化建设技术装备展：《南山政务服务、广州互联网法院……工信部推荐的32个重磅5G消息应用案例汇总！》，https：//mp.weixin.qq.com/s/-O-DJVm1EIqvM-dgd6yUlQ，2021年10月11日。
② 新5G消息：《中国搜索5G消息正式登录中国移动现网》，https：//mp.weixin.qq.com/s/_ne7f5ciiv20c3cf5br9gA，2021年7月8日。

过手机用户达到可一键触达源站的目的。①

央视频此次使用 5G 消息大规模推送国际重大体育赛事新闻，在全球范围内也属领先尝试。目前，央视频自有 5G 消息业务系统已正式上线，并与中国移动 5G 消息平台打通，实现 5G 消息面向选定人群定时发送，为央视频开拓出全新的内容传播渠道。②

（四）新华网："5G 瞰天下"5G 消息应用

2022 年 3 月 8 日，新华网与中国联通联合推出"5G 瞰天下"5G 消息应用。该应用借助 5G 消息的强触达能力和中央主流媒体的内容权威性，聚焦两会热点，传递两会声音，为用户提供直通两会的 5G 消息服务。③ "5G 瞰天下"5G 消息的推出，旨在打造权威、便捷、智能、轻量化的新闻平台。

"5G 瞰天下"5G 消息应用在首页设置了"专题首页""两会特稿""最新播报"三个互动菜单。每一个菜单都可以通过点击选项，选择用户个人感兴趣的细分主题内容或资讯进行浏览。在"专题首页"板块，下设了"专题入口""两会零距离""两会好声音"等功能选项，用户点击选择进入就能查看两会相关新闻、实时报道等丰富内容；在"两会特稿"板块，主要安排的是围绕两会主题进行的专题报道或特别报道相关内容；而"最新播报"板块，则是两会的最新动态，在此板块实时更新两会新闻资讯和相关内容，如最新两会委员发言、提案、政策解读等。

（五）新华社：5G 价值阅读平台"悦读汇"

2022 年 4 月 22 日，由新华社与中国作家协会共同打造的 5G 价值阅读平台"悦读汇"正式上线。该平台由中国搜索与新华社媒体融合国家重点实验室联合承办，为用户提供可读、可听、可看、可分享、可体验、可互动

---

① DVBCN：《总台"央视频"冬奥期间实现首次推送 5G 消息业务，预计触达 85 万移动用户》，http：//www.dvbcn.com/p/129870.html，2022 年 2 月 11 日。

② DVBCN：《总台"央视频"冬奥期间实现首次推送 5G 消息业务，预计触达 85 万移动用户》，http：//www.dvbcn.com/p/129870.html，2022 年 2 月 11 日。

③ 新 5G 消息：《中国联通联合新华网推出"5G 瞰天下"5G 消息应用》，https：//www.163.com/dy/article/H2932C9F0531M8UK.html，2022 年 3 月 12 日。

的一体化5G融媒体产品，用户可在其中获得沉浸式全媒体阅读新体验。5G消息用户只需搜索"5G悦读汇"，就可进入平台与聊天机器人实时互动，获得各种服务。无须下载，5G消息就可直达用户。①

此次发起的5G价值阅读平台"悦读汇"是新华社打造的自主可控新型传播平台的重大项目之一，也是落实"5G融媒体应用生态联盟"构想的典型场景，通过汇聚全国优秀作家和IP创作人才，搭建高端阅读和创作平台，创作更多描绘新时代、奋进新征程的精品力作，实现5G时代阅读内容、场景、应用方面的创新，引领阅读新体验、新风尚。②

（六）人民日报社：《中国能源报》5G消息手机报

2021年1月，人民日报社主管主办的能源产业经济报《中国能源报》成功发送出第一条5G消息。《中国能源报》以数字报为基础发布的5G消息，集合了文本、图片、视频、音频、数字报、动画、表情、位置、链接等富媒体消息，共有数字报阅读、视频资讯、每日推送、突发推送、新闻爆料以及专题信息六大应用场景，用户通过5G消息应用，实现与《中国能源报》的深度交互，体验一站式的阅读服务体验。③

在《中国能源报》5G消息应用号中，设置了"电子报阅读"等多个关键词悬浮按钮和"能源新闻""我要参与""我的"三大底部按钮，其中通过"电子报阅读"按钮的触发或直接输入电子报相关信息，用户就能找到手机报当天以及往期的所有数字报内容，既能查看仿真报纸的整体版面内容，又能阅读单篇文章。而"能源新闻"下含"能源早报""能源快讯""能源视频""最新专题"四大服务模块，用户可以根据需求获取相应的媒体信息。除了文字图片内容，用户也可以通过发送关键词获取往期视频资讯

---

① 新华出版社：《5G价值阅读平台"悦读汇"上线——新华出版社深度参与，协助优质内容搭载新平台》，http://www.news.cn/publish/2022-04-24/c_1211640224.htm，2022年4月24日。

② 《坚持正确导向，营造清朗的网络文学空间》，光明数字报，2022年2月23日，https://epaper.gmw.cn/zhdsb/html/2022-02/23/nw.D110000zhdsb_20220223_1-17.htm?div=-1。

③ 《号外号外！〈中国能源报〉"5G消息"来啦!》，《中国能源报》，2021年1月27日，https://baijiahao.baidu.com/s?id=1690048694539890978&wfr=spider&for=pc。

或直播内容。视频资讯内嵌在卡片中，附有"全屏播放""下载视频""播放倍速"等功能，无须任何跳转，用户就可直接在页面内点击观看。此外，该 5G 消息手机报还能以富媒体形式为用户定时推送最新资讯内容和突发新闻事件，用户亦可通过关键词组搜索专栏产品，并通过交互方式在该 5G 消息应用号上上传提交新闻爆料信息，实现新闻媒体与用户之间的双向反馈与交流。①

二　省级融媒体5G 消息应用

2020 年以来，5G 消息已陆续在浙江、上海、广东、广西、江苏等多个省市进行商用试点，涉及新闻传播、气象服务、银行业务咨询办理等多个领域。其中，2020 年 9 月，浙江日报报业集团联合浙江移动，发出了全国第一条省级媒体 5G 消息。② 在 2021 年各地两会期间，新华报业、《重庆日报》、《四川日报》等相关省级媒体都联合运营商纷纷加入运用 5G 消息报道两会的队伍中。

多地手机报也相继推出 5G 消息模式。截至 2021 年 8 月 17 日，河南手机报已成功向 13 万用户发送 6 期 5G 消息抗疫版，累计 78 万人次接收，为抗疫提供了重要支撑。2021 年 8 月，湖北发出首条 5G 消息手机报，截至 2021 年 8 月，已有 12 万订阅用户享受《湖北日报》提供的一站式服务。四川移动也联合川报全媒体、咪咕数媒推出新一代手机报产品"华西手机报 5G 消息版"，为用户奉上"睛彩奥运"的视觉盛宴。③ 2021 年各省接连迈入 5G 消息的行列中，省级融媒体 5G 消息应用取得了较大突破。

---

① 《号外号外！〈中国能源报〉"5G 消息"来啦！》，中国能源网，2021 年 1 月 27 日，http：// www. cnenergynews. cn/nyhlw/2021/01/27/detail_ 2021012789663. html。

② 《5G 消息有望全面商用 已有数十款终端支持 5G 消息》，新财网，2021 年 3 月 12 日，http：//www. xincainet. com/index. php/news/view？ id＝255451。

③ 《5G 消息强势来袭开辟 5G 时代运营商"新出口"》，中国工信产业网，2021 年 8 月 19 日，http：//www. cnii. com. cn/gxxww/rmydb/202108/t20210819_ 302531. html。

（一）《四川日报》：5G消息版"川观新闻"

2020年9月18日，四川日报社联合中国移动（成都）产业研究院正式发布5G消息版"川观新闻"。5G消息版"川观新闻"是基于5G消息技术拓展的新闻媒体服务新产品。围绕定制化信息推送和智能化人机交互两条主线，5G消息版"川观新闻"可将原App、公众号、小程序中的服务，通过交互式的图文、视频、音频、选项卡等多样化、个性化的形式传递给用户。该产品无须下载安装就可直接使用，可有效减少手机内存占用，全面实现服务"轻量化"，提升用户体验。"用户通过5G消息版'川观新闻'即可快捷搜索专栏产品，并通过交互方式进行专栏订阅，订阅后可定期收到专栏文章推送并点击阅读。用户也可通过该平台进行新闻爆料、合作咨询等交互操作"。①

2021年5月，5G消息产品"川观新闻—政务"在由中国联通、中国电信联合举办的5G消息Chatbot创新开发大赛上获得十强奖。该5G消息参赛作品包含"精品内容"和"云端互动"两大部分。其中"精品内容"涵盖党史学习教育、全国两会报道、四川要闻联动等；"云端互动"重在改善现有服务流程，通过推出民情热线、大川机器人、在线政务服务、智慧党建、智慧社区、智慧养老等多种云端互动服务，带给用户更流畅、更方便的使用体验。②

（二）《河南日报》：5G消息手机报

2020年12月，河南日报报业集团融媒体中心发出河南省第一条5G消息富媒体内容，即河南手机报5G消息版。收到这条消息后，用户既能像短信一样点开浏览新闻，又能在消息窗口实现搜索、交互、分享和支付等一站式业务体验。③河南手机报5G消息版开启"新闻+政务+商务+服务"的全

① 《四川日报社联合移动成研院发布5G消息版"川观新闻"》，《四川日报》，2020年9月21日，https://epaper.scdaily.cn/shtml/scrb/20200921/242495.shtml。

② 川观新闻：《川观新闻斩获5G消息创新开发大赛"十强奖"!》，https://cbgc.scol.com.cn/thinking/1340955，2021年5月17日。

③ 《河南第一条5G消息正式发出》，《河南日报》，2020年12月23日，https://www.henan.gov.cn/2020/12-23/2063619.html。

新模式，集新闻、服务、社交功能于一体，以河南日报报业集团内容数据库为"后盾"，突出视频传播，强调个性化定制，在践行网上群众路线过程中，不断打开新的发展空间。① 作为第一个上架的行业 Chatbot，河南手机报完成了对传媒平台的迭代升级，设置高清视频化服务窗口，推送高品质的内容资讯，首次推送就面向 8000 多名用户，实现规模化、精准化推送，提升了用户的阅读体验。②

河南手机报 5G 消息版页面设置"资讯""新媒体""互动"三大服务专题按钮——用户可以在"资讯"服务下获取天气、限行、空气质量等出行信息；在"新媒体"服务下进入《河南日报》的新媒体矩阵传播平台；在"互动"服务中可进行"爆料"，参与到信息生产的链条中。除了页面底部三个服务按钮，页面中还会呈现推送的资讯模块，每个模块都能以富媒体形式为用户提供丰富的信息内容，用户可以直接在页面内进行文字阅读和视频观看。

在 5G 消息领域，河南手机报持续不断地探索。2021 年两会期间，河南手机报推出"5G 消息报两会"产品③；自 2021 年 8 月 12 日起，河南手机报向郑州具备终端能力的 5G 消息用户推送"5G 消息手机报疫情版"④；2021 年 10 月，"河南手机报 5G 消息党代会版"发出，河南手机报成为第一家通过 5G 消息报道党代会的媒体⑤。

（三）《湖南日报》："新湖南"5G 消息

2020 年 12 月，湖南日报社与北京神州泰岳软件股份有限公司合作签

① 《今天 河南第一条 5G 消息正式发出》，《潇湘晨报》，2020 年 12 月 22 日，https：//baijiahao. baidu. com/s？id=1686781502844186980&wfr=spider&for=pc。

② 众视运营商 5G 消息：《10 个 5G 消息应用已上线！河南手机报、携程、中国搜索、建设银行、金蝶云……》，https：//mp. weixin. qq. com/s/9H8LTHJgrlflqZ6m6KzC0A，2021 年 7 月 9 日。

③ 《5G 消息报两会 来了！》，河南手机报，2021 年 3 月 5 日，https：//www. hnsjb. cn/content/hnsjb_ remote/20210305/1037197. html。

④ 河南日报报业集团：《河南手机报 5G 消息首次用于党代会报道》，https：//www--hnby--com--cn--7ca8f68pd. 3pco. ourwebpicvip. com/2021/11-05/921123. html，2021 年 11 月 5 日。

⑤ 河南日报报业集团：《河南手机报 5G 消息首次用于党代会报道》，https：//www--hnby--com--cn--7ca8f68pd. 3pco. ourwebpicvip. com/2021/11-05/921123. html，2021 年 11 月 5 日。

约，双方借助各自领域的特点和优势，依托"泰岳5G消息云平台"，共同开发"新湖南"5G消息应用产品，创建集"新闻+服务+社交"场景于一体的新闻信息服务门户型媒体5G应用。同时，双方借此机会带动相关县级融媒体中心探索5G时代媒体应用新场景，整合、创新基于5G技术的"渠道+内容+服务"媒体融合生态圈。①

"新湖南"5G消息应用产品具有点对点直达用户手机的传输优势，除了用于常规的媒体信息发布外，更加关注用户反馈、新闻爆料等场景，并可以支持数据搜索、用户互动等交互服务。用户可以在该产品主页收到新闻信息推送，也可以通过点击预设的关键词或自主搜索以获取当天的头条、热点。用户通过点击"新湖南"5G消息中的"湖南日报电子版"按钮，还能方便地在线阅览当天《湖南日报》刊物的内容。

（四）新华报业："5G消息两会通"

2021年江苏两会期间，新华报业传媒集团联合江苏移动利用5G消息强关联、强触达、强互动等特性，推出"5G消息两会通"，实现了通过一条短信，轻松查看两会资讯，带给用户全新的5G新闻应用场景体验，在传媒业界引起反响。②

"云访谈""数图说"是"5G消息两会通"中的亮点内容，集成了新华报业全媒体两会报道的重点策划。"汇留言"板块中，用户可以发表留言，与代表、委员、记者、小编等进行云交流，深入参与两会之中。3月4日，升级后的"5G消息两会通"融合5G富媒体技术和短信小程序，利用传统短信消息窗口，整合两会热点报道页面，新增一键订阅、朋友圈分享功能，推送文字、语音、图片、音视频、动画等综合信息，给用户带来多样化、个性化的一站式参与体验，获得大量用户订阅。③

---

① 华声在线：《"新湖南5G消息"即将发送 湖南日报社与神州泰岳签署合作协议》，https：//hunan. voc. com. cn/article/202012/20201216170042773. html，2020年12月16日。

② 《通两会，来看"5G消息"》，《新华日报》，2021年1月26日，http：//xh. xhby. net/pc/con/202101/26/content_ 882562. html。

③ 《通两会，来看"5G消息"》，《新华日报》，2021年1月26日，http：//xh. xhby. net/pc/con/202101/26/content_ 882562. html。

（五）大江网：江西党史学习教育5G 消息

2021 年 3 月 17 日，大江网、大江新闻客户端、江西手机报承办的江西党史学习教育 5G 消息应用上线试运行。用户可通过手机短信、扫描二维码等多个应用场景进入"党史学习教育"应用界面，获得交互式的图文资料、音视频、小程序等多样化、个性化、智能化、交互式的富媒体党史学习内容与资讯。①

江西党史学习教育 5G 消息应用共开设了 7 个栏目，分别是"跟着总书记学党史""江西行动""党史天天学""宣讲学习""数字展馆""红色故事汇""互动征集"。各栏目的主要内容包括了中国共产党的发展历程和党中央、省委关于党史学习教育的重要精神和决策部署，以及省委各部门、省直各单位、各人民团体、市县区的党史学习教育动态等。江西党史学习教育充分发挥 5G 消息的优势，为用户在党史学习这一方面建立起可直接触达的信息通道，以富媒体内容形态助力推进党史学习教育，让用户完成一站式人机交互学习体验。②

2021 年 7 月，"5G 江西手机报"正式上线，同样以党建和党史学习教育为侧重点，开设了"学党史""看江西""新视界"等专题页面，集纳了各级党报党刊关于党建和党史学习教育的权威信息。③

（六）《重庆日报》：5G 消息报道两会

2021 年 3 月，重庆日报报业集团与中国移动重庆公司签署战略合作协议，推出 5G 消息版新闻。双方在 5G 消息的应用方面展开探索，并开展了 5G 消息应用测试。在收到了满意的测试效果后，双方决定在全国两会期间

---

① 《江西党史学习教育（5G 消息应用）上线试运行》，江西新闻网，2021 年 3 月 17 日，https：//jiangxi. jxnews. com. cn/system/2021/03/17/019218520. shtml。

② 《江西党史学习教育（5G 消息应用）上线试运行》，江西新闻网，2021 年 3 月 17 日，https：//jiangxi. jxnews. com. cn/system/2021/03/17/019218520. shtml。

③ 《"5G 江西手机报"正式上线 助力"党建+党史学习教育"》，江西手机报，2021 年 7 月 1 日，https：//sjb. jxnews. com. cn/system/2021/07/01/019325094. shtml。

推出 5G 消息版新闻。① 同时，重庆移动和《重庆日报》将共建"5G 智慧传播"示范项目，并不断摸索基于 5G 新技术、新应用的媒体 5G 传播技术、标准、产品等，探索形成媒体 5G 传播一体化解决方案。②

2021 年全国两会期间，《重庆日报》推出的 5G 消息版新闻，是 5G 消息技术首次在重庆落地实施的应用，展现了 5G 在融媒体发展进程中的有效赋能和助力。《重庆日报》将 5G 消息应用于两会报道，将多媒体形态的新闻整合到一起，以更简单、快速、安全的短信方式，把更丰富的新闻内容推送给读者。用户既不用下载安装 App，又无须关注微信公众号，只用手机短信就能直接获取相关新闻。在 5G 消息版新闻界面，用户第一时间通过短信窗口即可看到文字、图片、音视频、H5 等各种形式丰富的两会相关资讯消息。③

（七）《四川日报》："川观新闻·5G 消息两会通"

同样是在 2021 年全国两会期间，川观新闻和四川移动成都分公司推出"川观新闻·5G 消息两会通"，将 5G 消息深度应用于两会融媒体报道。用户可通过手机短信、扫描二维码等多个应用场景，进入四川在线全国两会 5G 消息产品中进行体验。

该 5G 消息产品包括"两会专题""两会档案""点题代言"等板块，用户扫码就可订购两会资讯，同时还能发表留言，深度体验两会产品。其中"两会专题""两会档案"是"5G 消息两会通"中的亮点内容，集成了《四川日报》全媒体两会报道的重点策划；而在"你点题·我代言"板块中，用户可以发表留言，与代表、委员、记者、编辑等进行云交流，深入参

---

① 《重报集团今年全国两会报道将首次运用 5G 消息》，《重庆日报》，2021 年 3 月 2 日，https：//www.cqrb.cn/html/cqrb/2021-03/02/007/content_ rb_ 279870. htm。
② 《加快推动媒体融合发展 重庆移动与重庆日报共建"5G 智慧传播实验室"》，《人民邮电报》，2021 年 3 月 12 日，https：//www. fromgeek. com/telecom/381940. html。
③ 《加快推动媒体融合发展 重庆移动与重庆日报共建"5G 智慧传播实验室"》，《人民邮电报》，2021 年 3 月 12 日，https：//www. fromgeek. com/telecom/381940. html。

与全国两会之中。① 2021 年全国两会期间，四川在线每天都会下发 5G 消息，包括互动游戏"未来五年，我有这三点大胆设想……"以及重点策划的"方言同期声"H5 作品等。其中，两会重点策划"民生直通车""首席 V 观两会""后浪跑两会"等成为网友通过这款 5G 消息订阅最多的产品。②

（八）湖南红网：5G 消息服务号

2021 年 5 月，湖南红网新媒体集团和中国移动通信集团湖南有限公司举行"红网 5G 手机报暨红网 5G 消息"战略合作签约仪式，并在湖南首次推出 5G 消息模拟体验。红网 5G 手机报将结合双方技术、渠道、资源优势，打造集"新闻+政务+服务+社交"场景于一体的省、市、县三级 5G 手机报，并将以县级融媒体中心为纽带，开发更多服务基层的 5G 消息应用产品。③

红网 5G 消息服务号正式启动的当天，"20 周年专版"内容从马栏山视频文创园发出。在这条 5G 消息的首页有四个选项卡，分别为"点击 H5 为红网送祝福""我与红网的故事专题""红网九获中国新闻奖""致敬网友：写在红网成立 20 周年之际"。红网"20 周年专版"5G 消息打造了浓厚的庆祝 20 周年氛围，用户可以通过首页选项卡浏览红网发展历程、红网过往荣誉、红网人的故事，并生成专属祝福卡片。"20 周年专版"红网 5G 消息中设立了三个专栏，分别为"二十而励""融合论坛""精品佳作"。其中，在"二十而励"板块中主要有"集团成立""纪念视频""大事记""媒体矩阵"等内容，对红网的发展历程进行了系统全面的介绍。在"融合论坛"中，则通过"直播回顾""大咖观点""沙龙对话""产品签约"等形式，记录了红网媒体融合创新发展的重点内容和精彩亮点。此外，"精品佳作"板块主要介绍了红网对于重大专题、主题主线的宣传报道成果，以及相关经典视频与创意 H5 等经典案例和优秀作品。

① 新 5G 消息：《川观新闻版"5G 消息两会通"》，https：//mp. weixin. qq. com/s/oNDUyFI1iG mtV9dHdw_ 3Eg，2021 年 3 月 4 日。
② 《"5G 消息两会通"火出圈儿！川观新闻等你一起探索更多 5G 未来》，川观新闻，2021 年 3 月 11 日，https：//baijiahao. baidu. com/s? id＝1693932296777916838&wfr＝spider&for＝pc。
③ 《推动媒体融合发展 湖南红网新媒体集团挂牌成立》，红网，2017 年 6 月 22 日，https：// baijiahao. baidu. com/s? id＝1570360228973327&wfr＝spider&for＝pc。

（九）湖北手机报：5G消息刊

2021年7月，湖北省首条5G消息手机报即湖北手机报5G消息刊上线。湖北手机报5G消息刊由湖北日报传媒集团、中国移动湖北公司与咪咕数字传媒有限公司联合打造，数万读者首次"尝鲜"这种融合了图文、视频、音频、H5等多种表现形式的富媒体阅读方式。自5G消息刊上线之日起，该刊每周日向湖北手机报订阅读者推送消息，包括新闻、天气、教育、民生生活等资讯。[①]

湖北手机报5G消息刊界面以富媒体形式将资讯打包成多张"卡片"，用户可以通过左右滑动预览更多"卡片"内容。用户点击卡片内的视频，就可直接在该页面观看视频，点击卡片内的链接，还可进入不同内容的详情页，获取更多信息。此外，该手机报底部设有"荆楚网"服务按钮，形成手机报和新闻网站的联动，用户可以通过点击该按钮跳转至手机荆楚网浏览更丰富的新闻资讯。通过湖北5G消息手机报，用户能够享受到方便快捷的信息搜索、交互、订购、分享等多样化服务，阅读体验和资讯获取效率得到极大提升。[②]

（十）川报全媒体："5G消息看奥运"

2021年7月东京奥运会期间，川报全媒体联合四川移动、咪咕数媒共同推出了"华西手机报5G消息版"。华西手机报向用户推送5G消息奥运特刊，使用户能够方便地通过5G消息看奥运。"华西手机报5G消息版"设置了包括"热门赛事""夺冠瞬间""金牌榜单"等在内的多个板块。用户通过手机上的短信入口进入华西手机报5G消息，在相关的板块和专题下滑动"卡片"，就可以在图文、音视频、H5等多种形式的融合呈现中畅享奥运精彩；还可以通过回复关键字，"自助"查看自己想获取的资讯。此外，用户还可以通过5G消息的卡片功能直接跳转到"川观新闻"，浏览更多相关资

---

① 《湖北手机报5G消息刊上线 打造融媒试听新体验》，荆楚网，2021年7月20日，http：//www.cnhubei.com/content/2021-07/12/content_13925653.html。

② 《湖北手机报5G消息刊上线 打造融媒试听新体验》，荆楚网，2021年7月20日，http：//www.cnhubei.com/content/2021-07/12/content_13925653.html。

讯。奥运会之后，华西手机报还计划向用户不定期地推送更多优质的 5G 消息新闻产品。

（十一）新华报业："5G 消息抗疫通"

2021 年 8 月 5 日，新华报业旗下交汇点新闻正式上线 "5G 消息抗疫通"。"5G 消息抗疫通" 分为三个专栏，分别为 "科普连连看" "疫情数报" "同心抗疫"。其中，"科普连连看" 收录了江苏省疫情防控的相关政策，包括疫情防控期间进出疫区的相关要求、"健康码" 黄码转绿码的程序、居家隔离知识等民众关切的问题。在 "疫情数报" 专栏中，滚动更新每日新增病例、核酸检测进程、确诊病例分布情况等最新数据。"同心抗疫" 专栏，则以专题的形式，汇集图文、视频、直播等多媒体内容，呈现抗疫一线的最新动态。用户通过扫码即可订阅该 5G 消息，并且能够一键分享到朋友圈。①

（十二）川网传媒：5G 消息应用 "乡村振兴看四川"

2021 年 11 月初，川网传媒—四川手机报组建专门的报道和技术支撑团队，深入乡村振兴典型县区（村落），采用图文+航拍短视频多渠道的报道模式，深度全方位地报道典型乡村振兴示范点的情况。同时，在四川移动和中移互联网有限公司的支持下，川网传媒—四川手机报精心分析应用场景和用户需求，将新闻报道升级为新闻服务，正式上线了深度挖掘乡村振兴应用场景的 5G 消息应用——"乡村振兴看四川"。②

"乡村振兴看四川" 通过 5G 消息整合新闻报道与信息服务，打造 "看四川" 高清视频交互报道专栏，以及 "新乡村" "学政策" 等富媒体内容栏目。"乡村振兴看四川" 5G 消息的推出再次提升了移动终端的阅读形态和体验，受到四川省内 5G 手机用户的喜爱。截至 2021 年 12 月 8 日，"乡村振兴看四川" 5G 消息应用已覆盖四川全省 5G 终端用户超百万人，从上线发

---

① 《订阅 5G 消息 get 抗疫知识 "5G 消息抗疫通" 上线啦！》，《新华日报》，2021 年 8 月 5 日，https://c.m.163.com/news/a/GGKN02ST05345AQP.html。

② 《川网传媒做大做强乡村振兴 5G 消息应用》，众视网，2021 年 12 月 8 日，https://www.asiaott.net/h/187088。

布第一条"看四川"视频稿件至今,已累计下发5G消息超过1000万条。"乡村振兴看四川"还"喜提"中国移动集团优秀案例奖,对全国5G消息的发展方向都具备指导意义。①

(十三)四川发布:"四川发布5G消息"

2021年12月21日,"微政四川——2021政务新媒体融合发展大会"在成都双流举行。大会现场,四川新闻网传媒集团党委委员、副总编辑,四川发布总编辑简文敏用"5G消息推送+现场发布"的方式,让数百名观众沉浸式地见证了四川发布的十周年历程、四川发布小程序上线以及"共绘美丽中国——全国政务新媒体主题联动"的启动。这次别具一格的创新发布也标志着"四川发布5G消息"开始正式上线应用,现场观众也成为第一批"见证人"。②

活动当日,3条5G消息被依次推送到观众的手机上。与传统的短信界面不同,5G消息展示出丰富的图片与视频,并且可以进行实时互动。这种独特而创新的视觉呈现与互动体验,让观众感到格外新鲜。"四川发布5G消息"将逐步扩展便民服务项目与应用范围,让更多的人享受到方便快捷的惠民服务。③

(十四)山东手机报:两会报道5G特刊

2022年全国两会期间,山东手机报联合山东移动重磅推出两会报道5G特刊,通过文字、图片、视频、专题等方式,及时向读者推送两会相关的权威报道与原创内容及产品,让读者无须下载App即可快速阅读两会最新资

---

① 《川网传媒做大做强乡村振兴5G消息应用》,众视网,2021年12月8日,https://www.asiaott.net/h/187088。

② 《"共享融通"微政四川——2021政务新媒体融合发展大会今日在成都双流召开》,新浪四川,2021年12月21日,https://sc.sina.com.cn/finance/xfsh/2021-12-21/detail_f-ikyakumx5482457.shtml。

③ 《"共享融通"微政四川——2021政务新媒体融合发展大会今日在成都双流召开》,新浪四川,2021年12月21日,https://sc.sina.com.cn/finance/xfsh/2021-12-21/detail_f-ikyakumx5482457.shtml。

讯，瞬间"抵达"两会报道现场，感受沉浸式的两会报道体验。[①]

　　除每日更新两会最新动态外，该两会 5G 特刊还在底部菜单栏开设两会专题，通过"报告解读""会场内外""履职故事""深读两会""两会云客厅""两会 Vlog"六大板块，为用户带来更丰富的内容报道。此外，山东手机报还将对原来的单篇阅读模式进行内容整合，读者可通过单卡片多按钮或多卡片浏览两种模式阅读，让用户的使用体验更丰富，内容更多样。同时，山东手机报 5G 消息也新增了"融媒联播"板块，内设山东手机报、海报新闻、大众网、大众网微信矩阵等端口，均可一键直达，使浏览更简洁、迅速。[②]

三　市级融媒体5G 消息应用

　　随着 5G 技术的发展及其在融媒体行业中的应用，温州市、常州市等地级市媒体开始挂牌成立 5G 融媒体应用实验室，投入 5G 技术推动媒体融合新模式的探索中。而 5G 消息的推出和商用，也给市级媒体以新的融合发展思路。2021 年徐州报业传媒集团在全国地市级媒体中发出了第一条 5G 消息。与徐州报业、《长沙晚报》等媒体机构的思考和做法一样，很多市级媒体都将 5G 消息应用在本市的两会报道中。2021 年 9 月，在"黄河流域生态保护和高质量发展两周年"全媒体报道专题活动中，济南市的第一条 5G 消息"大河奔流高歌行"向部分济南市民发出。总体而言，市级媒体不断推进 5G 与媒体融合的发展，特别是近年来部分市级融媒体在 5G 消息应用领域的尝试和探索，更是体现了市级融媒体在先进技术应用领域的创新驱动力。

（一）徐州报业："5G 看两会"

　　2021 年 1 月 18 日，徐州报业传媒集团发出了全国地市级媒体中的第一

---

① 《山东手机报两会 5G 特刊来啦 打造全国两会报道融媒视听新体验》，海报新闻，2022 年 3 月 4 日，https：//baijiahao. baidu. com/s？ id=1726356612297551437。
② 《山东手机报两会 5G 特刊来啦 打造全国两会报道融媒视听新体验》，海报新闻，2022 年 3 月 4 日，https：//baijiahao. baidu. com/s？ id=1726356612297551437。

条5G消息，徐州市正式迈入了"5G消息"时代。在中国移动徐州分公司的支持下，以徐州报业各内容平台作为强大后盾，徐州报业探索开启了"新闻+政务+服务"的更优模式，让5G消息为广大市民带来多媒体消息、商业类消息、智能化消息以及互动式服务、安全防伪等全新体验。①

进入徐州报业推出的5G消息应用窗口后，用户可以通过点击"徐州日报"直接阅读《徐州日报》当天的电子版，及时获取徐州两会的最新报道；还可以通过菜单选项，根据需求选择"徐州两会"或"县区两会"，点击按钮后即可获取相关信息进行进一步了解。在5G消息应用页面下方，还设有"返回首页"快捷按钮，充分考虑了"5G看两会"的用户体验。此外，徐州报业在5G消息领域继续探索开通"投诉爆料""咨询求助""订报购物"等互动功能，全面推进5G+媒体融合发展的新举措，拓展媒体与用户联系的新渠道，全面升级用户的观看及使用体验。②

（二）《长沙晚报》：5G消息报道全市两会

2021年2月，《长沙晚报》联合湖南移动长沙分公司在全国省会城市媒体行业中率先推出5G消息，并启用5G消息报道全市两会。打开长沙晚报5G消息页面后，"奔向现代化——2021年长沙市'两会'融媒体报道"的页面即刻弹出，页面底端有"委员报到""代表履职""委员风采"三个选项，用户可以根据需求点击以获取两会相关资讯服务。按下每个选项按钮后都会弹出不同的相关新闻报道或信息资讯链接，用户无须切换软件，在统一的5G消息界面即可完成信息的阅读。此次两会融媒体5G消息是湖南移动长沙分公司与媒体行业的一次探索与创新，旨在通过先进技术与优质内容的深度融合，为用户提供更精致的阅读体验，助力传统媒体数智化转型。③

---

① 《徐州报业发出全市第一条5G消息》，《都市晨报》，2021年1月19日，http：//epaper. cnxz. com. cn/dscb/html/2021-01/19/content_ 599484. htm。

② 《徐州报业发出全市第一条5G消息》，《都市晨报》，2021年1月19日，http：//epaper. cnxz. com. cn/dscb/html/2021-01/19/content_ 599484. htm。

③ 《湖南移动5G消息助力"两会"报道添新意》，红网，2021年2月3日，https：//zz. rednet. cn/content/2021/02/03/8974697. html。

（三）舜网：5G 消息"大河奔流高歌行"

2021 年 4 月 28 日，山东省和济南市一体化打造的"新黄河"客户端上线，持续推进媒体深度融合工作。随着 5G 消息技术的发展，济南日报报业集团舜网也加快了 5G 消息在全媒体体系建构中的应用研究步伐，包括新闻宣传和"媒体+政务+服务+商务"等方面的应用场景。2021 年上半年，济南日报报业集团舜网与中国传媒大学新媒体研究院、联通在线联合开展模拟5G 消息的研发工作。[①]

2021 年 9 月 18 日，济南第一条 5G 消息"大河奔流高歌行"从济南日报报业集团舜网发出至 20 万用户手中。这条富媒体消息包含"直播新黄河""黄河入海看山东""高质量发展看济南"等内容，以全媒体直播、图文、AI 互动等形式全景展现"黄河答卷"。手机终端支持 5G 消息的用户一键点击即可全景观看从三江源到入海口的黄河流域壮美画卷，倾听记者现场讲述沿黄各省（自治区）在深入实施黄河重大国家战略、做好"黄河文章"进程中的典型事例、生动故事；手机终端不支持的用户也可以通过扫描二维码等方式进入场景进行体验。[②] 在 5G 消息页面底端，有"全景直播""5G消息科普""寄语黄河"三个选项按钮，用户可自主选择信息与服务内容。在选项按钮上面是三个预设的关键词"时代答卷""黄河新图景""家在黄河边"，用户通过发送这些关键词就能够得到相应的概览卡片，通过点击卡片下的链接即可进入详情页面进行深度了解。整个过程便捷、流畅、简洁，无须登录、注册或页面跳转，用户就能够获得良好的信息获取体验。

（四）苏州日报报业集团："苏报5G 两会通"

2022 年 3 月，苏州两会大会会务组、宣传组与苏州日报报业集团、苏州移动联合打造的信息服务平台——"苏报 5G 两会通"推出，这是苏州日报报业集团首次运用 5G 消息报道服务苏州市两会，打造"新闻+传播"

---

① 《济南第一条 5G 消息请查收 济南报业邀您共阅"黄河答卷"》，舜网，2021 年 9 月 18 日，https：//news.e23.cn/jnnews/2021-09-18/2021091800311.html。

② 《济南第一条 5G 消息请查收 济南报业邀您共阅"黄河答卷"》，舜网，2021 年 9 月 18 日，https：//news.e23.cn/jnnews/2021-09-18/2021091800311.html。

的新入口和新渠道。"苏报 5G 两会通"设置了"会务知晓""大会速递""融媒视窗"等栏目，在两会期间面向代表委员和工作人员提供会务通知和新闻资讯服务，以数字化助力两会召开，让代表委员履职更智能，会务开展更高效、更精简。订阅成功后，用户都会收到苏州市两会资讯，用户点击链接，就能进入"苏报 5G 两会通"主页面，浏览市两会权威资讯。[①]

四　县级融媒体5G 消息应用

县级融媒体发展一方面需要先进技术的支持，另一方面又缺少研发构筑先进技术的能力基础。面对这样的矛盾困境，5G 消息既能为县级融媒体提供既有平台，又能为县级融媒体提供有效的解决出口。目前县级融媒体普遍尚未关注到 5G 消息，鲜有利用其进行县区内政务、宣传、服务等模式的创新。

2021 年 11 月 14 日，济南新旧动能转换起步区携手济南日报报业集团，正式发出第一条 5G 消息。这条消息融合了起步区相关视频、新闻链接、图文资讯、一图读懂、H5 等多种表现形式，一键触达、全方位、多角度展现了起步区的发展概况。[②] 该 5G 消息首页下设"概况""园区""招商""生态"四大目录选项，"概况"板块包含"黄河战略""起步历程""未来蓝图"等，全面介绍新旧动能转换起步区各方面基本情况的相关内容；"招商"板块由"重点产业"和"产业政策"两部分构成，为新旧动能转换起步区对外宣传产业定位和政策优势提供了新渠道；"生态"则由"生态黄河"和"二十四节气"等栏目构成，对新旧动能转换起步区对自然环境和绿色发展战略进行了直观的介绍和展示。其中"起步历程"和"招商"板块内的内容以链接其他网页的形式跳转呈现；"生态"板块下的内容以 H5形式呈现；其他板块下的内容均以页面卡片的形式出现在聊天框中。5G 消

---

① 《5G 播"两会"：移动 5G 消息首次服务苏州市"两会"》，新华报业网，2022 年 3 月 30日，https://k.sina.com.cn/article_5675440730_152485a5a02001deim.html。

② 济南新旧动能转换起步区：《叮咚！起步区率先发出区县首条 5G 消息》，https://mp.weixin.qq.com/s/NQevXbY2CCBDQXt-iTj0Qw，2021 年 11 月 15 日。

息的页面卡片通过内嵌图片、链接、视频,能够带给用户更加友好、更加便捷的使用体验。起步区是济南市首个使用 5G 消息进行宣传的区县,通过 5G 消息,区县在融媒宣传和政务服务方面探索出了崭新的应用路径。

五 四级融媒体5G消息应用特征

5G 消息作为通信原生应用和 5G 代表性业务,愈发得到各地、各级主流媒体的重视,截至目前"中央—省—市—县"四级媒体都已涉足 5G 消息应用实践,整体呈现"四多四少"的突出特征,即省级多、市县少,报业多、广电少,手机报多、新形态少,单点应用多、持续应用少。我国融媒体 5G 消息应用"四多四少"的基本特征,既体现了当前各地各级主流媒体积极发展 5G 技术新应用的动力和执行力,也反映出了媒体机构在探索 5G 新业务中的困难和问题。

从应用者数量上看,目前我国传媒领域涉足或采用 5G 消息应用的媒体机构以中央级和省级媒体居多。相对来说,目前市级媒体机构中的应用者较少,未来的应用潜力也较大;县级融媒体体系中目前仅有少数开展了 5G 消息应用。与此同时,若从不同类型传媒机构的角度来说,则可以明显看出当前应用 5G 消息的媒体属性大多数是报业集团和报社,除了央视频作为广电 5G 消息应用的"排头兵"以外,其他广电媒体的应用相对较少,这个特征在省级媒体应用者的层次中尤为突出。不可否认,市、县级媒体在观念、资金、技术、人才等方面均与中央和省级媒体存在差距,对于 5G 消息这种前瞻性、前沿性应用的理解和采纳需要时间和过程。但市、县级媒体深入基层、贴近本地的特征属性及其分布在全国各地的机构网络和体量规模,也在一定程度上蕴含着未来发展 5G 消息融媒体应用的价值和潜力。而报业集团和报纸媒体则由于曾早期参与开办手机报业务的经历,对于 5G 消息业务的接受度更高,实际应用更快。广电媒体目前对于 5G 消息应用相对滞后的原因较多,但一部分原因还在于 5G 消息作为"传播新入口"的重要性和价值还没有完全体现出来。

从形态上看,中央到市、县各级媒体对于 5G 消息的应用主要集中在推出手机报的5G消息版，5G消息的应用场景单一。5G消息作为短信的升级产物，媒体对其的发展应用和功能延展也会在一定程度上继承原先媒体对于短信的应用思路。手机报是Web1.0时代媒体适应技术发展的一大实践，在5G富媒体消息出现后，媒体自然而然地会再次将其作为新一代的手机报投入市场。同时5G消息版手机报也并没有辜负期待，它实现了多种信息表现形式的融合、多元功能和服务的聚合，为用户提供了更优质的讯息接收体验。但5G消息所具备的多种优势也意味着它的可能性绝不止于此，在5G消息刚刚商用不久的这段时间里，各级媒体仍在积极探索5G消息在媒体融合进程中的应用场景，手机报不该成为媒体行业开拓5G消息想象空间的束缚。

从应用持续性上看，目前各级媒体应用5G消息整体上呈现单点应用多、持续应用少的特点。两会报道是媒体行业使用5G消息最多的场景，此外还有《人民日报》、大江网等媒体将其应用在党史学习，舜网应用在黄河流域生态保护和高质量发展两周年等专题策划中，这些普遍都不具备日常性和持续性。针对大型活动或专题活动开辟专门的5G消息平台，能够为用户在冗杂的信息世界中打造一个有秩序的信息聚合平台，同时用户对于一个能够持续提供信息服务的平台的需求同样非常大，这是目前媒体行业应用5G消息的一大缺口。一些仅用于专题活动的5G消息平台在活动过后不再得到维护和运营，信息无法持续供给，Chatbot交互无法持续运行，平台变成了一个"空壳"，甚至会冲击媒体的权威性和信誉度。

5G消息在新闻媒体领域中的应用，为融媒体的发展提供了更广阔的空间。未来，越来越多的媒体应用5G消息将推动全媒体体系的构建，5G消息的全媒体信息传播价值也将愈发凸显出来。

第三节　海外RCS发展现状

一　海外RCS业务发展概况

融合通信（Rich Communication Suite，简称RCS），是指通信技术和信

息技术的融合。通常来说，通信技术类的业务是指传统电信网的各类业务，如电话业务、短消息业务、会议电话、呼叫中心等；信息技术类的业务是指 IP 类的各种业务，如即时通信（IM）、视频监控、信息共享等业务；而互联网业务，则如电子邮件、语音邮件等；此外还有信息加工类的业务，如电子商务、信息查询等。[①]

RCS 是新一代消息服务国际标准，我国 5G 消息就是基于 GSMA RCS UP 标准建构的。[②] 电信运营商据此打造的新一代信息服务平台可以让"信息即平台、用户即客户、手机即应用"成为现实。以智能手机上的原生短信按键为入口，5G 消息支持用户使用图文、音视频、群聊、文件传输、通话中的内容共享等多种富媒体消息，在消息窗口就可以实现搜索、交互、分享和支付等一站式业务体验。全球移动通信系统协会（GSMA）将 RCS 纳入 5G 终端的必选功能，RCS 很快将成为智能手机"信息"服务的新标配。[③]

（一）5G 网络的建设与应用

5G 消息应用的前提是 5G 网络的建设与应用。全球移动通信系统协会（GSMA）于 2018 年 3 月宣布，电信运营商墨西哥美洲电信公司、罗杰斯通信公司和斯普林特公司（Sprint）已经将整个美洲的网络进行互联；德国电信、挪威电信集团、特利亚公司（Telia）和沃达丰集团已经在欧洲将他们的网络互联。[④] 据全球移动供应商协会（GSA）的数据显示，截至 2021 年 5 月底，全球 133 个国家及地区的 443 家电信运营商对 5G 进行了投资，其中 70 个国家及地区的 169 家运营商推出了 5G 商用服务。[⑤] 这为国外 5G 消息的应用打下了基础。

---

① 章燕翼：《现代电信名词术语解释（第二版）》，人民邮电出版社，2009。
② 中国电信、中国移动、中国联通：《5G 消息白皮书》，https：//docs. qq. com/pdf/ DTmxqTVh4YW1McGFN，2020 年 4 月。
③ 《短信将升级为 5G 消息，与微信共生共荣》，中国网，2020 年 4 月 9 日，http：//iot. china. com. cn/content/2020-04/09/content_ 41117393. html。
④ 《浙商通信张建民‖5G 消息深度：运营商消息服务跃变》，"通信张建民团队"微信公众号，2020 年 4 月 9 日，https：//mp. weixin. qq. com/s/YvA80Qhcx_ v5OjGIUU_ vWw。
⑤ 《三个方向形成后 5G 时代关键支撑》，"人民网人民数据"百家号，2021 年 7 月 29 日，https：//baijiahao. baidu. com/s？id=1706602878600739092&wfr=spider&for=pc。

而韩国、日本、美国、英国、德国、加拿大等国的多家运营商，均将 RCS 业务投入商用。其中，日本三大运营商 NTT DoCoMo、SoftBank、KDDI 于 2018 年 5 月推出 RCS 相关服务 "+Message"，采用共建的方式解决业务功能、UI 体验一致性及互联互通等问题；韩国运营商 2018 年 12 月联合商用 RCS，发布 5G 消息业务品牌 "Chatting+"，业务功能和体验保持一致；美国四大电信运营商 AT&T、T Mobile、Sprint、Rogers 都已商用 RCS，并于 2019 年 10 月成立 CCMI，统一消息体验、构筑生态链，并宣布于 2020 年将 RCS 引入安卓智能手机；欧洲运营商已提供 17 个国家的 22 个网络的 RCS 服务。[①]

（二）RCS 的设备基础

2021 年，GSMA 在报告中预测，RCS 目前可达的移动设备连接数量约 11 亿，这相当于全球移动用户基数的 21%。此外，GSMA 还预计，到 2023 年底，全球可接入的 RCS 用户总数将达到 27 亿，占移动通信用户总数的 50%。亚洲国家目前占据了约 60% 的潜在市场，其中日本、中国和韩国是推动 RCS 扩大覆盖范围的主要参与者，这也反映了亚洲运营商强大的开发支持能力和领先的 5G 地位。[②]

（三）RCS 的手机系统支持

除了 5G 网络基础建设的支持，RCS 还需要得到安卓、iOS 等手机系统的支持，以便让 5G 信息能够在智能手机上完美呈现其富媒体形式。目前，iOS 系统用户只能通过下载 App 的形式来使用 RCS，而部分安卓系统用户则可以使用原生 RCS。

谷歌对安卓系统中 RCS 应用的支持，对拓展 5G 消息的应用前景至关重要。谷歌开放 RCS 服务的应用载体是安卓系统默认的短信应用 Android

---

① 《中国电信杜成新：5G 消息 To B 业务将成数字经济新的增长点，附 PDF 讲稿》，"新 5G 消息"微信公众号，2020 年 10 月 19 日，https://mp.weixin.qq.com/s/aS_GHbscQt2buRnpnCUTMg。

② 《GSMA：日本融合通信（RCS）商务消息报告》，199IT-互联网数据资讯网，2020 年 5 月 11 日，http://www.199it.com/archives/1031835.html。

Messages，开启 RCS 功能后，该应用的名称变成"RCS Chat"[1]，允许来自各运营商的安卓用户以类似于 iMessage 的方式互相发送信息。一方面，谷歌与运营商、终端设备商进行了广泛的合作。自 2016 年开始，谷歌宣布与 GSMA 和德国电信、Orange、沃丰达等 19 家国际运营商合作推动 RCS 的标准化。截至 2020 年 3 月，谷歌合作的设备厂商超过 30 家。另一方面，谷歌进一步战略布局，将 RCS 的掌控权转到自己手中。谷歌基于旗下虚拟运营商 GoogleFi 网络推出 RCS 服务，从而实现越过运营商直接提供 RCS 服务。近两年来，谷歌加快了 RCS 全球化运营的步伐。2020 年 11 月，谷歌宣布 RCS 服务已经可以面向全球发布（除中国、古巴、伊朗和俄罗斯等少数国家外）。[2]

综上，国外 5G 消息应用步伐加快，且英国、日本、法国均已利用 RCS 进行商业营销。

二 英国 RCS Message 营销

2020 年 10 月，英国电信宣布，其移动网络 EE 与谷歌合作，将基于融合通信 RCS 的商业消息（RCS Business Messaging，简称 RBM）业务引入英国企业。通过使用 RBM，企业可以通过完全品牌化的体验（包括富媒体、轮播和提示回复）与客户互动（选择使用消息传递），并根据个人品牌偏好配置 RBM 的回复与操作板块，并设置阅读回执。最后，RBM 还可以提供电子票、促销二维码、移动支付等功能。通过其智能信息平台，企业和消费者可进行强相关的沟通和交流。如，BT 在三星 Galaxy S20 预购活动中试用了 RBM，与短信和电子邮件等传统渠道相比，活动效果提升了 5 倍。包括食品公司 Papa John's 等在内的企业已经看到了 RBM 的好处，他们与合作伙伴 Infobip 基于 RBM 开展了为期三天的素食比萨优惠活动，事实证明 RCS 活动

---

[1] 《浙商通信张建民‖5G 消息深度：运营商消息服务跃变》，"通信张建民团队"微信公众号，2020 年 4 月 9 日，https：//mp.weixin.qq.com/s/YvA80Qhcx_ v5OjGIUU_ vWw。

[2] 中移智库：《电信运营商发展 5G RCS 的机遇与挑战简析》，https：//mp.weixin.qq.com/s/ya6F3PZ-M-77j1d1sTjJ5Q，2021 年 3 月 12 日。

的销售额比 SMS（Short Message Service，短信息服务）外展活动高 23%。[①]

不仅如此，在 2019 年巴塞罗那召开的世界移动通信大会（MWC）上，英国电信运营商沃达丰还展示了与 GSMA 合作的 RCS Message 营销案例。在这个营销案例中，用户可以基于"Visit London"Chatbot 订购伦敦经典音乐剧《狮子王》的门票，直接选择在伦敦的旅游行程和《狮子王》的演出时间、演出座位、门票数量等，并在"Visit London"Chatbot 中选择不同的支付方式，从而完成门票的购买流程。[②]

此外，类似的应用案例还有"Virgin Trains"Chatbot 的旅客出行服务，基于 RCS 技术为前往伦敦尤斯顿的乘客提供行程信息。在这个案例中，"Virgin Trains"Chatbot 会在乘客到达车站前 10 分钟左右，将伦敦地铁服务的最新信息发送到用户的智能手机上。用户只需点击消息中的一个按钮，即可查看简洁明了的行程信息。[③] 维珍铁路（Virgin Trains）还试着用 RCS 向用户提供移动火车票，以便用户能够在终点站扫描二维码。

以上相关 RCS 应用于营销的案例在阅读率、转化率上带来了非常可观的效果。由"RCS+MaaP+Chatbot"打造的 RBM 解决方案，在英国市场已为企业营销场景实现了商业价值。据统计，两次的 5G 消息阅读率为 80% 左右，转换率为 2.5% 左右，预定率为 70% 左右。[④]

三　日本 RCS 商务消息

日本运营商 NTT DoCoMo、KDDI、SoftBank 于 2018 年 5 月联合推出了 RCS 服务"+Message"。三家运营商采用统一规范、统一品牌、统一的客户

---

① BT："BT launches RCS Business Messaging to customers in the UK"，https://newsroom.bt.com/bt-launches-rcs-business-messaging-to-customers-in-the-uk/，2020-10-22.

② GSMA："Visit London and Vodafone RCS MWC19 Demo"，https://www.gsma.com/futurenetworks/resources/visit-london-and-vodafone-rcs-mwc19-demo/，2019-4-3.

③ Global Railway Review："NEWS Virgin Trains first to use RCS-based messages for customer communications"，https://www.globalrailwayreview.com/news/73027/messages-passenger-communication-virgin/，2018-9-4.

④ 《看看国外的 RCS 消息怎么玩?》，搜狐网，2020 年 6 月 15 日，https://www.sohu.com/a/401948198_394908。

界面 UI/UX，以保持服务的一致性。"+Message"让人们只用收件人的电话号码就可以发送各种各样的信息，包括群聊、照片、视频、贴纸和阅读收据，而且做到了安全、私密且易于使用。该服务区分已注册和未注册的发件人，也就是允许用户查看他们的联系人是否支持 RCS。NTT DoCoMo、KDDI、SoftBank 目前已经将"+Message"应用程序预装到新的安卓设备上，还为运行安卓和苹果 iOS 的智能手机提供可下载客户端。①

在日本，WhatsApp、LINE 和其他一些社交及聊天应用被广泛用于 P2P（Person to Person，个人到个人）消息传递，但 SMS（Short Message Service，短信息服务）仍然是目前世界上企业对消费者通信最强大的渠道。RCS 极大地增强了 SMS 提供的功能，使品牌能够进行高度参与和互动的营销活动，它还使企业可以直接与客户进行一对一的对话，包括从消费建议到售后的全流程内容。由于"+Message"是由在日本广受信赖的几家电信运营商提供的，因此满足了消费者和企业之间对于安全、私密的通信方式的潜在需求。日本运营商为品牌和 Chatbot 提供"官方账号"认证——一个绿色的勾号，表示这些官方账号已经通过验证，从而可以为消费者提供安全可信的服务。日本的移动运营商还创建了 Chatbot 目录，用户从联系人列表中访问该目录，就能直接看到他们可以与哪些企业进行对话。品牌还可以将"+Message"链接放入网页横幅中，或让消费者通过简捷的方式打开消息会话。②

"+Message"提供了丰富的交互性，这意味着日本消费者将不再需要下载特定的应用程序来与特定品牌进行互动。相反，他们将能够通过这款即时通信应用与一系列的品牌和企业直接沟通，允许他们与虚拟助手进行预订航班、购买衣服、预订餐厅等操作。消费者还可以使用"+Message"与商家或品牌分享他们的位置。对于企业来说，RCS 还支持 Chatbot 和人工智能来回答查询和交换消息，以及进行客户数据的分析。日本一家购物平台

---

① 《GSMA：日本融合通信（RCS）商务消息报告》，199IT-互联网数据资讯网，2020 年 5 月 11 日，http://www.199it.com/archives/1031835.html。

② 《GSMA：日本融合通信（RCS）商务消息报告》，199IT-互联网数据资讯网，2020 年 5 月 11 日，http://www.199it.com/archives/1031835.html。

Wowma 通过 RCS 消息发送优惠券，75%的订阅用户都使用优惠券在商店购买了物品。①

日本电信运营商 KDDI 发现，85%以上的 RCS 业务消息都被收到的消费者打开了，而 RCS 消息的点击率比 SMS/e-mail 均高出 40%以上。对于移动运营商来说，RCS 业务消息是重塑和振兴其消息服务的机会，并将在未来基于 IP 的消息中发挥核心作用。有了 RCS，运营商可以为客户提供新的功能，并分享人工智能、Chatbot 和聊天内搜索等新业务模式。KDDI 还对 RCS 数据流量实行零费率，这意味着消费者使用服务不会产生任何费用，从而刺激 RCS 消息业务的快速增长。市场研究公司 Mobile squared 预计，在日本，企业和客户之间交换的 RCS 消息的数量将迅速增长，到 2021 年达到 7.5 亿条，到 2023 年或达到 87 亿条。②

---

① 《GSMA：日本融合通信（RCS）商务消息报告》，199IT-互联网数据资讯网，2020 年 5 月 11 日，http://www.199it.com/archives/1031835.html。
② 《GSMA：日本融合通信（RCS）商务消息报告》，199IT-互联网数据资讯网，2020 年 5 月 11 日，http://www.199it.com/archives/1031835.html。

第七章
5G 消息融媒体应用项目典型案例[*]

第一节　"央视频5G消息"建设全媒体传播新阵地

　　"央视频 5G 消息"应用利用 5G 消息赋能央视频产品，打造了 5G 时代的传播新阵地和舆论新高地。利用 5G＋AI 剪辑、大数据推荐、全媒体采编、IP 资源赋能、舆情监控等自有优势，打通了一条"5G 平台＋新闻媒体＋国际时事"为一体的服务新渠道，提供了实时、权威的咨询内容。作为传统短信的升级版本，"央视频 5G 消息"项目主要实现了内容富媒体、智能编辑审核、智能精准推送等方面的突破性创新。以大型活动冬奥、两会、世界杯等为切入点，打造成 5G 时代用户手中的超级应用，从而构建公众服务新窗口，再掀信息服务新浪潮。通过国际赛事和时事新闻等场景相互关联融合，全面提升用户体验，增强市场竞争力，有效提高媒体舆论引领力。借助 5G 消息原生手机入口优势和 5G＋AI 技术的展现优势，实现传统新闻媒体传播方式的扩展，并打通了一条 5G 新时代的"互联网＋新闻媒体"服务新渠道。

---

　　* 第七章所选取5G消息应用项目个案及其相关资料来源于第五届"绽放杯"5G应用征集大赛5G消息专题赛与融合媒体专题赛。

一 项目背景

央视频作为中央广播电视总台的 5G 新媒体平台，是总台实现融媒体转型、走向新媒体市场的重要出口；5G+4K、8K+AI 的战略格局硕果累累。依托 5G 业务应用，央视频在疫情期间首创雷神山、火神山 5G 慢直播，吸引了超 9000 万人"云监工"；冬奥会期间，推出了兼具沉浸感和交互性的"数字雪花"互动项目，这些无一不体现了央视频在 5G 方向上的创新和突破。

随着互联网和移动互联网的发展，内容领域的数字化浪潮是大势所趋，特别是在 5G 应用广泛拓展的背景下，传统媒体结合大环境做数字化布局，实现数智化转型发展，在创新模式和商业应用方面具备了新的条件和特点。在客户端建设过程中，央视频也在不断地扩展终端的多样化以及发布平台的全面化。其中，5G 消息作为未来手机官网、PC 官网、PAD 版等其他终端规划的主要内容源。

（一）5G 消息数智化应用，成为革新图存的重要途径

目前，媒体线上内容，在数量和质量上都有显著提升，如何有效推进传统媒体和新兴媒体融合发展，特别是在互联网、移动互联网和新媒体冲击的环境下如何突围，一直是传统媒体革新图存的重要课题。

（二）时事热点5G 融媒触达，增强市场竞争力

央视频利用 5G 消息、5G+AI 等新应用和 5G 赋能媒体多元化信息传播手段，打造自身"5G+媒体"的传播新阵地。同时结合自身强版权、用户黏性大、视频海量等优势，在国际体育赛事等时事热点重要营销场景上充分覆盖目标用户，推送优质垂类内容，实现了在世界范围内首次以 5G 消息大规模推送国际重大体育赛事新闻的成功案例。央视频通过打造 5G 消息平台，聚合了"5G 消息平台+全网用户+热点内容"的强大效应，极大丰富了行业应用场景，全面提升了用户体验的效果。同时发挥 5G 消息渠道作用，实现传统媒体变革性升级，可以有效增强媒体服务市场的竞争力。

二 功能设计

（一）主要功能

央视频通过5G消息平台发布热点赛事、热点新闻、直播新闻等专题报道，开设会员专区，举办丰富精彩的会员活动，为用户提供高质量的影视节目。

（二）设计理念

充分发挥中央广播电视总台的国际赛事版权等内容优势，通过优质资源吸引用户，为用户提供最新鲜、最及时的热点资讯，带来全新、便捷、可交互的5G消息融媒体体验。

融合大数据、AI、云计算、直播流拆解等技术，将直播视频自动剪辑后生成的视频以及站内其他视频，进行定制化推送，借助5G消息的强入口能力，提升节目的收视率。

三 主要特色

（一）直播流拆解技术

实时根据预设规则自动剪辑直播视频，实时生成短视频，第一时间对相关人员进行推送，无门槛、轻量化体验，提高赛事、新闻、节目的时效性。

（二）"新""热"推荐系统

整合大数据、AI算法，根据视频"新""热"程度，建立多层级的推荐排序系统，最终将多层级推荐结果精准推荐给不同用户，千人千面。

（三）电视节目与5G消息相结合

颠覆传统电视观看方式，便捷操作，消息体内可随时随地观看电视节目。

四 实用分析

（一）以世界级赛事和国内外热点新闻为切入点，多场景相互关联融合，全面提升用户体验

1. 全球范围内首次通过5G消息大规模推送冬奥热点内容

北京冬奥会期间国家级媒体央视频在世界范围内，首次实现使用5G消

息大规模推送国际重大体育赛事新闻。同时，"央视频5G消息"业务在冬奥会期间正式上线。通过5G消息将传统短信与视频短信融合，面向全国冰雪爱好者推送5G冰雪盛会赛事动态消息。"中国首金！再看亿遍！""来央视频，看谷爱凌冬奥首秀！"等首发消息，触达百万移动用户，吸引了20多家媒体的同步报道。冬奥赛事板块提供"赛程查询、奖牌榜、冬奥指南、会员活动"等快捷入口，方便用户进行查询、互动，甚至观看赛事直播。其丰富的内容、极致的交互体验，为媒体行业5G应用规模创新开拓新的道路。

2. 推出两会报道5G消息版，助力创新两会报道形式

继冰雪赛事之后，在两会期间，央视频推出两会报道5G消息版，助力创新两会报道形式。围绕两会议程的开展，用户可以直接在5G消息底部菜单中查询总理和外长记者会上的亮点，深度互动，甚至观看会议直播。报道主要围绕两会议程展开，用户可以直接在5G消息底部菜单中，围绕政协人大两场发布会，两场开幕式，部长、代表、委员通道，以及总理和外长记者会上的亮点信息等选项进行查询、互动，甚至观看会议直播。"央视频5G消息"项目，将继续以热点赛事和时事新闻为突破口，连接C端用户人群，打造从连接到激活再到经营"三位一体"的5G时代传播体系。

（二）通过与运营商实现千人千面标签，与用户之间实现强触达

"央视频5G消息"平台具有强触达、高时效、强连接、高转化等创新特点，可实现5G消息快速编辑、快速审核、轻量运营，秒级发送海量消息等。另外，"央视频5G消息"平台还通过大数据技术赋能，结合用户功能画像，实现了5G消息"千人千面"的精准化输出。

（三）建立全新内容传播渠道，推动5G消息平台在媒体行业的创新

作为"央视频5G消息"推送基础，央视频技术团队自主研发的5G消息平台，支持文字、图片、视频、音频等多种内容载体，利用央视频融媒编辑系统的低时延发送平台，打通了运营商消息通道，建立起全新的内容传播渠道，向用户提供实时、权威的资讯内容，建立了全新内容传播渠道，同时实现反哺App，提升了活跃度。

（四）构建符合全国融媒机构的权威信息发布平台，深度服务 B 端用户

利用央视频平台赋能（统一平台、统一监管、统一认证）和技术赋能（统一审核、统一发送、统一引导）两大优势，构建覆盖全国融媒体机构的权威信息发布平台，服务全国各级机构；有效打通 5G 消息媒体行业通路，打造媒体数字化整体经营生态。

五　市场分析

（一）满足媒体行业信息编辑发布需求

5G 消息和 5G+AI 的制作发布过程中，央视频充分考虑了发送平台与融媒体编辑制作平台存在的较大差异，满足了媒体行业内容编辑的时效性、专业性。以运营商使用的 5G 消息发送平台为基础，开发出了应用能力平台，满足媒体行业对消息的编辑和发布的更高要求。

（二）带动平台规模化生产

中央和省级、各市县媒体单位都可利用 5G 消息优势特色进行媒体报道，通过 5G 消息和 5G+AI 进行展示，平台有统一内容管理编辑处理，入驻管理，满足分发推送的需求。5G 时代的来临，将必然成为媒体融合发展进程中的一个转折点。在传统媒体行业的发展中，其主要以纸媒、电视广播等方式向社会大众直接传播信息，是一种信息直接向群众展示的方式，但是在网络时代的发展中，社会大众更愿意直接参与社会事件的讨论中，其不光需要了解信息、传播信息，还要点评信息和分享信息。如何满足群众的精神需求、促进媒体互动性、提升信息触达的高效性、客户服务的便捷性，同时具备向 5G 消息平滑演进的能力，成为业务发展过程中的重要课题。该项目打造了一个面向未来的、具备 5G 消息编辑、发布及管理运营能力的融媒体平台，规模拓展可行。

六　商业分析

账号管理能力可以助力快速实现央视频公司及其他机构入驻融媒体平台，制作发送专属的 5G 消息。也可以对各子账号进行统一管理，如开户、

分配角色、划分权限、业务报表分账号统计等。

通过 5G 消息的新尝试，并叠加 5G+AI 应用，央视频将 App 内的用户成功唤起，影响力逐渐扩大。针对时事热点发送专题 5G 消息，如：北京冬奥会报道、两会报道、世界杯报道等，为用户提供了更丰富的体验和感受。5G 消息发送后使用用户逐渐增多，相信在未来的复制扩展中，会吸引更多的用户群体。

5G 消息助力平台数智化转型的实现，可按两个阶段分步实施。

试用阶段：可以极大地增加客户群体的触达，对数字媒体平台起到增强与客户的高效互动和维系活跃用户的积极作用。

商用阶段：对普通客户采取标准化服务，用户可以先试用后直接订阅；对政企客户，央视频作为主流媒体，可以提供全方位的内容、开放接口、平台定制等服务。

七 产业效应

（一）产品规模化生产后对产业链的影响

1. 提升服务体验

用户无须下载 App，由原生消息入口操作即可，支持加密传输、图形密码等信息交互方式。

2. 改变行业现状

将短信内容精准判断分类，垃圾短信单独分类，建立拒收机制，改变短信行业混乱现状。

3. 创新商业模式

5G 消息作为新的流量入口，具有高覆盖、高转化特征；同时支持行业客户个性化需求，深耕场景化服务，为企业提供商机，拓展想象空间。

4. 助力数字化转型

5G 高速率、大容量、低时延的特性，能提升行业应用的线上、线下融合能力和整体运营效率，加速企业数字化进程。

（二）产品对所应用的行业发展的影响

1. 传统媒体转型升级

5G消息的到来，使传统媒体在转型中获取用户的成本大大降低。传统媒体转型中获取流量的第一要义就是市场洞察与用户管理，要对用户进行精准洞察与把握，提供用户需要的内容，满足用户的服务需求。

2. 打通新媒体"数据孤岛"

5G所容纳的万物互联的状态，将使媒体在数据采集、信息获取等方面获得巨大的突破，进而为人工智能等相关技术的发展提供优越的环境支持。"5G连同数字化、网络化、智能化技术，比如大数据、云计算、物联网、区块链、人工智能等，可以实现所有人连接、所有物连接、所有资金连接、所有信息（数据）连接，同时还可以实现所有环节、所有过程、所有时空节点的连接。人类社会的所有资源都可以数字化，并以数据的形式进行传输与传播。"这种"万物互联"和"所有资源的数字化"无疑为"数据孤岛"的打通提供了极大的可能性。

3. 实现无边界性协同合作

5G时代真正变化的不是传统媒体的终结和新的自媒体文化的出现，而是二者融合，共同迈向一种新的认知方式。全媒体概念提出后，不断演进，出现了全程媒体、全息媒体、全员媒体、全效媒体，信息无处不在、无所不及、无人不用。这也代表着5G时代媒体融合突破边界的大方向。

八　社会效益

（一）热点舆论思想引领

抓紧建立健全以内容建设为根本、先进技术为支撑、创新管理为保障的全媒体传播体系，牢牢占据舆论引导、思想引领、文化传承、服务人民的传播制高点。

（二）增强"四个自信"

通过国家级媒体在世界范围内实现主流文化精神大规模推送，轻量化触达用户，能实时、高效地传递重要海内外热点时事、国际赛事资讯，从而进一步发挥宣传报道主力军作用。

（三）助力媒体行业守正创新

全力打造"内容+平台+渠道+服务"的媒体生态体系，为传媒行业的5G应用开拓新道路，强化央地融媒深度合作。

项目团队成员

韩　嬷　央视频融媒体发展有限公司

陈宇楠　央视频融媒体发展有限公司

陈　韵　央视频融媒体发展有限公司

李玲玉　央视频融媒体发展有限公司

张慧芳　中移互联网有限公司

吴华挚　中移互联网有限公司

王振波　联通在线信息技术有限公司

杜成新　信元公众信息发展有限责任公司

王　云　信元公众信息发展有限责任公司

盛凌志　中国移动通信集团北京有限公司

金仁哲　中国移动通信集团北京有限公司

赵心愉　中国移动通信集团北京有限公司

李志强　中国移动通信集团北京有限公司

郭兆清　中国移动通信集团北京有限公司

易　超　北京国都互联科技有限公司

蔡　宇　北京国都互联科技有限公司

王　娱　北京国都互联科技有限公司

第二节　多彩新媒5G消息打造"老稻种博物馆"助力乡村振兴

"老稻种博物馆"5G消息应用是贵州多彩新媒体股份有限公司（以下

简称"多彩新媒"）在5G时代投身新技术应用、新业务形态、新平台运营和新商业模式的一次创新探索。多彩新媒"老稻种博物馆"5G消息应用定位独特、特色鲜明，立足"新时代西部大开发"战略部署和乡村振兴顶层设计，落脚稻米文化的传播和农耕文明的传承创新。通过线上线下结合的方式，把散落在城市、社区、文化休闲场所的"老稻种博物馆"与5G消息的传播效应和平台能力融合起来。多彩新媒"老稻种博物馆"5G消息最大的特色在于其"示范性"，可谓5G时代省级广电新媒体集拓展传播渠道、开拓增量市场、创新业务模式、探索数字经济于一体的典型示范。"老稻种博物馆"5G消息既是一条先进技术引领驱动广电推进媒体深度融合发展的示范路径，也是一条5G"新基建"赋能乡村振兴和数字乡村建设的示范路径，更是一条"文化+科技+商业"的数字经济创新发展示范路径。

一　项目背景

（一）贵州着力建成现代山地特色高效农业强省

"十四五"期间，贵州将不断推进农业现代化进程，努力推动建成现代山地特色高效农业强省。根据贵州农业"十四五"规划的重点任务，要着重强化农产品品牌打造，努力提升品牌知名度，加快遴选一批有潜力的"贵字号"区域公用品牌，进行重点培育；加大品牌宣传推广力度，围绕"贵州绿色农产品""贵字号"系列开展品牌评价与推介，在农民丰收节等重大活动上集中发布、专题推介。力争到2025年形成3~5个有全国影响力的"贵字号"农业品牌。同时持续深化农村改革创新，以"龙头企业+合作社+农户"模式为基础，因地制宜推行"合作社+家庭农场""合作社+小农户""家庭农场+小农户"等利益联结发展模式。深入推进农村"三变"改革，充分发挥农民主体作用，优化利益联结机制，保障农民收入持续增加。

（二）5G消息助力贵州乡村振兴打破信息壁垒

"农业稳则天下安，农业兴则基础牢。"多彩新媒是贵州广播电视台投资控股的国有文化企业，正在努力实现从"广电节目播出渠道"向"融媒体智慧服务平台"的转型。多彩新媒积极探索新技术、新理念、新服务，践行 2022 年中央一号文件《中共中央　国务院关于做好 2022 年全面推进乡村振兴重点工作的意见》和国发〔2022〕2 号文件《关于支持贵州在新时代西部大开发上闯新路的意见》精神,助力脱贫攻坚与乡村振兴有效衔接,深入推进农村产业革命,大力发展山地特色高效农业。

结合深耕行业多年的企业——贵州波奥饱科技网络有限公司的现状分析,在现阶段的多地农村农业发展过程中面临诸多问题与挑战。第一,信息无法有效连接农户与销售平台,导致农户无法获取最新的销售信息。第二,农业农村的信息化水平与网络技术不高,用户的使用习惯培育成本高。第三,贵州属于山地地区,农业专家培训与指导十分不便,无法与农户进行及时有效的一对一交流。第四,信息时代背景下的互联网消费充满陷阱,农户无法有效辨别信息的真伪,信息诈骗对于农户来说会造成无法弥补的损失。

针对以上问题,多彩新媒联合中国联通与贵州波奥饱科技网络有限公司,在贵州省农业农村厅与宣传部的支持下,依托"半禾共作"贵州古稻米文化传播与古稻种保护联盟,共同推出"5G 老稻种博物馆",用来保护和推广在贵州分布的中国五大古老的稻作族系。"5G 老稻种博物馆"借助5G 消息,强化线上信息有效精准传播,同时结合 500 个 MINI 老稻种博物馆,强化线下体验,立体破解贵州生态农产品难以建立山里山外"产销对接"这一最大难题,助力贵州生态水稻标准化、规模化、品牌化发展。

二　功能设计

（一）主要功能

"5G 老稻种博物馆"基于 5G 消息技术结合稻种博物馆服务应用,在原生短信应用免安装、高触达优势基础上,融合文字、图片、音频、视频、位置等综合信息,提供更丰富的消息聊天形式,5G 消息赋予了稻种博物馆服务应用与用户进行深度互动的能力,将成为最有价值的服务入口和服务载体。

"5G 老稻种博物馆"整体的功能设计包含三大板块的内容。第一大板块是针对二十四节气和稻作的相关介绍,包括春、夏、秋、冬和加入兴趣社等；第二板块是老稻种博物馆的视频和图文展示，包括老稻种、稻作纪录片和口述历史等；第三板块是针对贵州稻作产品的销售渠道，通过 5G 消息强触达、易交互、业务串联等特性，为贵州老稻种提供销售渠道，为用户提供预售活动、生态稻米、文创周边、精致米食和稻旅体验等高效智能的服务。

（二）设计理念

1. 5G 消息实现产销对接，打开农产品销售新渠道

贵州生态环境良好，立体气候明显，稻作历史悠久，中国五大古老的稻作族系在贵州均有分布，其中以百越系、苗瑶系和百濮系最为集中，他们世代在此繁衍耕作，保留下难得的种质资源和生态种植技艺。5G 消息技术为这些农耕稻作智慧结晶的开发与传承带来了新的渠道。

2. 5G 消息赋能乡村振兴，创造贵州助农新方式

老稻种博物馆 5G 消息，含三大模块、多个业务场景，全方位赋能老稻种博物馆，打造贵州稻种 IP，建设贵州稻种文化新标杆，打造一站式稻旅全方位体验，助力乡村振兴。

3. 5G 消息赋能稻旅服务，拓展文化宣传新途径

针对贵州久远的稻种文化和优质的稻种资源，对于全国甚至全世界游客的游览过程和知识普及，"5G 老稻种博物馆"都能从各个方面提供全方位服务。

三 主要特色

多彩新媒在助农方面已深耕多年，孵化出了饱饱盒子等助农项目。5G 消息的诞生打开了农产品销售新渠道。利用多彩新媒在助农方面深耕多年的经验与资源，以及中国联通强力的技术支撑，多彩新媒与中国联通开展了深度合作。项目中使用的联通 CSP 平台是基于 SaaS 服务的全消息一体化、集约化、云服务化企业消息服务平台，可以根据项目情况进行私有化部署与个性化运营，实现对省内用户定时推广，对省外关注的用户进行推送，使中国联通的用户也成为老稻种用户。

该项目基于 500 个 MINI 博物馆以及贵州省的信号覆盖区域，进入该区域的游客会收到老稻种博物馆的5G消息推送,为游客介绍贵州稻种文化,包括二十四节气、老稻种博物馆介绍、相关旅游线路、路线导航和老稻种购物等相关内容。收到老稻种博物馆消息推送的5G消息终端用户可以在稻种博物馆的5G消息界面点击按钮,了解二十四节气和稻种的关系、稻种悠久的历史、应季食品等关于稻种的全方位信息。

针对目前并不是所有手机终端都能接收5G消息的问题,"5G老稻种博物馆"采用5G消息+多媒体消息体的方式,能够实现终端消息触达全覆盖。以漏话提醒为例,当服务对象未接到老稻种博物馆官方的电话时,5G消息终端用户会收到一条5G消息的富媒体卡片,内容为老稻种博物馆的介绍,对话框内可以直接借助5G消息进行内容的交互;当后台检测到服务对象使用终端不是5G消息终端,而是短信小程序2.0用户时,服务对象会收到一条AIM消息,内容同为老稻种博物馆的介绍,可通过下方"了解更多"了解详细情况;当后台检测到服务对象使用终端不是5G消息终端,而是4G用户时,服务对象会收到一条数字短信,内容为老稻种博物馆的介绍,最后会附上H5页面的链接,可打开链接了解详情;当后台检测到服务对象使用终端不是5G消息终端,而是其他用户时,服务对象会收到一条普通短信,内容为老稻种博物馆纯文字介绍,最后会附上H5页面的链接,可打开链接了解详情。

(一)落实助农工作,5G消息打开农产品销售新渠道

"5G老稻种博物馆"用5G消息技术开辟了新的销售渠道,结合500个MINI老稻种博物馆强化线下体验,立体破解了贵州生态农产品难以建立山里山外"产销对接"这一最大难题,助力贵州生态水稻通过标准化、规模化、品牌化发展走出困境,集约扶持100个生态农场,按照"生态无农化高标准、规模化种植优质特色老稻种"的需求,助推贵州生态水稻实现产业升级转型,以市场化、商业化的方式,摸索出一种乡村振兴的可持续发展模式。用户可以通过"5G老稻种博物馆"浏览、购买相关农产品与纪念品,从根本上落实了助农工作。

（二）老稻种博物馆"半禾共作"社群，交流老稻种文化的最好场地

收到老稻种博物馆 5G 消息的用户，可以点击底部固定菜单"节气与稻作"中的"加入兴趣社"，加入"半禾共作"社群。稻作文化兴趣社汇聚了全国各地的爱好者、专家学者及生态农场主理人，有助于稻作文化及食育栽培交流、发展与传播。

（三）老稻种博物馆景点导航，带来更好的出行体验

收到"5G 老稻种博物馆"5G 消息的用户，可以点击底部固定菜单"带稻回家"中的"稻旅体验"，在浮卡中选择自己想去参观的景点，点击下方"导航去"，之后可进入导航的界面，随后拉起小程序，进入导航指引的界面，引导用户前往指定的位置。全程只需轻轻一点，就能体验实景导航，简单快捷操作方便。

（四）多类型消息触达，全终端覆盖

针对 5G 消息终端未普及问题，"5G 老稻种博物馆"采用 5G 消息+多媒体消息体，实现终端消息触达全覆盖。多媒体信息体包括：普通短信、数字短信以及 AIM 消息。

四　实用性分析

2020 年 11 月 23 日，贵州 66 个贫困县全部实现脱贫摘帽，923 万贫困人口全部脱贫，整个贵州省有 192 万人搬出大山，减贫人数、易地扶贫搬迁人数均为全国之最①。按照 2020 年贵州省乡村低保平均标准 4318 元/年，确保"不发生规模性返贫"的形势依然严峻。贵州 92.5% 为山地和丘陵，是全国唯一没有平原支撑的省份，梯田和少有的坝子上种植着 1000 万亩水稻，

---

① 《举国同心 合力攻坚——从贵州打赢脱贫攻坚战看中国特色社会主义制度优势》，中国政府网，2022 年 9 月 10 日，http://www.gov.cn/xinwen/2022-09/10/content_ 5709332.htm。

占粮食耕地面积的 22%，年产 430 万吨，产值却才 100 多亿元，平均每亩产值 1000 多元。以"半禾共作"稻作文化社旗下闲土农场为例，农场流转了当地大量闲置撂荒的田地，改种当地几乎失传的高坡红米老稻种，并按照生态无农化高标准种植。

按照国发〔2022〕2 号文件"发展山地特色高效农业"的指引，将贵州 1000 万亩水稻田、430 万吨水稻产能，逐步转为"生态无农化种植优质特色老稻种"，再通过多彩新媒 5G 消息平台对 IPTV 已有 792.86 万用户群体进行有效信息传播、解决产销对接问题，贵州生态水稻产业将有能力完成升级转型，解决 400 万稻农的经济收入问题，真正巩固来之不易的脱贫攻坚成果，实现与乡村振兴的有效衔接。

随着收入水平的提高，人们越来越追求高品质的生活和精神的富足，尤其是进入后疫情时代，城市消费者不仅向往自在的田园农耕生活，更需要健康营养的生态农产品。"5G 老稻种博物馆"可以作为农民、农产品和购买者的黏合剂，连接上下游，为农民的生产和销售提供一体化的解决方案，将过去单一化、散乱化的零售经营和流通模式向标准化、规模化、品牌化的模式转变，向市场提供稳定的农产品，形成持久稳定的产销关系，从而形成良好的产业效应，扩大生产规模，达到调整农业结构、促进农村经济发展、帮助农民增收的目的。

五　市场分析

在贵州大山深处的生产种植端，生态水稻的种植主体和销售主体主要是由小农自发组织形成的农业合作社或农场。由于产品特性和产量限制，这些农场（合作社）普遍缺乏资源资金，人员缺乏必要的专业营销能力，这也使"产销对接"成为他们最大的难题，难以找到认同产品价值的消费者。项目中"半禾共作"稻作文化共同体聚合贵州数十家优质的生态农场及专家学者资源，跨界合作各展所长，让贵州少数民族地区的特色文化得到更好的宣传、发展。现 MINI 老稻种博物馆已落成，后续将有序推进 100 个 MINI 老稻种博物馆在全国一、二线城市落地。

山里山外"产销对接"的无力使生态种植的老稻种销售无门，老稻种活态传承和开发也成为空话和梦想，传统农耕稻作技艺无人传承。"5G 老稻种博物馆"与电信运营商和多彩新媒合作，意在借助 5G 消息强化线上信息有效精准传播，结合多个 MINI 老稻种博物馆的线下体验，立体破解贵州生态农产品难以有效建立山里山外"产销对接"这一最大难题，有效连接城市终端消费者。

以"5G 老稻种博物馆"作为枢纽平台，集约提供城乡间多对多的服务，在山乡小农和城市居民之间，建立直接有效的连接。第一阶段的目标是为 100 个生态农场提供助力，并逐步带动更多的小农与农场向高标准生态种植模式转型，推动更多的生态农产品走出大山。

六　商业分析

"5G 老稻种博物馆"依托 5G 消息，因其设计特点与微信公众号相似，常用二者做比较。5G 消息对于微信公众号来说具有免安装、主动触达的优势，不需要安装软件，在线下区域内停留即可进行主动服务，极大地减少了用户的操作步骤，有效降低用户教育成本和市场拓展成本。同时该项目以集约化的内容生产和品牌营销推广为手段，有效控制流量获客成本，以共作模式实现"低成本线下导流、低成本获客运营"。"5G 老稻种博物馆"与贵州省农业厅、宣传部以合作共赢为出发点，联合生态农场（生产商）、场地提供方（分销商）、连接运营方（技术平台）及稻作文化兴趣社，各展所长、各司其职，共同获取销售收益。为增加乡村就业及农民增收，提升农民生态种植老稻种热情，该项目制定了以下市场开发策略。

第一步，组建"半禾共作"稻作文化兴趣社，以保护老稻种和传承稻作文化为目标，迅速汇聚稻作领域的专家学者、媒体资源，尤其是贵州最顶尖的二十多家生态农场。

第二步，建立一个具备线上内容展示和产品销售功能的博物馆。内容方面，围绕稻作文化制作一系列的纪录片、口述历史和稻作文化读本。目前正在将二十多家生态农场的信息和稻米产品信息进行整理和录入。

第三步，以贵阳为起点，在全国落地 500 个 MINI 老稻种博物馆，以全新业态覆盖高端餐饮酒店、景区营地、书店图书馆、农场民宿及社区五大消费生活场景。

七　产业效应

贵州省要实现农业发展质量提升，培育乡村发展的新动能，需构建农村一、二、三产业融合发展体系，而"5G 老稻种博物馆"就是一次将技术、农业、文化、服务业等相关产业融合的尝试。

该项目充分利用 5G 通信技术的先进性，将有效助力"脱贫攻坚与乡村振兴有效衔接，深入推进农村产业革命，大力发展山地特色高效农业，提高重要农产品标准化、规模化、品牌化水平，抓好农产品产销对接"，有效拉升生态种植的收益，把人留下来，把田种起来，把米卖出去，把钱挣回来，把老稻种资源和农耕稻作智慧活态传承好。

"5G 老稻种博物馆"通过 5G 消息社群消费概念，将政府渠道与电商渠道融合，扶持并激发农业农村生产热情，对外输出绿色无污染的农业产品，对内进行规范化生态养殖宣传，使"5G 老稻种博物馆"平台通过社群消费打造良好市场口碑，让平台可持续发展。

"5G 老稻种博物馆"能促进传统农业与文旅产业的深度融合，进而可以开发以及培育各种服务类产品，促使产业组织协作密切程度进一步提高，将产业交易成本极大降低，使农村产业结构得到不断优化。

八　社会效益

"5G 老稻种博物馆"是多彩新媒利用平台优势，以中国联通、联通在线公司为技术支撑，联合园区企业饱饱盒子共同打造的积极响应国家乡村振兴战略的重点项目。该项目的落地建成，将对经济领域、文化领域、农业农村现代化领域、生态保护与种质资源领域、粮食安全与健康领域、国有企业责任领域、5G 技术推广运用领域等方面产生重要社会影响。

（一）5G数据技术引新潮，助推地方经济和文化发展

经济领域。"5G老稻种博物馆"项目的落地，将大山深处优质的稻米推介出去，在已有的客户以及对老稻种感兴趣的潜在客户中进行传播并实现销售，将极大提高稻农的收入和生活条件，激励当地稻农继续种植优质老稻种；与此同时，项目落地将有效提升产业层次，将原本单一的老稻米农产品销售转变为农文旅融合的形式，文化产业、旅游产业的加入将全方位提高当地稻农、相关企业的收入和运营层次，并以此创造大量的就业机会，很大程度上解决当地稻农就业难的困境，实现家门口就业，提升稻农生活幸福指数等；此外，"5G老稻种博物馆"项目的成功将成为业内模板，对于5G消息的商用、实现其经济价值等具有重要意义。

文化领域。"5G老稻种博物馆"项目的落地，不仅提升了当地稻农的收入，改善了他们的生活条件，激励他们继续种植优质的老稻种，而且利用多彩新媒平台已有用户、园区企业已有客户的优势，传播优秀老稻种文化、吸引客户消费等；此外，优秀的老稻种传统文化借助媒体融合平台进行传播，将贵州近千年的优秀稻作传统文化融入其中，挖掘蕴含在老稻种中的深层次文化，并进行推广介绍，实现人与人之间的接续传播，从根源上挖掘和传承优秀的中华传统文化，真正做到将老稻种文化进行活态传承。

（二）助力农业农村现代化，保障优质生态种质资源

农业农村现代化领域。农业农村现代化是实施乡村振兴战略的总目标，"5G老稻种博物馆"的落地将完美契合该目标，其融合农业产业园、乡村旅游等体现了其是农业农村现代化的重要组成部分，在促进农业增产增效、农民创收增收、农村宜居宜业等方面具有重要作用。

生态保护与种质资源领域。"5G老稻种博物馆"的落地将对应落实国家关于"生物多样性保护、种质资源保护、生态环境保护"的重要决策。"5G老稻种博物馆"项目中的老稻米源自无农化种植、生态种植，将有利于维系生物多样性、优质种质资源、生态环境保护；此外，将传播和引导健康环保的可持续生活方式，对树立健康环保的企业形象也具有重要价值。

（三）筑牢粮食安全与健康意识，彰显国企责任与社会担当

粮食安全与健康领域。"5G老稻种博物馆"在健康领域同样占有重要席位，通过种植无农化的老稻米，连接到城市生活群体，进而改变他们的消费习惯，让他们追求更加生态、健康、环保的老稻米，提高生活质量、实现健康生活。

国有企业责任领域。"5G老稻种博物馆"项目落地后将极大地彰显多彩新媒和园区企业、中国联通公司在宣发渠道的融合性、多样性，对优质老稻米及其文化进行传播，体现了国有企业的责任与担当。

（四）打造5G业内模板标杆，引领媒体发展新模式

5G技术推广与运用领域。"5G老稻种博物馆"是多彩新媒产业园区的企业合作项目，它的成功意味着"多彩新媒平台+赛道发展"模式的成功，为后续5G技术在多彩新媒园区内乃至贵州其他行业的推广应用树立了良好的标杆，这对于5G消息技术的推广与应用也同样具有重要价值。

项目团队成员

毛　健　贵州多彩新媒体股份有限公司

艾　馨　贵州多彩新媒体股份有限公司

王振波　联通在线信息科技有限公司云信业务事业部

汪进军　中国联合网络通信有限公司市场部

陈晓龙　半禾共作稻作文化社创始人

韩沛玲　贵州多彩新媒体股份有限公司

孙司远　北京联通产业互联网运营中心

张天元　北京联通产业互联网运营中心

李蔚朋　北京联通产业互联网运营中心

鲁沐鑫　联通在线信息科技有限公司云信业务事业部

王紫薇　贵州多彩新媒体股份有限公司

沈　睿　贵州多彩新媒体股份有限公司

第三节　济南报业"舜网5G消息"融入智慧城市建设

"这就是济南"5G消息应用是济南报业集团发挥技术优势，守正创新，探索市级媒体融合发展之路的一次积极尝试。"这就是济南"5G消息应用不仅发挥了报业媒体的新闻采编优势，还发挥了舜网在媒体融合传播领域的技术优势。该应用在立足本地、突出济南城市特色的基础上，将5G消息作为开展"政务服务+商务服务+民生服务"的全新数字化城市服务的载体。"这就是济南"5G消息应用以打造5G时代网络信息传播"新入口"的先进思维，为济南市民、济南游客、济南客商提供了一个与城市全链接的新平台，是市级主流媒体融入智慧城市建设，助力数字社会发展，支撑数字治理能力建设的有益尝试。对于市级媒体而言，找准定位、做出特色、自我造血、脚踏实地，成为融合发展的主线和主题。"这就是济南"5G消息以"接地气""做连接"的发展模式，为市级报业媒体融入5G新媒体时代提供了一个极具参考意义的典范样板。

一　项目背景

2020年9月，中共中央办公厅、国务院办公厅印发《关于加快推进媒体深度融合发展的意见》，从中央层面明确推进媒体融合工作的重要性、紧迫性。该意见提出"强化媒体与受众的连接，以开放平台吸引广大用户参与信息生产传播，生产群众更喜爱的内容，建构群众离不开的渠道""增强主流媒体的市场竞争意识和能力，探索建立'新闻+政务服务商务'的运营模式，增强自我造血机能"。

（一）媒体深度融合阶段发展需要新抓手

5G消息作为5G时代的首个全民应用，有助于构建媒体融合大消息生态。以5G消息作为先进技术引领驱动媒体融合的"着力点"、发展创新的"强抓手"，会带动媒体融合层次质的飞跃。

（二）技术如何赋能新闻+政务模式探索

5G 消息在探索打造"新闻+政务服务商务"平台方面，具有显著的技术先进性和模式创新性。5G 消息作为用户体验端，可以为公众提供优质便捷的操作指引。市级媒体由于与基层部门离得更近，在提供政务服务、民生治理等方面能够承担更多工作、发挥重要作用。

济南日报报业集团作为省会城市党媒，旗下山东舜网传媒股份有限公司与中国联通紧密合作，推出了"舜网 5G 消息"，探索出全新的"新闻+政务服务商务"运营模式，打造了一张崭新的城市名片。

二 功能设计

（一）主要功能

"舜网 5G 消息"立足媒体优势，深度围绕市委、市政府中心工作和城市发展需要，形成多个垂直领域的"融媒+"应用场景，最终形成 5G 消息运营管理的一站式解决方案。

1. 5G+新闻宣传

基于 5G 消息"消息即服务"的特点，利用 5G 网络送达文本、图片、音视频（包括 4K/8K 超高清视频）、3D 视觉与全景及 VR 媒体信息等媒体格式下的新闻资讯、政务公开、应急广播等数字内容，实现新闻推送精细化、反馈即时化，创建 5G 新媒体传播主阵地。

2. 5G+政务服务商务

利用 5G 消息在服务分发、流量转化、精准对接等方面的优势，为行业用户和个人用户提供入口，提升城市生活水准。支持政府机构、事业单位的业务整合接入，实现意见建议、政策解答、业务查询、服务推送等个性化服务场景，利用 5G 消息优势特点赋能千行百业。

（二）设计理念

1. 开创新的新闻传播场景，提升用户体验

发挥 5G 消息在解读政策方针、精神文明建设、引导主流舆论工作中的作用，开创全新的新闻传播场景与用户接收方式。

2. 建立开放包容的服务城市全新生态

基于 5G 消息网络下，提供新型数字化交互服务，支撑城市发展中各行各业数字化转型，推动社会治理效率提升。

三　主要特色

相比于中央级媒体，地方媒体面临着更多的困难和挑战。该项目不同于"手机报"，将 5G 消息服务属性放大，积极探索地方媒体"新闻+政务服务商务"与内容传播深度融合的模式。除了新闻资讯外，它还为市民提供一站式生活信息服务，创新地将 5G 消息、视频短信、行业短信等进行融合，赋能全新的服务场景，拓展业务范围。在市域场景搭建和产业融合方面，市级媒体由于与基层部门离得更近、更接地气，应用 5G 消息具有"天生优势"，因此更有助于提升城市整体文化水平。

（一）5G"特种兵"，突发新闻第一时间送达

充分运用 5G 消息全员覆盖的特性，结合 5G 网络大带宽、低时延、高并发的优势，提升重大新闻事件、突发状况的报道时效性。

记者可携带轻量级的 5G 背包设备直达新闻现场，加强 5G+超高清视频、5G+VR 等多媒体格式在 5G 消息中的应用，打造沉浸式新闻阅读体验。以"舜网 5G 消息"作为新闻首发渠道，确保突发新闻的第一时间送达、舆情事件的第一时间响应，满足公众知情权，化解舆论危机。基于新闻场景的应用，媒体可以实现用户规模的快速积累，为打造新型主流媒体提供有效的传播受众支撑。

（二）泉城总客服，新闻报道直连民情民意

充分运用 5G 消息强交互的特性，从单向传播到互动反馈，能够更有效地倾听民声、汇集民智、反映民情。地方党委、政府就一些重大决策面向社会征求建议时，只需通过 5G 消息便能直接发送给市民。

媒体与政府、民生部门紧密联合，开通反映诉求、建言献策的 5G 消息入口。用户只需通过卡片消息输入问题即可提交，提高便捷性。同时，根据用户的 LBS（Location Based Service，基于位置的服务）定位，向其推送所处辖区的调研话题，构建起基层治理部门与群众间的沟通渠道，打通服务群众"最后一公里"。基于民生场景的应用，能够持续不断地汇聚民情民意数据，为新闻创作提供鲜活的素材，推动媒体融合与社会治理的紧密结合。

（三）文化新名片，掌握城市生活流量入口

充分运用5G消息标准化、多媒体化和轻量化等特点，在庞大的用户受众和源源不断的新闻素材数据支撑下，融入城市元素，做好"新闻+"生产方式革新，打造城市文化新名片。

发挥"消息即服务"的优势，借助5G消息打造"全媒全域"的新型传播平台，重构城市生活信息入口。融合客户端、微博、微信等传播特点，以5G消息代替QQ群、微信群和普通短信，让优质内容、服务信息直达手机终端，解决信息发布碎片化的问题。市民、游客无须关注微信或下载App，通过"舜网5G消息"即可享受"千人千面"的智能化信息推送，实现内容创作的个性化精准匹配。

基于传播场景的应用能够全面提升媒体内容生产质量和传播效果，形成具有市级媒体鲜明特点的5G消息应用示范场景。

（四）平台、场景、推广，项目实施三步走

第一阶段传播平台建设阶段。利用5G消息提升新闻生产质量，搭建5G赋能的全媒体新型传播平台，以开放、聚合、交互思维打造信息流淌不息的内容汇聚地。

第二阶段行业场景打造阶段。完善民生、行业场景的合作共建，通过为行业赋能反哺新闻内容生产，促进宣传文化工作与城市发展的融合，提高平台实用效果。

第三阶段案例推广应用阶段。由点及面，将整个平台运行体系复制到更多的应用场景中，与工信部门、运营商开展"5G消息社区"应用试点，通过线上重点推广、线下多点宣传，有效推动媒体融合与城市发展的紧密结合。

四　实用分析

（一）用户规模不断增长，初步具备全域覆盖及社会动员能力

项目实现了市、区、街道、社区的四级辖区和重点场所的规模化应用，形成了具有市级媒体融合鲜明特点的 5G 消息示范应用场景。

新闻宣传：面向济南日报报业集团报纸订阅用户、新媒体注册用户、济南手机报订阅用户等 530 万自有用户群体；

民生服务：面向市中区、历下区、新旧动能转换起步区共计 31 个街道、社区试点用户；

文旅平台：面向所有在济居民、入济旅游人员，覆盖市内景点、公园；

行业应用：面向全市中小学家长，143 万家企业、7 个产业园区等。

（二）新闻质量大幅提升，新媒体传播主阵地得到进一步巩固

面向"新闻""本地""社会""融媒"四个方面，立足市级媒体职责，实现了官方信息及时分发，加快了信息传播速度，扩宽了人们获取信息的渠道，新闻质量大幅提升，传播主阵地不断巩固。

1. 实时发布市委市政府重要权威新闻报道

目前，"舜网 5G 消息"对新闻发布会进行预告、直播、解读，已形成常态化模式。2022 年 5 月 12 日下午，济南市全面复学复课的新闻发布后，短短十几分钟，阅读量就超过 10 万。

市疫情防控处置领导小组通过"舜网 5G 消息"向市民发送济南日报报业集团推出的《市民防疫手册》。对非 5G 消息终端设备，以回落短信的方式下发。用户在不同移动网络环境下都可以接收到信息，实现重要权威消息百分百触达用户。人民网等中央媒体为此在首页首屏要闻区域进行了重点推介。

2. 济南第一条 5G 消息"大河奔流高歌行"

2021 年 9 月 18 日，舜网发出济南第一条 5G 消息"大河奔流高歌行"，通过 5G+4K 连线、城市慢直播、VR 航拍等多种超高清视频呈现，让用户通过 5G 消息即可全景观看黄河流域壮美画卷，倾听沿黄各地在做好"黄河文章"进程中的典型事例和生动故事。

3. "舜网 5G 消息"助力提升区县融媒宣传报道质量

2021 年 11 月 14 日，济南重点项目建设观摩评议活动走进新旧动能转换起步区，起步区全域用户都收到了融合视频、图文资讯、H5 等多种富媒体表现形式的 5G 消息，让市民体验到了新技术对传播形式的创新。

（三）提升城市软实力，探索5G消息行业融合应用新界面

1. "舜网 5G 消息"受理市民诉求 2 万余件

2020 年 3 月，济南 12345 市民服务热线与济南日报报业集团共同打造"泉城总客服"，这在全国属于首创。

2021 年 10 月，5G 消息市民诉求入口开通，平台一键通达三级承办单位或市直部门，市民可以轻松查到所反映问题的办理进度。

2022 年 4 月，政协第十五届济南市委员会第一次会议召开，"码上商量"5G 消息同步发送，政协委员和市民可以围绕当前协商议政话题提出自己的看法及意见建议。

目前，"舜网 5G 消息"已连接市直单位及 12 个区（县）政府部门，21 个政治协商界别组工作室，受理市民诉求、意见建议 2 万余件，群众满意率达 99.7%，逐渐成为全市服务民生、倾听民意的重要数字化渠道。

2. 打造城市文化旅游产业发展的新名片

2021 年国庆假期，济南日报报业集团与济南市文化旅游局合作，通过"舜网 5G 消息"向进入济南的游客发送了泉城济南文化旅游攻略，推介第九届济南国际泉水节活动盛况和项目。该消息集成位置信息、在线支付、搜索查询等功能，支持用户在 5G 消息聊天窗口进行位置导航、购票支付等应用。

2021 年，济南市政府面向市民和来济游客，通过"舜网 5G 消息"和新媒体平台下发文旅惠民消费券，全年累计发放 2500 万元文旅惠民消费券，直接带动消费近 1 亿元，综合带动超过 5 亿元。

2021 年 10 月至今，"舜网 5G 消息"开展了一系列的线上活动，倡导广大市民记录、分享生活游玩中的美好瞬间，让网友在社交的同时获取感兴趣的资讯，提供"衣、食、住、行、玩、乐、购"的一站式服务体验。

2021 年 11 月，"舜网 5G 消息"同步推出了大型城市形象宣传栏目——直播济南，充分发挥 5G 网络的传输优势，提供慢直播、航拍直播、VR 直

播等多种直播形态，采用 5G+原生 4K 拍摄方式，对济南 200 多个"点位"进行 24 小时直播。

3. 教育、应急领域信息直达的高速通道

2022 年 5 月以来，项目以"舜网 5G 消息"促进济南市教育局"家校牵手"工作开展，进行了传统文化宣讲、防溺水安全教育等多次推送，用户覆盖全市 1262 所小学、139 所中学近 500 万名学生家长。

6 月 13 日，"舜网 5G 消息"发送了"二安"（李清照和辛弃疾）文化教育内容，并开通"诗词闯关"交互通道，依托"舜网 5G 消息"为全市中小学生上了一堂生动的传统文化思政课。

服务全市应急信息发布和应急指挥调度方面，"舜网 5G 消息"也发挥了远超过信息传达的重要作用。2021 年 11 月 7 日，济南突降大雪，30 万济南市民收到了 5G 消息，为雪天出行安全保驾护航提供有力支持。未来，5G 消息还可实现基于地图的用户定位、一键求助等功能。

五　市场分析

（一）促进优质内容生产

国内媒体行业借助 5G 消息，能进一步促进优质内容的生产。现阶段，在线内容服务可用性的主要障碍仍然是缺少有效的内容分发平台。微信、微博、手机客户端等，要么受到商业平台限制，自主性较差；要么推广下载难度大，无法形成有效的传播场景。而 5G 消息直达手机用户，对在线内容的市场转化具有极大的促进意义。

（二）抢占终端入口商机

在地方媒体深度参与城市生活服务方面也存在着巨大的市场空间。媒体主导的生活信息服务模式，会如同媒体承担政务新媒体发布、互联网内容风控一样，成为融合趋势下的发展方向，也是贯彻落实"新闻+政务服务商务"的重要举措。该项目充分借助了 5G 消息全员覆盖、强交互、多媒体化和轻量化等特点，让媒体新闻传播的触角直通 C 端用户，有效破解"移动优先"路径下重要新闻速达、抢占流量入口的市场制约。

六 商业分析

(一)国内市场的竞争情况分析

在媒体深度融合的过程中,部分央媒和地方媒体已经将彩信手机报升级为5G融媒手机报。同时,一些媒体通过向自有新闻客户端注册用户推送基于5G消息的视频或图文新闻,实现对客户端的引流。该项目改变了5G消息工具用途,将5G消息深入到城市发展必要的应用场景中,以媒体融合促生城市新形态,探索地方媒体5G应用的样板示范。

(二)形成全链路商业服务模式

基于项目,将探索形成"账号运营+技术服务+平台运营"的全链路商业服务模式,推动城市政务、医疗、文旅、交通、会展、教育、生活、应急管理八大垂直领域与媒体的紧密融合。

(三)满足客户多场景营销需求

通过广告投放、主题宣传、营销推广、业务代办等业务,满足客户多场景营销需求。可以为互联网、金融、公共服务、连锁零售等领域的客户提供基于5G消息的综合传播解决方案,承担品牌服务、品牌宣传和渠道入口等职能,并根据不同的营销服务进行合理化收费。在未来,还可结合5G消息智能化发展,打造包括智能创作、智能审核、智能触达、智能交互、智能运营环节在内的"五智"服务能力。

七 产业效应

该项目打造的应用场景,能够使传统媒体充分认清5G新媒体趋势和新一代信息技术的发展规律,积极融入技术创新的媒体变革,紧跟5G商用步伐,推动地方媒体加速融入城市生活服务中的产业生态培育。

在贯通媒体与传播的过程中,5G消息推送的不仅仅是消息,更是面向用户的无所不至的服务,旨在打造便捷的搜索入口、丰富的AI智能应用窗口,以及全面的数字信息消费平台。在电信运营商配合下,5G消息可以帮助媒体构建自主可控的私域流量和强大信息传播平台,在万物互联时代将富媒体消息实现在各类泛智能终端的互联互通，不需要受制于头部互联网平台，从而进行长期用户信息业务智能运营。在此基础上，5G 消息产业链上下游可以形成一种平台级开放生态共建体系，体系内的产品和服务能力均可实现互通融合。

八　社会效益

当前，国内传统媒体在新技术应用上普遍存在短板，都亟须着力于对新技术的快速应用。该项目的成功实施，可以有效发挥 5G 消息优势，有助于构建媒体融合大消息生态；能有力坚持和发挥地方党委的核心领导作用，不断丰富拓展媒体外延，牢牢占据舆论引导、思想引领、文化传承、服务人民的传播制高点，不断打造 5G 消息赋能"新闻+政务服务商务"运营模式的成功案例，让正能量更强劲、主旋律更高昂，让党的声音传得更开、传得更广、传得更深入。

2022 年 3 月 22 日，国家新闻出版广电总局主管的《中国新闻出版广电报》以"济南日报报业集团以先进技术引领驱动融合发展 5G 消息或是媒体融合下一'利器'"为题刊发文章，人民网、中华全国新闻工作者协会（中国记协）官网等同步刊载转发。将"舜网 5G 消息"作为 5G 消息推动国内媒体融合的典型案例，介绍了其在探索"新闻+政务服务商务"新模式上如何发挥作用的先进经验。

2022 年 4 月 24 日，中国联通以"媒体融合传播利器"为题将"舜网5G 消息"作为全国第一个典型案例在其微信公众号上进行推介，"中国通信企业协会增值专委会""新 5G 消息"等知名公众号第一时间进行了转发，"舜网 5G 消息"成为 5G 时代全国媒体融合创新的风向标，引起 5G 通信行业及新闻媒体业界广泛关注。

济南日报报业集团作为省会城市党媒，坚持"媒体+政务+服务"和"融合赋能，伴生城市成长"的"大融合"理念，积极构建全域全媒新生态，深度嵌入经济社会发展，在 5G 消息方面走在了全国媒体前列，探索形成了 5G 消息助推媒体融合的"济南模式、山东特色、全国样板"。项目实现了经济效益和社会效益的双赢。

项目团队成员

马　凯　济南日报报业集团

丁建锋　济南日报报业集团舜网

韩　强　济南日报报业集团舜网

张天元　北京联通产业互联网运营中心

郭小晴　济南日报报业集团舜网

孙司远　北京联通产业互联网运营中心

张珍珍　济南日报报业集团舜网

许海振　济南日报报业集团舜网

成　云　济南日报报业集团舜网

第四节　联通冬奥5G消息助力全民参与大型赛事

2022年北京冬奥会期间，中国联通打造的体育赛事5G消息应用是国际大型体育赛事中的5G新媒体创新实践。此次应用于北京冬奥场景中的中国联通体育赛事5G消息在充分发挥了5G网络技术优势和5G消息平台能力的基础上，不仅体现出其综合性、服务性、创新性的赛事资讯平台本质特征，还突出了高效、便捷、灵活、生动，以用户为中心的新媒体特征与新媒体传播优势。应用于冬奥、服务于冬奥的体育赛事，5G消息正是对科技冬奥、绿色冬奥的最好诠释，也是对"胸怀大局、自信开放、迎难而上、追求卓越、共创未来"北京冬奥精神的一种全新呈现和全新解读。北京冬奥比赛期间和赛事前后，中国的5G作为信息通信底层基础设施参与了冬奥面向全球宣传报道的"全程"传播、"全息"传播、"全员"传播和"全效"传播，展现了中国5G"新基建"的实力。在其中，5G消息更是作为一种不同于5G+8K和5G+云转播的轻量级应用，切实发挥了其在用户与赛事、商业、消费、生活、购物等多种主体和多元场景搭建通道中的"连接器"作用。

一　项目背景

联通冬奥 Chatbot 是中国联通官方打造的 5G 消息重点标杆应用，致力于依托中国联通运营商背景，为大型体育赛事提供品牌传播、产品运营和用户触达等服务。该 Chatbot 前期已完成对冬奥的服务，未来计划向大运会提供运营服务。目前已覆盖 1.9 亿联通用户，成为 5G 消息行业内规模最大、数据最全面和社会影响最广的商业项目，以运营商身份为整个生态树立产品标杆和商业模式的先行探索案例，推动行业发展。该 Chatbot 依靠联通 100% 自研平台建设，服务冬奥期间实现 34% 的点击率转换。

（一）背景分析

1990 年中国第一次举办大型综合性国际体育赛事。八月的北京，繁花似锦；古老的中国，生机盎然。8 月 22 日上午，当经过一个多月传递的亚运火炬第一次出现在北京亚运会开幕式现场时，意味着中国再次出现在国际体育赛事的舞台上，向世界展示我们的风采。这是新中国成立以来，中国第一次举办洲际综合性运动会，也是亚运会诞生后 40 年来第一次由中国承办的亚洲运动会，而中国的发展也是从这个时候开启了新篇章。

时隔 32 年，冬奥的圣火再次来到北京，以打破传统的方式在"鸟巢"点燃，全世界人民感受到了这个国家三十年来的变化。在新冠肺炎疫情下，北京成功而圆满地完成了冬奥会的举办，中国这个古老的东方大国，让世界久久不能平静，我们以高水准、高标准、高要求的办事方式，让冬奥的圣火在北京延续。

回顾过去的 30 年，从亚运会开始，中国不同的城市承担各种各样的大型体育赛事：亚运会、军运会、大学生运动会、全运会、奥运会、冬奥会，每一次的圆满落幕都在向世界人民展示着大国的崛起，而未来，中国也将延续这一条崛起之路。

（二）痛点分析

国际大型体育赛事的举办是一个国家综合实力的展现，从经济、文化、历史等多个角度展示国家实力。随着中国国力的不断增强，以及中国在全球经济体中的地位不断提高，未来中国将更多地承接各类国际体育赛事，让更多的世界客人来到中国，感受中国。如何更好地、更全面地开展赛事服务，提供更便捷、更友好的服务，将是中国未来举办各类大型体育赛事的主要目标之一，但纵观国内多年来举办的赛事，我们会发现其中存在一些痛点。

1. 服务统一难

大型体育赛事的举办是从国家和举办城市的角度出发的，其服务是多维度、多元化的。除赛事相关的赛事服务外，还包括了赛事举办城市的城市生活服务，涵盖了吃、穿、住、行等多个方面，而且随着赛事的推进，服务会有不同的需求。如何提供高效、综合的服务是大型体育赛事举办过程中的一大难点。

2. 城市体现难

大型体育赛事的举办往往都是一个或多个城市联合参与、共同举办，但是如何更好地展示赛事举办城市的魅力，展示城市的文化、城市的底蕴、城市的发展、城市的温度、城市的历史，让参与赛会的人能够从多个角度看到这个城市的风貌，有更好的城市体验，也是举办赛事时的难点之一。

3. 宣传触达难

每一次的赛事举办，宣传都是赛事中的一大难点。如何提升赛事的影响力，提高全民参与度是大型体育赛事中的一种挑战。虽然现阶段的宣传手段多种多样，有电视、报纸、新闻、咨询、微信、网站、App 等，但是纵观我们曾经举办过的各种国际体育赛事，除奥运会和冬奥会外，其他赛事的影响力远远不及预期。而且要实现在赛事期间信息的精准高效触达，也是宣传过程中的一大难点。

（三）项目需求

"十四五"规划中明确指出，中国正从经济大国向经济强国迈进，国内经济发展进入新阶段，社会新需求日益增长，以5G为代表的新一代信息技术突破并深刻变革着人们的生产生活方式。5G 应用将加快生产及生活数字化、网络化、智能化发展，不断衍生应用新场景、激发市场新需求、孕育经济新动能。5G 消息作为新时期最容易普及以及最容易被用户感知的 5G 应用，其富媒体、强触达、易交互、业务串联的属性，能够助力大型体育赛事解决其举办过程中的痛点，打造更高效的赛会服务体系。

1. 提供一站式综合服务平台，提升赛事服务体验

5G 消息融合赛事服务、城市生活服务、赛事周边服务，打造一体化的 5G 消息赛事服务中台，融合各类服务渠道，从赛事的前、中、后不同时期出发，提供高效融合的服务，提升整体赛事服务体验以及城市生活体验。

2. 打造城市 IP，提升赛事城市的经济效益

5G 消息的富媒体特点决定了它能够从视觉和内容两个方面出发，将赛事城市的城市风貌多样化展示给用户，如城市美食、城市风景、城市交通、城市住宿、城市文化等，打造赛事城市 IP，赋能赛事城市更持续的经济价值。

3. 高效宣传，提升赛事全民参与度

5G 消息强触达的属性，能够将赛事相关信息和服务轻松触达用户，解决传统互联网渠道触达难的问题，提高宣传效率。5G 消息还能融合赛事大数据系统、赛会服务系统、赛会物联系统等，将赛事服务高效触发并触达用户。在赛事的前、中、后期，让更多的人参与赛事活动或赛事中，提升赛事全民参与度。

二　功能设计

（一）主要功能

大型体育赛事 5G 消息整体的功能设计包含四部分的内容。第一部分是针对赛事的一站通服务，包括购买周边商品和纪念品、查询资讯、生活服务、赛事预热等；第二部分是针对赛事城市的多元化本地服务场景，如吃喝玩乐游，5G 消息能多渠道融合，提供全面生活服务；第三部分是针对赛事本身的赛事赋能，如针对赛前、赛中、赛后的各类服务；第四部分是针对赛事的精准服务，如赛事营销、赛事提醒、服务链接等。通过 5G 消息强触达、易交互、业务串联等特性，融合数据、AI 等能力，提供高效智能的赛事服务。

1. 提供综合多元的城市生活服务

5G消息赋能赛事服务，搭建基于5G消息的智能赛事服务一站通，通过一站通平台实现多元化的服务。如赛事服务、城市生活服务，在赛事不同时期即前期、中期、后期分阶段针对性运作，以丰富的消息形态推进赛事的有效有序进行，实现赛事期间赛事相关服务一体化管理，在保证赛事正常进行的同时，维持赛事举办城市的生活秩序。

结合5G消息丰富的赛事前、中、后期服务场景，通过一站通平台在赛事前预热和预演，赛中推送热点信息，赛后服务衍生赋能，保证赛事开展时城市的有序性。同时对有兴趣参与赛事的多方人员做定点营销，提升赛事在各方人员中的影响力。

目前整个大型体育赛事5G消息已搭建完毕，并且已经实际应用到2022年的冬奥会赛事中，为冬奥赛事带来了更多元化、更便捷的体验。平台将举办城市的城市生活与体育赛事紧密结合，一体化实现体育赛事的多元化体验。

将城市出行、城市美食、城市旅游、城市服务等多种城市生活服务与5G消息融合，让赛事与赛事举办城市生活紧密结合，通过一站通平台的城市生活模块，实现在赛事期间，参与人员在赛事举办城市有更好的赛事体验和本地生活体验。通过5G消息，人们能够获取赛事的各种信息和生活信息，比如赛前的预热信息、赛场信息、赛事引导、美食地图、美食推荐、旅游推荐、住宿交通等，通过快捷交互享受更好的赛事服务。

冬奥期间，大型赛事5G消息嵌入了城市生活服务板块——畅玩冬奥，涵盖了衣食住行等领域，覆盖冬奥城市生活的方方面面，让每一个参加冬奥的人，轻松玩转冬奥城市，感受冬奥城市的魅力。

2. 融合5G+富媒体的形式展现城市风貌

大型体育赛事5G消息是针对赛事的一种服务，也是一张城市的名片。整个消息架构搭建时，图片都是采用城市的地标、美食、旅游景区等，充分展示城市的底蕴和文化，同时从内容上对城市多种多样的生活进行诠释。

冬奥期间整个 5G 消息的打造就是围绕怎么去打造冬奥城市的名片展开的，从视觉和内容两个角度出发，打造更便于理解的冬奥城市 IP，让更多的人了解冬奥城市。

3. **多渠道下发的模式提升整体传播效果**

大型体育赛事 5G 消息，除了从消息渠道展开大型赛事的服务触达外，5G 消息服务中台还可以将整个大型赛事 5G 消息服务回落为 H5 形式，应用到更多的渠道并展开宣传，多渠道多元化触达，提升宣传效率。

例如在整个冬奥期间，除 5G 消息触达外，针对冬奥的整个 5G 消息服务体系，还能多渠道下发。比如中国联通的 App、公众号底部菜单、公众号文章、朋友圈海报、短信链接等，以多种形式触达用户，扩宽了服务的触达面，提升了整体的宣传效率。

4. **多级回落的手段保证信息触达效率**

在 5G 消息终端未普及的情况下，为了更高效地触达，大型体育 5G 消息服务中台的设计支持多种类型的消息下发，保障大型赛事 5G 消息的服务能够触达所有的用户。采用多级回落的形式，根据用户能够支持的消息类型，它可对应下发不同消息，保证大型赛事服务 5G 消息服务体系能触达每一个用户。2022 北京冬奥 5G 消息服务中，就采用了多级回落的形式，将联通冬奥 5G 消息触达每一个用户，让每一个收到消息的人，都能参与冬奥中，助力全民参与冬奥。

（二）设计理念

1. **搭建一个持续的服务体系**

基于 5G 消息打造的智能赛事一站通平台，Chatbot 提供的不是一次性服务消息，而是可根据活动的时间节点和赛程安排，持续推进更新并运营。

2. **提供一个一站式服务窗口**

大型体育赛事 5G 消息融合了多种服务渠道和多种服务场景，从赛事服务、城市生活、赛事周边等多个方面提供一站式综合服务。

3. **打造一张城市形象新名片**

大型体育赛事 5G 消息是服务也是名片。基于 5G 消息富媒体属性打造赛事城市名片，提升赛事城市价值，打造持续性经济效益。

4. 为多渠道运营赋能

大型赛事5G消息可打造为多渠道分发、多维度运营的服务体系，覆盖多个渠道，触达用户。

三　主要特色

大型体育赛事5G消息服务的整体实施，分为案例打造和案例复制两个阶段。

第一阶段，案例打造。搭建大型体育赛事5G消息服务中台，基于实际的大型体育赛事和赛事周边，结合举办城市的生活服务体系，打造大型体育赛事5G消息应用标杆。

第二阶段，案例复制。结合标杆应用案例，将整个服务体系复制到更多的大型体育赛事中，如亚运会、大运会等。

目前大型体育赛事5G消息服务已经应用到实际的赛事中，成功打造了标杆案例。5G消息第一次应用到了2022年北京冬奥会中，受到了多方关注，并在应用中得到了良好的数据反馈。无论是针对赛事还是针对赛事的举办城市，5G消息的服务都有正向的应用反馈。与冬奥相关的线上服务和线下引导服务让大量的用户感受到冬奥的魅力。

（一）智能赛事一站通提供一站式服务

大型活动5G消息一站通服务平台，融合赛事服务、城市服务、赛事周边，为大型体育赛事提供一站式服务，使人们轻松了解赛事信息，参与赛事服务中，如参与赛事预热活动和其他赛事相关服务。

2022年冬（残）奥会成功举行，大型体育赛事5G消息已在冬奥会期间成功应用，为冬奥添加了一抹新的亮色。通过冬奥5G消息一站通，为冬奥会提供冬奥服务、通信服务、畅玩冬奥服务，在冬奥期间受到多方关注。

通过大型体育赛事5G消息打造的冬奥会一站式5G消息服务平台，提供冬奥赛事相关服务，如赛区赛场、赛事介绍、赛程安排、精彩瞬间、奖牌榜单等；通信相关服务，如5G体验中心、服务热线、特色业务等；冬奥周边相关服务，如城市美食、冬奥商品、景点景区、冬奥献礼等。在赛事的不同阶段，还提供不同的场景触达，如赛事前期的预热活动，积分抽奖、冬奥合影等，赛事中的精彩瞬间、周边秒杀、观赛抽奖等，赛事后的闭幕、精彩瞬间等，都充分体现了基于5G消息的智能赛事一站通平台的魅力，带来了多元丰富的赛事体验。

（二）主动强触达，颠覆传统运营模式

5G消息赋能各种线上、线下场景。线上以通过手机号下发为主，大流量App、线上活动引流为辅，多渠道触达用户。用户直接接收到应用服务，无须额外下载关注。可以保证在赛事期间，无论是赛前、赛中还是赛后，都能通过5G消息的服务场景，便捷地为各类观众或多方参赛人员提供配套的服务，无须复杂的渠道切换，就能完整享受赛事的周边服务。

线下通过小区短信方式，定位投放大型赛事5G消息到用户手机。人们在比赛场馆附近停留即可收到消息，增加线下触点，使应用服务有了"眼睛"。

（三）5G消息+商城，赋能周边提升销量

在5G消息中融合赛事周边商城，提供便捷的周边产品购买渠道，使综合性服务更高效。

以冬奥赛事为例，在界面首页中设置明显的冬奥商品查看按钮，点击即进入选购界面，还可将商品信息以卡片消息附带卡片按钮的方式发送至用户手机。

整体的运营数据表明，市场对以该形式进行商品购买展现出极大的认可度。受冬奥会正式开启影响，冬奥商品专区极受欢迎，数据增长较快，参与人数超过30万，多款商品在冬奥期间售罄，并且短时间内商城整体处于缺货状态。

（四）场馆赋能，大型体育赛事打造场馆IP

通过大型赛事5G消息，能够打造场馆IP，在赛事结束后，还能提供持续性的场馆服务，让场馆成为赛事IP代表，带来更高的经济价值。

例如冬奥结束后，聚焦"鸟巢"服务中心5G消息，大型体育赛事5G消息服务中台通过分析用户的行为数据，在用户进入比赛场馆附近区域后，利用小区短信发送消息。收到"鸟巢"5G消息的用户，只需轻轻一点，即可用VR导航精准定位座位，操作简单快捷。

四 实用分析

（一）落地2022北京冬奥，提升赛事服务体验，助力全民参与

大型体育赛事5G消息已经落地2022北京冬奥会，5G消息从多个角度提供多种类型服务场景，综合考量了赛事涉及的方方面面，全方位提升了冬奥会赛事的参与体验，同时借助冬奥热门IP打造北京"双奥之城"的城市名片。

联通冬奥5G消息针对赛事的不同阶段，提供不同的服务场景。赛前的预热活动，赛中的赛事提醒、赛场导航、赛事交通等，赛后的打卡、购买纪念品和周边商品等，为赛事提供一条龙服务。而针对赛事的周边，还提供了美食、交通信息查询、周边商品购买、城市体验等服务，综合为赛事提供一体化服务，融合了赛事办理涉及的方方面面，为观众提供完整的赛事服务和生活服务，极大提升了赛事参与体验。

在整个冬奥期间，联通冬奥5G消息服务体系通过多渠道的运营策略，触达了近两亿的用户，提升了冬奥宣传触达量，助力全民参与冬奥。

（二）复制性强，可应用到各种类型的大型体育赛事中

冬奥会5G消息的落地，成功展示了5G消息大型体育赛事的多元化服务能力，整个服务体系可作为标准化的服务模板，复制应用到多种体育赛事中。接下来的杭州亚运会和成都大运会，都可以直接复用冬奥的5G消息服务架构和运营模式，提供一体化的大型赛事5G消息服务。

（三）产业融合为赛事赋能，多元服务提升城市经济效益

整个赛事5G消息的搭建，为赛事提供了更多元化的赛事服务。除了赛事本身相关的赛事服务，整个服务的搭建还融合了当地的城市生活，如交通、出行、美食、住宿、旅游、周边产业等，提供了配套的周边服务。

赛事期间,通过美食服务场景,可以更好地让赛事观众和参赛人员了解城市美食,刺激美食消费;而住宿和旅游相关的服务场景,能便捷地为大家提供住宿服务和旅游服务,提升住宿和旅游消费;周边线上商城服务场景的提供,与大型赛事相互结合,更能带动和刺激周边消费,直接带动本地经济状况短期内的极速增长。当然,除了实时的消费刺激对经济的影响外,完整的生活服务场景的展示,也让未到场的观众对城市有了更多的了解。结合赛事中各类场景服务的提供,打造一个优质的城市 IP,后续就有更多的可能让更多的人到本地消费,持续有效地带动本地经济的增长。各类赛事的场馆也能通过 5G 消息,被打造成为赛事举办城市的地标,持续为赛事举办城市带来更多的价值和经济效益。

(四)落地数据亮眼,上亿传播、百万交互

北京冬奥会期间,通过消息(存量、漏话、视频彩铃)、中国联通 App、公众号底部菜单、微页面、海报等多种方式,联通冬奥 5G 消息多渠道的运营模式累计达成 1.9 亿的信息触达,有效交互用户百万以上。

五 市场分析

(一)多赛事复制,应用广泛

大型体育赛事 5G 消息落地冬奥,意味着整个服务体系和运营模式可复制应用到各类型的大型体育赛事中,可作为一个标杆性应用案例和标准化解决方案,为赛事提供高效多元服务。不仅是大型体育赛事,针对别的赛会、运动会、展会、行业会,都可以利用 5G 消息做服务的触达,实现更智能的一站式服务管理。

(二)多产业联动,共同发展

大型赛事 5G 消息服务体系,不仅仅是针对赛事的服务,还是针对赛事举办城市的服务,融合了城市服务的多种产业,如饮食、酒店、文旅、娱乐、电商、特色、特产等,能带动多方产业一起快速发展。

(三)为城市发展赋能,持续运转

5G 消息在大型体育赛事的应用,不仅仅是一次赛事的综合服务,还能为赛事举办城市赋能，留下可持续运转的服务体系和运营标杆，将5G消息应用到城市服务的文旅行业和各种产业中，持续赋能，实现绿色发展。

六　商业分析

（一）渠道融合提供更多元服务

相对于传统的服务提供方式，如小程序、App、公众号、普通短信等，5G消息能够融合多渠道、多类型的服务，打造综合化服务场景，在降低触达成本和服务成本的同时，提供更高效、更多元的服务。

（二）周边服务带动经济发展

相对于传统服务模式的单一性，5G消息能够通过多元化的服务方式及城市名片的打造，带动周边产业的快速发展，进而带动城市经济发展。

（三）大型赛事复制应用

整个服务体系经冬奥验证和实际应用的改善，已经成为一个标准化的服务体系，可复制应用到各类赛事服务中。

七　产业效应

（一）行业应用标杆，带动5G消息产业发展

大型体育赛事5G消息服务在冬奥会的应用，受到5G消息相关部门关注。联通集团董事长为冬奥5G消息寄语；信通院领导为冬奥5G消息点赞；央视新闻报道从顶层树立行业信心，带动5G消息产业的稳定有效发展。

（二）丰富大型赛事服务触达渠道，降本增效

大型体育赛事是短期活动，没有过多推广时间，必须以迅速触达用户的方式运营。5G消息强触达的方式，适合于大型体育赛事的"短期"特性，结合丰富的服务场景，融合了赛事服务场景和各种生活服务场景，实现一站式多元服务的高效触达，降低了赛事组委会的运营成本，同时提升了传播效益。

八 社会效益

（一）开创新媒体传播方式，吸引主流媒体积极关注

大型体育赛事 5G 消息落地冬奥，吸引了大量的新闻媒体目光，同时还有部分行业头部网红参与体验，让更多的普通民众认识了 5G 消息，加速了 5G 消息在社会面的落地和应用。

与此同时，"为广泛宣传推广 5G 消息特色应用，中国联通组织各方联动，以冬奥为契机，在线下通过自有业务服务短信、手厅浮窗、主题海报、百家营业厅专区体验、冬奥场馆联通体验中心超屏展示等多触点进行宣传。同时线上结合冬奥热点，开展主题活动。冬奥前开展预热活动答题抽奖、冬奥合影；冬奥开启后开展观赛抽奖、冰墩墩秒杀、北京卫视《冬梦之约》的录制等。覆盖用户超 1 亿人次，吸引较多用户踊跃体验，让用户近距离了解 5G 消息，使用 5G 消息。"[①]

（二）带动5G 规模化应用落地，受到社会各界广泛关注

通过邀请科技行业意见领袖及 5G 行业"大 V"，体验"联通冬奥"5G 消息 Chatbot 服务，并以短视频、稿件等形式面向行业及 C 端用户重点推介联通 5G 消息、联通冬奥 5G 消息。活动期间发布讲解视频 3 条，全网播放量 241.9 万；微博 1 篇；试用体验稿件 4 篇，分别是《通信行业专家王志勤院长深度解读 | 中国联通 5G 消息迈出关键一步》《专家观点 | 工程院院士邬贺铨：5G 消息 To B 场景值得期待 》《吕廷杰教授：5G 消息潜在商业机会非常广阔》《一"奥"成名 5G 消息的冬奥之旅》，并通过新浪、网易、凤凰、通信世界等 20 家媒体发布，阅读量共计 254.2 万次。

（三）多产业融合服务，带动社会多产业5G 消息的应用

大型赛事 5G 消息通过融合多个产业为赛事提供服务，能够为多个产业打造行业 5G 消息应用标杆，带动多个产业 5G 消息的应用和发展。

---

① 《一"奥"成名 5G 消息的冬奥之旅》，凤凰网，2022 年 2 月 24 日，http：//biz.ifeng.com/c/8DtYw2DvrDc。

项目团队成员

王振波　联通在线信息科技有限公司

汪进军　中国联通市场部

鲁沐鑫　联通在线信息科技有限公司

张　旭　北京联通产业互联网运营中心

陈　刚　北京联通产业互联网运营中心

张天元　北京联通产业互联网运营中心

第五节　"巢信"5G消息打造国家体育场宣传新平台

为迎接大型国际体育赛事和服务于大型活动举办，中国联通为国家体育场（鸟巢）量身打造的"巢信"5G消息应用可谓"鸟巢"的科技"信使"，不仅让国家体育场的品牌传播插上了5G的翅膀，也让以5G、物联网、AI为代表的新一代信息技术充分融入了国家体育场的信息化"血液循环"。"巢信"5G消息是以地理位置为产品特色的一款5G应用，也是围绕强地缘关系构建的一个多元信息服务平台。"巢信"5G消息提供的服务超越了传统意义上的场馆服务本身，全面涵盖了资讯信息服务、场馆生活服务和商业合作服务。特别是在室内导航方面，"巢信"5G消息更是充分体现了5G精准定位的技术能力和网络优势。从传播角度而言，"巢信"5G消息即是国家体育场的宣传平台，也将成为其未来打造数字化品牌影响力的主力渠道。"鸟巢"是民间对于国家体育场的爱称，近年来也愈发成为北京的城市形象新符号和IP内核。"巢信"5G消息的诞生和持续发展，将是对"鸟巢"内核的延展、外化、更新和转化，最终实现从物理属性较强的智慧场馆向文化属性更强的数字经济和信息服务拓展。

一　项目背景

（一）背景分析

体育场馆是进行运动训练、运动竞赛、群众健身、举办文体活动的重要场所。近年来，随着体育运动消费需求的持续升级，中国体育产业迎来了发展高峰期。特别是在传统体育场馆服务领域，运动人群迫切需要更多样、更灵活、更智能的体育运动服务，而技术的不断革新与发展和市场的激烈竞争，对体育场馆不断提出新的需求，使传统的体育场馆正在向智慧体育场馆发展，其目的是在人与人、人与物、物与物之间建立更加全面、深入和泛在的互联互通。

5G 技术带来的创新应用为此开辟了新的蓝海。依托 5G 技术和 MEC 边缘计算，体育场馆为现场观众提供更加丰富的赛事内容和服务，打造比赛日赛场节日氛围、带动更多消费者到场观赛，成为提升体育赛事现场观赛体验的发展方向。不再局限于单纯的现场赛事观看，智能场馆下的体育赛事现场更注重观众对于赛事的参与程度，并致力于为现场观众提供更加便捷舒适的观赛体验。

大多数智慧场馆在建设过程中，基础的设备信息化已经建设完成，但如何利用场馆这些信息化设备进行管理和服务，并使其功能最大化是目前智慧场馆亟须解决的问题。

为了更好地为观众提供服务，很多场馆也提供了 App、公众号、小程序及第三方服务等，对于观众来说存在"入口林立"的问题。当观众需要进行购票或者导航服务时，可能需要在各个软件入口寻找解决的途径，给观众带来了极大的不便。

尽管各场馆针对观众等服务对象拥有多种多样的软件服务，但基本上属于观众有需要时才能进行内容和服务的交互，场馆对关键信息的传达不具备主动性，往往造成部分信息不能及时地传达给场馆的服务对象，产生信息差。

（二）需求分析

作为 2008 年北京奥运会的主体育场，2022 年北京冬季奥运会开幕式、闭幕式举办地，北京市民参与体育活动及享受体育娱乐的大型专业场所，"鸟巢"服务的群体数量较大，且群体对服务的质量均有较高期待。"巢信"需要基于 5G 消息技术，结合"鸟巢"服务应用做出智慧升级，在原生短信应用免安装、高触达优势基础上，融合文字、图片、音频、视频、位置等综合信息，提供更丰富的消息聊天形式，以期赋予"鸟巢"服务应用拥有与用户进行深度互动的能力，并成为最有价值的服务入口和服务载体。

1. "鸟巢"需要高可信的消息平台

"巢信"的网络架构需要满足其两端接入都经过运营商的实名认证体系校验的要求，需要具有一定的安全性和可信度。消息内容具备加密传输、用户认证、源头管控、身份校验、内容审核、消息拦截等多角度、全方位的安全保障措施。通过5G消息，能够为广大用户提供最安全的消息平台服务，保护用户隐私。

2. "鸟巢"需要强触达的短信通道

"巢信"需能够弥补"鸟巢"现有服务渠道的缺失，成为"鸟巢"公众号等服务主体的补充渠道。5G消息可以做到让用户被动接收信息。从网络层面看，需要满足个人用户使用4G/5G网络均可收到5G消息的需求，当接收方因网络条件或终端设备无法接收5G消息时，可转为通过短信通道下发；短信内容如携带多媒体内容，用户可点击网址链接访问。从运营商层面看，三大运营商需要为5G消息提供统一网络接口，保证不同运营商网络间均可正常收发5G消息；企业客户还可连接统一的聊天机器人接口，以相同方式接入不同运营商网络。从终端层面看，5G消息升级后，不同版本手机终端也能无障碍共存。

3. 观众需要免安装的服务体验

为了大众能够更方便地使用"巢信"服务和响应工信部"适老化"相关政策，"巢信"需要让用户通过简单的按钮即可完成业务办理，以帮助弥合数字鸿沟。"巢信"需要在短消息界面中操作，用户可通过5G消息发送富媒体信息，体验智能交互应用，享用无须下载的"云服务"。在短信入口即可体验场馆导航、观看视频或直播、订购门票、查询天气、订阅资讯等一站式闭环服务，为个人用户带来服务体验升级。

4. 观众需要强交互的沟通载体

"巢信"需要基于真实手机号码，无须关注或加好友，深度融合人工智能、大数据、云计算等多种技术能力，基于聊天机器人以及富媒体的消息形态实现人机智能交互，提供交互式、智能化、个性化服务，是"鸟巢"服务的新入口，开启"消息即服务"的新模式。"巢信"需具备以下三种业务功能：一是个人消息业务，即个人与个人用户之间交互的信息；二是行业消息业务，即行业客户以 Chatbot 形式与个人用户通过 5G 消息中心、MaaP 平台交互消息；三是增强通话相关消息业务，即与语音业务结合，实现行业客户、个人用户在呼叫前、中、后期进行多媒体信息的分享和互动。

5. 观众需要富媒体式的内容呈现

"巢信"需要是传统短信的升级，突破传统短信息对信息长度和内容格式的限制；"巢信"需要是彩信业务的全面升级，丰富通信方式，支持语音、视频；"巢信"需要相比微信原生界面更加简洁。总体而言，"巢信"需支持文本（含表情）、图片、音频、视频、位置、联系人、文档、富媒体卡片等多种媒体形式，消息中还可携带"建议操作"和"建议回复"按钮，在悬浮菜单或富媒体卡片内呈现，消息窗口底部还可呈现固定菜单。

二　功能设计

该项目基于"鸟巢"所处区域，设计每日早、中、晚三个时间节点，当用户进入"鸟巢"一定范围内时，就会触发"巢信"消息推送，向"鸟巢"附近游客介绍"鸟巢"相关信息，包括国家体育场基本情况、旅游地位、文化背景等相关内容。收到"巢信"消息推送的 5G 消息终端用户，可以在"巢信"的 5G 消息界面，通过点击悬浮按钮，实现"鸟巢"天气、疫情防控等内容的查询，使用"巢信"的智能应答服务，可打开链接、上传消息、拨打电话、打开地图、打开 App 等。同时可以通过点击下方的固定菜单内的内容，了解"鸟巢"风采、"鸟巢"生活、"鸟巢"商务的相关内容。

针对目前并不是所有手机终端都能接收 5G 消息的问题，"巢信"服务采用 5G 消息+多媒体消息体的方式，能够实现终端消息触达全覆盖。以漏话提醒为例，当服务对象未接到"鸟巢"官方的电话时，5G 消息终端用户会收到一条 5G 消息的富媒体卡片，内容为国家体育场的介绍，对话框内可以直接借助 5G 消息进行内容的交互；当后台检测到服务对象使用终端不是 5G 消息终端，而是短信小程序 2.0 用户时，服务对象会收到一条 AIM 消息，内容同为国家体育场的介绍，可通过下方"点击了解"了解详细情况；当后台检测到服务对象使用终端不是 5G 消息终端，而是 4G 短信用户时，服务对象会收到一条数字短信，内容也为国家体育场的介绍，最后会附上 H5 页面的链接，可打开链接了解详情；当后台检测到服务对象使用终端不是 5G 消息终端，而是其他用户时，服务对象会收到一条普通短信，内容为国家体育场的纯文字介绍，最后会附上 H5 页面的链接，可打开链接了解详情。

（一）主要功能

"巢信"基于 5G 消息技术，结合"鸟巢"服务应用做了智慧升级。"巢信"在原生短信应用免安装、高触达优势基础上，融合文字、图片、音频、视频、位置等综合信息，提供更丰富的消息聊天形式，赋予"鸟巢"服务应用与用户进行深度互动的能力，将成为最有价值的服务入口和服务载体。

5G"巢信"整体的功能设计包含三大板块的内容。第一大板块是针对"鸟巢"风采的相关介绍，包括"鸟巢"印象、"鸟巢"之最、"鸟巢"视频、"鸟巢"赛事和"鸟巢"演展等；第二大板块是针对"鸟巢"多元化服务场景的，吃、喝、玩、乐、游，包括"鸟巢"天气、导览、座位导航、餐饮购物、票务等 5G 消息多渠道融合，提供全面服务；第三大板块是针对"鸟巢"合作伙伴开发的"鸟巢"商务功能，通过 5G 消息强触达、易交互、业务串联等特性，为合作伙伴提供商务合作、商业开发、场地合作、咨询问讯等高效智能的服务。

5G 消息赋能下的智能"鸟巢"一站通平台，为游客提供大型综合性旅游"一站式数字服务平台"，实现数字"鸟巢"的多元化体验。

（二）设计理念

1. 奥运场馆服务的升级与延续，打造 IP 赋能场馆新价值

"巢信"5G 消息，含三大模块、16 大业务场景，全方位赋能奥运场馆，打造场馆 IP，建设运动场馆文旅新标杆，打造一站式运动场馆服务。

2. 多节点、多渠道触发，提供一体化"鸟巢"服务

"巢信"可通过和物联系统、赛事系统、票务系统的打通，打造智慧物联、赛事服务、票务服务、客服服务等多方面的应用场景，且可实现小区短信、官方服务、商城服务等多渠道的消息触发。

3. 区域消息推送，基于位置信息提供定向场馆服务

基于"鸟巢"所处区域，每日早、中、晚三个时间节点，当用户进入"鸟巢"一定范围内，触发"巢信"消息推送，向"鸟巢"附近游客介绍"鸟巢"相关信息，提供旅游导航和"鸟巢"近期活动安排等信息。

4. 赋能场馆活动，全流程高效服务一键触达

针对在"鸟巢"举办的各类活动，无论是体育赛事、演艺活动、公益活动，"巢信"消息服务都能提供全流程一体化服务。

5. 赋能"鸟巢"生活服务，提供更贴心的服务指引

面向来"鸟巢"的游客，提供丰富的餐饮服务，同时也提供各种有纪念意义的文创小礼品。针对"鸟巢"周边生活，"巢信"5G 消息都能提供贴心服务。

三　主要特色

联通 CSP 平台是基于 SaaS 服务的全消息一体化、集约化、云服务化企业消息服务平台，为企业客户提供一站式 5G 消息运营管理。在该项目中，联通在线后续可根据客户需求进行私有化部署，供客户进行个性化运营。

（一）智慧物联，多点赋能提供智慧化场馆服务

"巢信"＋智慧物联。针对"鸟巢"各类赛事服务、商业应用、旅游参观等场景，将"鸟巢"环境系统与"巢信"对接，就能实时提供智慧化服务。目前已实现"鸟巢"天气功能，表现形式为 5G 消息卡片展示＋跳转 H5（H5 界面显示天气），显示参数主要包括展示"鸟巢"实时天气指数，包括温度、湿度、风向、风力等级、分钟降雨量等，页面还可根据天气状态更换背景。

（二）"鸟巢"室内导航，带用户体验实景导航

在"鸟巢"服务中心5G消息中，用户可以点击底部固定菜单中的"鸟巢消息"。在二级菜单中选择"AI+AR导航"，点击最下方"打开导航"，之后可进入室内导航的界面。随后拉起小程序，进入导航指引的界面，显示内容为手机摄像头所能拍摄的内容，会有指示箭头以AR的形式进行导航，引导用户进入指定的位置。全程只需轻轻一点，就能体验实景导航，简单快捷，操作方便。

（三）"鸟巢"评论，实现便捷的实时互动

通过"巢信"5G消息，实时在线留言评论，分享大众的所见所感。大众可在5G消息页面点击"留言评论"进入评论首页，输入手机号码之后可进行图片和文字的评价，后台审核之后会进行相关评论的发布，未来可实现在评论下方再评论的功能。

（四）多类型消息触达，全终端覆盖

针对5G消息终端未普及问题，"巢信"服务采用5G消息+多媒体消息体方式，实现终端消息触达全覆盖。多媒体信息体包括普通短信、数字短信以及AIM消息。

四　实用分析

（一）搭建在线游客服务体系，提升游客服务体验

随着时代的不断发展，国内文化旅游的智慧化发展从过去粗放型、单一性的开发阶段，逐步走向以"文化+旅游+科技"融合发展模式为目标的新阶段。文化是灵魂，旅游是载体，科技是手段。近年来，游客投诉给地方旅游带来重大影响。在互联网旅游范畴，主要投诉范围表现为：订单退改难、大数据"杀熟"、虚假宣传、低价陷阱、高额手续费、发票难开具等。为保障游客利益，维护旅游产业生态，地方旅游部门都迫切需要建立一套客观公正的在线游客服务平台体系，从技术上防范各种侵害游客权益的行为，同时对各种违规行为提供查证依据。"巢信"就是中国联通为国家体育场打造的5G消息应用。

（二）"巢信"免安装新服务，提升游客参与体验

该项目为"鸟巢"打造统一对公众服务的入口和门户，实现和"鸟巢"的智慧场馆应用、公众服务业务的有效对接，并为"鸟巢"的游客提供强触达和免安装 App 的便利。

"巢信"作为物联、VR、时评、短信窗口的前沿科技信息集合体，5G 消息从多个角度提供多种类型服务场景，综合考量了"鸟巢"的方方面面，全方位提升了大众来"鸟巢"的参与体验。如为公众提供不同的服务场景，"鸟巢"风采介绍、吃喝玩乐资讯、商务合作等形成"一条龙"服务，为游客提供完整的场馆服务和生活服务，极大提升了他们的参与体验。

（三）"巢信"部署便捷，提升私域流量运营能力

5G 消息可以在短期内实现"巢信"大部分业务，用户业务体验增强。通过 5G 消息运营平台，梳理构建"巢信"业务场景以及各种服务能力配置，实现用户终端常态化应用，并在平台形成场景化模板固化和长期数据分析跟踪优化。

"巢信"是私域流量，可以为"鸟巢"构筑强大的商业服务平台，并完全自主可控，不再受制于 BAT 等头部互联网平台。它整合了文字、图片、影像、声音，建立起菜单系统，使短消息成为全面的信息系统，可以通过多种手段提供服务，在企业级市场的应用前景将更加广阔。通过长期的场景化 5G 消息运营，可以实现用户业务向"鸟巢"内部回流，实现对"鸟巢"内部业务场景运营的可管可控和高度自主，为 5G 时代"鸟巢"经营规模的高速增长保驾护航，并实现良好的经济效益。

扩展数据资产方面，在收发 5G 消息的过程中，标准的 RCS 协议接口和服务埋点可以记录用户是否成功接收、服务按钮点击及页面跳转等信息。通过对这些行为的记录、整合和分析，可以扩展用户统一视图的兴趣偏好标签，不断沉底数据资产，赋能"鸟巢"精细化运营能力。

"巢信"能为用户侧提供更好的多媒体信息服务，带来更好的用户体验、更强的用户黏性和更高的服务转化率，进而助力"鸟巢"提升实际运营效果，实现良好的经济效益。

五　市场分析

北京奥林匹克公园是国家 AAAAA 级旅游景区，总占地面积 11.59 平方千米，集中体现了"科技、绿色、人文"三大理念，是融合了办公、商业、酒店、文化、体育、会议、居住多种功能的新型城市区域。据报道，"鸟巢"作为北京奥林匹克公园的标志性建筑，每年进入场馆参观的游客，平均要超过 300 万人次。目前"鸟巢"的短信渠道包括 5G 消息、数字短信、文本短信和位置消息，其中 5G 消息、数字短信、文本短信每年约有 30 万条。"巢信"的推广和宣传在一定意义上是对奥林匹克公园的宣传和推广，是奥林匹克公园对外服务的新探索。

自从《5G 消息白皮书》问世至今，运营商一直在推行将 5G 消息的应用与各行业共享，以发掘其潜在广阔市场，预计未来应用场景将更多。中国三大运营商率先推出 5G 消息业务后，实现业务覆盖全国用户，并与国际运营商用户互联互通是运营商现阶段的目标。而且随着全球更多运营商加入 5G 消息生态系统中，用户群将进一步扩大。根据东兴证券的预测，未来 10 年，5G 消息的市场规模将达到 1000 亿元，是现有运营商短信业务规模的 2.6 倍，市场前景十分广阔。

5G 消息继承了短消息业务的多个优点，依托电信码号体系及电信级认证技术，5G 消息具备了服务覆盖广、用户触达率高、可信度好、稳定性高的天然优势，提供了丰富直观的多媒体投放能力，有效地提升了沟通效率和用户体验。在运营商消息服务趋于饱和的今天，5G 消息的落地是电信市场发展的新动能。

从市场发展角度看，5G 消息终端极其不饱和，发展趋势向好。据工信部 2020 年 6 月数据，5G 终端连接数仅 3600 万，其中 5G 消息活跃终端仅 1000 万。因此随着 5G 终端的加速普及，5G 应用能力的不断成熟，毫无疑问，未来 5G 消息生态市场将长期稳定增长。

基于 5G 消息的智能信息触达中台，可以融合各类渠道，并连接前沿科技大数据、人工智能等，以丰富的场景实现智能化的有效触达，极大提升用户的赛事参与体验。5G 消息赋能"巢信"赛事服务，能够以多元化的服务场景和丰富的交互方式，极大地提升服务体验，所以 5G 消息对于其服务的赋能也将受到市场的热烈欢迎。

六　商业分析

该项目因客户需求而产生，目前的商业模式主要为国家体育场进行 5G 消息业务的采购，中国联通进行 5G"巢信"Chatbot 制作运营，其中包括固定菜单、"鸟巢"天气、疫情防控、智能导航等 5G 消息相关功能的实现，为国家体育场私有化部署 CSP 平台，负责接入中国联通、中国移动、中国电信三大运营商通道。项目整体功能实现后，交付给国家体育场进行 CSP 平台的运营和数据的管控。

该项目依托 5G 消息，打造"人+物+交互+管理"的智慧"鸟巢"体系，将智慧服务和智慧管理融于媒体宣传和观众交互中。协助进行门票的预订、文创的销售、IP 的运营等多个方面的营销活动，打造全新的商业通道和商业模式。

七　产业效应

（一）助力冬奥会，示范新场馆

北京冬奥会是我国重要历史节点的重大标志性活动，"鸟巢"承担着冬奥会开、闭幕的重要政治任务。本次联通 5G 前沿技术的应用，包含 5G 切片、MEC 边缘云、5G 消息、物联网等一批前沿科技成功在"鸟巢"首发首试，给其他举办重要赛事的场馆提供了借鉴，起到了示范作用。

（二）5G 消息新渠道，运营新体验

5G 消息通过强触达的方式，适合于大型体育赛事的"短期"特性，结合丰富的服务场景，融合了赛事服务场景和各种生活服务场景，实现一站式多元服务的提供。同时通过 5G 消息融合了多个触达渠道的服务场景，解决了不同渠道难触达用户的痛点，在提供丰富便捷的服务场景的同时，极大地降低了赛事组委会的运营成本。消息服务平台一站式的服务管理，也使整体的运营效果极大提升。

（三）"鸟巢"新宣传，助益全民健身

"鸟巢"是北京奥林匹克公园的地标性建筑，为2008年北京奥运会的主体育场和2022年北京冬季奥运会开幕式、闭幕式举办地。作为"双奥"的重要活动场地，"巢信"的应用助益北京奥林匹克公园的宣传和推广，在全民健身计划实施已经到执行高峰期与攻坚期的背景下，持续推动全民健身的热潮，提升整体国民身体素质，拉动北京奥林匹克公园与周边一系列产业联动与配套升级。

八　社会效益

"鸟巢"承担了冬奥会开、闭幕式的重要政治任务，成为向世界展示中国科技实力、综合国力、彰显民族自信的重要舞台。"巢信"基于5G消息的大型赛事服务体系，紧密融合了赛事与生活，实现赛事服务和生活服务一体化管理，将赛事赋能本地生活，用生活服务赛事周边，直接和间接地带动城市经济的有效发展，提升赛事举办城市的经济效益。

为广泛宣传推广5G消息特色应用，中国联通组织各方联动，以冬奥为契机，在线下通过自有业务服务短信、手厅浮窗、主题海报、百家营业厅专区体验、冬奥场馆联通体验中心超屏展示等多触点进行宣传。同时线上结合冬奥热点，开展主题活动。冬奥前开展预热活动答题抽奖、冬奥合影；冬奥开启后开展观赛抽奖、冰墩墩秒杀、北京卫视《冬梦之约》的录制等。覆盖用户超1亿人次，吸引较多用户踊跃体验，让用户近距离了解5G消息，使用5G消息。5G消息在本次冬奥会的优秀表现，吸引了社会各界的广泛关注，随后受到了央视新闻采访、全国政协委员参观、知名通信专家的体验点评，网红"大V"安森垚、科技杜小白、通信老柳还进行了深入测评，得到了市场对5G消息的广泛认知和高度评价。

该项目围绕"智慧冬奥、联通未来"这一主题，以智慧的网络、极致的速率支撑奥运，以智慧的应用、丰富的产品服务奥运，以智慧的技术、专业的队伍保障奥运，为冬奥会的成功举办、中国力量的再次彰显，注入强劲新动能，联通世界，一展大国风采！

项目团队成员

张兴盛　北京市国有资产经营有限责任公司

韩劲草　国家体育场有限责任公司

张　丞　中国联合网络通信有限公司北京市四区分公司

郭旭东　中国联合网络通信有限公司北京市四区分公司

张天元　中国联合网络通信有限公司产业互联网运营中心

马雨佳　中国联合网络通信有限公司产业互联网运营中心

后　记

我还清晰地记得，2020 年夏天，我和中国联通的同志与中国气象局公共气象服务中心、国家预警信息发布中心沟通研讨气象 5G 消息服务的场景。而那个时候，《5G 消息白皮书》发布才一个月。此后的两年里，5G 消息，这个在我国 5G 正式商用一年后才进入人们视野的通信业务，却成为我在 5G 全媒体传播研究领域的一个重要方向。5G 消息对于本人研究工作的价值和重要性，不仅仅体现在它的独特性、创新性和代表性上，更体现在它的前瞻性、实验性和引领性上。

两年多以来，我从"媒体融合"视角出发，展开了一系列针对 5G 消息的理论思考和行业实践。这些宝贵的研究经历不仅让我结识了很多志同道合的行业伙伴，也让我看到了先进技术在引领驱动媒体深度融合发展中的鲜活样本。前瞻性的研究难，因为能够思想交流讨论的机会少，这个时候拥有一群坚定信心并且目标一致的伙伴就变得极其重要。

我首先要感谢中国联通集团、北京联通公司以及"联通在线"对于本人研究的大力支持，在 5G 消息应用领域研究的一些想法落地实现和技术支撑主要靠你们。还要感谢中国电信和光明网"5G 融媒实验室"，一直以来在 5G 融媒体应用领域的坚守和坚持，让我的研究充满信心，每次与大家的交流沟通都让我受益匪浅，感受到团队的力量。此外，我更要感谢央视频公司、贵州多彩新媒体股份有限公司、济南日报报业集团舜网，为我的研究贡献了宝贵的应用场景，让我可以把创新的想法逐步实现，把论文写在媒体融合实践的"土地"上。最后，还要感谢中国信息通信研究院、中国通信企业协会"5G消息工作组"各位专家的支持。任何融合性的研究，如果没有跨行业的交流和协同，也是很难结出成果的。

一个新兴的新媒体，从诞生到成长，从弱小到强大，是需要时间验证的，也是需要耐心和坚持的。道阻且长，行而不辍。

2022 年 11 月 8 日

卢 迪

于北京

图书在版编目（CIP）数据

原生：媒体融合背景下的5G消息新媒体应用／卢迪
编著．--北京：社会科学文献出版社，2023.5（2023.11重印）
ISBN 978-7-5228-1370-7

Ⅰ.①原… Ⅱ.①卢… Ⅲ.①第五代移动通信系统-
应用-传播媒介-研究-中国 Ⅳ.①G219.2

中国版本图书馆 CIP 数据核字（2022）第 256466 号

原　生

——媒体融合背景下的 5G 消息新媒体应用

编　著／卢　迪

出 版 人／冀祥德
组稿编辑／邓泳红
责任编辑／陈　雪
责任印制／王京美

出　　版／社会科学文献出版社·皮书出版分社（010）59367127
　　　　　地址：北京市北三环中路甲 29 号院华龙大厦　邮编：100029
　　　　　网址：www.ssap.com.cn
发　　行／社会科学文献出版社（010）59367028
印　　装／三河市尚艺印装有限公司

规　　格／开　本：787mm×1092mm　1/16
　　　　　印　张：14.75　字　数：227 千字
版　　次／2023 年 5 月第 1 版　2023 年 11 月第 2 次印刷
书　　号／ISBN 978-7-5228-1370-7
定　　价／98.00 元

读者服务电话：4008918866

版权所有 翻印必究